提升拔尖创新人才自主培养能力 助力打造新质生产力发展重要阵地

——第十五届江苏教育发展论坛论文集

胡　刚　主编

中国民主同盟江苏省委员会　组编

群言出版社

QUNYAN PRESS

·北京·

图书在版编目（CIP）数据

提升拔尖创新人才自主培养能力　助力打造新质生产
力发展重要阵地：第十五届江苏教育发展论坛论文集／
胡刚主编；中国民主同盟江苏省委员会组编. -- 北京：
群言出版社，2025.5. -- ISBN 978 - 7 - 5193 - 1110 - 0

Ⅰ. G527.53 - 53

中国国家版本馆 CIP 数据核字第 2025PJ3522 号

责任编辑：刘大朋

封面设计：北京卓伟博文印刷设计有限公司

出版发行：群言出版社

地　　址：北京市东城区东厂胡同北巷 1 号　（100006）

网　　址：www.qypublish.com（官网书城）

电子信箱：qunyancbs@126.com

联系电话：010 - 65267783　65263836

法律顾问：北京法政安邦律师事务所

经　　销：全国新华书店

印　　刷：北京九天万卷文化科技有限公司

版　　次：2025 年 5 月第 1 版

印　　次：2025 年 5 月第 1 次印刷

开　　本：710mm×1000mm　　1/16

印　　张：19.5

字　　数：297 千字

书　　号：ISBN 978 - 7 - 5193 - 1110 - 0

定　　价：98.00 元

编　委　会

主　编　胡　刚

副主编　冯　泉

特约编辑　夏倩倩　聂　青

目　录

二等奖论文

优秀奖论文

其他优秀论文摘要

领导讲话

在第十五届江苏教育发展论坛开幕式上的致辞

曹卫星

（2024 年 8 月 23 日）

尊敬的赵岩副省长、各位嘉宾、各位盟员、同志们：

大家上午好！

非常高兴参加第十五届江苏教育发展论坛。首先，我谨代表民盟中央向论坛的举办表示热烈的祝贺！向长期以来关心支持民盟江苏省委会的中共江苏省委、省政府及省委统战部、省教育厅表示衷心的感谢！向与会的各位来宾、专家学者致以良好的祝愿！对民盟江苏省委会和各位盟员在推动教育事业发展中为全盟树立的良好示范表示由衷的敬意！

教育强则国家强。以习近平同志为核心的中共中央高度重视高等教育育人工作，深入实施教育强国战略，扎实推进高等教育改革，全面提高人才自主培养质量，推动新时代高等教育和人才培养工作取得历史性成就。中共二十大报告首次作出教育、科技、人才"三位一体"战略部署；中共二十届三中全会再次强调，统筹推进教育科技人才体制机制一体改革，要求"加快建设国家战略人才力量，着力培养造就战略科学家、一流科技领军人才和创新团队，着力培养造就卓越工程师、大国工匠、高技能人才，提高各类人才素质"。当前，由教育部牵头的教育强国建设规划纲要正在紧锣密鼓地编制中，聚焦服务新质生产力发展、全面提高人才自主培养质量是整体推进教育强国建设的重中之重。

教育是民盟的主界别。近年来，民盟中央有多件提案面向教育强国建设，得到中共中央、国务院和有关部门的高度重视。教育论坛是民盟中央和多个民盟省级组织履行参政党职能的重要品牌，第十一届民盟教育论坛今年即将在山东召开。从省级组织来看，江苏教育发展论坛给我留下的印象是最深刻的。

2010年，当时我还在江苏工作时，民盟江苏省委会正式冠名举办"江苏教育发展论坛"。至今，江苏教育发展论坛已成功举办十四届，论坛的内涵和效应得到不断提升，成为盟内外有影响力的参政议政品牌，为推动江苏乃至全国教育事业的发展作出了积极的贡献。

习近平总书记在今年的全国科技大会上强调，"要坚持以科技创新需求为牵引，优化高等学校学科设置，创新人才培养模式，切实提高人才自主培养水平和质量"。中共二十届三中全会把"完善青年创新人才发现、选拔、培养机制"作为新时代做好科技和教育工作的重要内容，拔尖创新人才更是发展新质生产力之源。本次论坛把主题设为"提升拔尖创新人才自主培养能力　助力打造新质生产力发展重要阵地"，契合新时代中心工作所需。这个主题也是民盟中央今年重点调研课题之一。

当前，我国已建成了世界规模最大、门类最全的高等教育体系，整体水平进入世界第一方阵；学位授予制度、学科专业体系和管理体制机制不断完善，人才培养对新技术新产业新业态的适应度明显增强；以创新人才所需的知识体系、思维能力和素质结构等为目标导向，高校人才培养的体制机制和模式正在发生着深刻变化；高等教育的价值观正由知识本位向能力本位转变，学生的创新能力、创业素养、创造意识得到加强，有力支撑了经济社会发展和现代产业建设的人才培养需求。

面对发展新质生产力、推进中国式现代化的新使命新要求，当前我国高等教育供需矛盾依然突出，人才培养结构亟待优化，重点产业急需紧缺人才供给不足，亟需加强拔尖创新人才和复合应用型人才的培养。职业类高素质高技能人才培养相对滞后，已无法满足现代产业发展对技术创新和高层次专业人才的需求。

以支撑中国式现代化为核心指向，高校人才培养既要应对当前急需，直面大国博弈的科教挑战；更要着眼长远，培养满足未来强国建设需要的创新人才。要把握国际教育发展趋势，立足中国特色教育根基，优化学科设置和专业布局，深化教科产融合体制机制，不断强化人才自主培养的能力和质量，从而提升我国高等教育发展水平和国际竞争力，培养支撑新质生产力发展和适应未来时代需求的高素质创新型人才。

一是增强大国自信，建设面向未来的优势学科群。扎根中国大地，瞄准世界第一方阵，突出一流学科的国家战略科教力量定位，统筹优化学科布局，加强基础学科、新兴学科、交叉学科建设。围绕重大科技问题和重大工程领域组建学科群，围绕现代产业体系，瞄准新质生产力培育和未来产业需求，强化高校学科专业前瞻性布局。立足国内领先、国际前沿的一流学科，加快培育国际领军人才和创新团队。

二是聚焦时代需求，探索"教科产"协同发展新范式。创新育人模式，依托一流学科和优势学科及重大工程，在科技前沿造就适应未来产业需求的拔尖创新人才。持续实施强基计划和拔尖人才培养计划，吸引最优秀的学生投身基础和前沿学科。面向现代产业和未来产业，加快优化高校人才培养层次结构，有序扩大博士研究生及专业研究生招生规模，构建跨学校、跨学科人才联合培养模式，提升教科产协同效能和育人水平。加强青年教师梯队建设，创设国际化高端科研平台和学术生态，鼓励探索科技前沿问题，攻克"卡脖子"关键技术和核心装备。

三是深化教育教学改革，提升新型人才培养质量。推动科教范式创新，改变科教工作形态，形成新的知识生产和知识传授格局，推动学科发展和育人水平的迭代升级。优化学科专业培养方案，实现学科专业内涵的不断深化和人才培养质量的持续提升。深化教育教学改革，构建本硕博一体化高质量教育教学体系，推进知识、能力、素质的协同提升。运用人工智能等现代科技手段，建立知识结构完备、方式方法先进的新型教学模式，形成信息化智能化的现代课程体系。

中国教育看江苏，作为全国最早提出并探索教育现代化的省份，江苏有着丰富的教育资源和教育改革经验，理应在中国式现代化和教育强国建设中充分展示"走在前、做示范"的责任担当，为全国提供拔尖创新人才培养的"江苏路径"。我们期待民盟江苏省委会充分挖掘教育主界别优势，锚定教育强国和教育强省建设目标，紧扣拔尖创新人才自主培养问题深化研究，提出更多精准、务实、管用的对策建议，并把江苏关于拔尖创新人才自主培养的好经验和好建议及时报送到中共中央，为谱写新时代中国教育改革新篇章，培育发展新质生产力、实现中国式现代化注入民盟力量！

最后，预祝论坛取得圆满成功！

谢谢大家！

在第十五届江苏教育高质量发展研讨会上的致辞

赵 岩

（2024 年 8 月 23 日）

尊敬的曹卫星副主席，同志们：

大家上午好！

党的二十届三中全会明确，统筹推进教育科技人才体制机制一体改革，健全新型举国体制，提升国家创新体系整体效能。民盟省委召开第十五届江苏教育高质量发展研讨会，围绕"提升拔尖创新人才自主培养能力　助力打造新质生产力发展重要阵地"主题开展研讨，对于全面准确贯彻全会精神、凝聚各方面共识具有重要意义。各位教育界前辈、院士专家、青年才俊都是爱教育、懂教育、兴教育的重要力量，为江苏教育高质量发展和人才自主培养工作作出了重要贡献。在此，我谨代表江苏省人民政府，向出席研讨会的各位领导、来宾表示热烈的欢迎！向大家长期以来对江苏教育事业的关心支持表示衷心的感谢！

科技创新靠人才，人才培养靠教育。省委、省政府始终高度重视拔尖创新人才的自主培养，特别是今年以来，信长星书记、许昆林省长先后到部门、高校、科研院所开展调研，与院士专家深入座谈交流，对拔尖创新人才自主培养提出明确要求。省里实施了"333 工程""双创"等一批重点人才计划，其中省"333 工程"先后培养高层次人才 2.45 万人，从中产生"两院"院士 97 人、发达国家院士 34 人。设立 24.8 亿元专项资金，深入实施加强基础研究行动，打造应用基础研究特区，设立应用基础研究中心，有组织地培养基础研究人才。建设 3 所集成电路学院、15 所卓越工程师学院、50 所省重点产业学院，推进产教联合培养新工科人才。在新一轮新增博士硕士学位授权审核工作中，新增学位点数量居全国第一。经过前期努力，全国首批唯一高校区域技术转移转化中心试点落地江苏，教育部已初步明确中心作为"长江学者奖励计划"单独渠道，并给予首批参与的高校400个博士招生计划。这些工作成效，离不开大家的支持，后续工作恳请大家继续关心、共同推动。

党的二十届三中全会吹响了进一步全面深化改革的号角，即将召开的省委十四届七次全会将对贯彻落实三中全会精神作出全面部署。我们要切实把思想和行动统一到全会精神上来，坚决落实党中央关于统筹推进教育科技人才体制机制一体改革的决策部署，以教育之强成就人才之强，赋能高水平科技自立自强，更好助力打造新质生产力的重要阵地。这里，提几点希望：

第一，希望大家积极投身教育科技人才体制机制一体改革实践。教育科技人才体制机制一体改革，在座各位既是参与者，也是推动者。三中全会要求树立以科技发展、国家战略需求牵引的学科设置调整机制和人才培养模式。高校作为人才培养的主阵地，要在高校分类改革中明确自身定位，建立与科研范式变革相适应的人才培养模式，积极参与"大兵团、大协同、大攻关、出大成果"的有组织科研，在重大科研任务中发现、选拔和培养高层次人才。同时，希望大家积极参与、带头推动以创新价值、能力、贡献为核心的人才评价体系改革，坚决克服"五唯"顽瘴痼疾，真正为用人单位授权、为人才松绑，营造识才爱才、敬才用才的良好环境。

第二，希望大家用心用情培养拔尖创新人才。民盟等民主党派汇聚了一大批文化教育和科学技术领域的中高级知识分子，其中许多是富有教育实践经验、热心教育事业的院士专家。希望大家坚守为党育人、为国育才的初心使命，围绕科技发展、国家战略需求，加强基础学科、交叉学科和新兴学科人才培养，积极探索科技教育和人文教育协同路径，努力提升江苏省拔尖创新人才自主培养质量。特别是要关爱青年、提携后进，给他们更多的信任、更好的帮助、更暖心的关怀，支持他们挑大梁、当主角。

第三，希望大家为江苏教育高质量发展贡献智慧。在日常工作中，我经常看到人大代表、政协委员、党派专家智库高质量的建言献策，要求相关部门认真研究、吸收采纳，并邀请专家参与政策研究。论坛将就相关主题开展主旨演讲、进行充分讨论，各位领导、专家发表的真知灼见，学术研讨产生的思想火花，省教育厅、科技厅要认真研究、充分采纳。希望大家继续发挥好参谋、好帮手、好同事的重要作用，多建睿智之言、多谋务实之策，帮助我们完善发展教育、培养人才的政策措施，提升教育对高质量发展的支撑力和贡献力。

最后，预祝本次研讨会圆满成功。祝大家身体健康、工作顺利、万事如意！

在第十五届江苏教育发展论坛上的讲话

胡　刚

（2024 年 8 月 23 日）

尊敬的曹主席、赵省长，各位嘉宾、同志们：

大家上午好！首先，我谨代表民盟江苏省委会向莅临第十五届江苏教育发展论坛指导的曹卫星副主席、赵岩副省长表示衷心的感谢！向出席论坛的中共江苏省委统战部和省教育厅、省科技厅、省科协以及在宁本科院校的各位领导、各位嘉宾、各位专家表示热烈的欢迎！

教育是国之大计、党之大计。教育也是民盟的主要界别之一，江苏盟员有70% 以上从事教育工作，其中近 30% 的盟员来自高教界。因此，为教育改革发展鼓与呼是始终流淌在江苏民盟血液中的天然基因。截至 2023 年，江苏教育发展论坛已经成功举办 14 届，先后围绕教育现代化、教育公平化、教育综合改革、教育内涵式发展、教师队伍建设等主题，全方位、多角度地为江苏教育高质量发展建言献策。自从举办江苏教育发展论坛以来，每年的活动都得到了省委省政府及有关部门的大力支持，已经成为江苏民盟的履职品牌。每举办一届论坛，民盟省委会都把大家的智慧和共识提炼转化为建议信、会议发言、集体提案或社情民意等参政议政成果，供有关部门决策参考，曾得到李强、石泰峰、娄勤俭、吴政隆、信长星、许昆林等曾任或现任省委省政府主要领导的肯定和批示，成果丰硕、成效显著，彰显了民盟省委会的履职特色和优势。

中共二十届三中全会强调，教育、科技、人才是中国式现代化的基础性、战略性支撑。这是以习近平同志为核心的党中央在以中国式现代化全面推进强国建设、民族复兴伟业的关键时期作出的重大战略判断，赋予教育科技人才战线新的重大使命。江苏是科教大省、人才大省，更是习近平总书记寄予厚望

"成为发展新质生产力的重要阵地"。在这样的背景下，推动教育科技人才体制机制一体改革，加强战略人才力量建设，着力培养造就战略科学家、一流科技领军人才和创新团队，着力培养造就卓越工程师、大国工匠、高技能人才，既是进一步全面深化改革、推进中国式现代化的必然要求，也是江苏贯彻落实中共二十届三中全会精神和总书记重要讲话重要指示精神的必然要求。为此，民盟省委会把第15届江苏教育发展论坛主题确定为"提升拔尖创新人才自主培养能力　助力打造新质生产力发展重要阵地"，希望各位专家学者围绕论坛主题，深入研讨、集思广益，以渊博的学识和独到的见解，为推动教育科技人才一体化改革提供卓越方案，助力江苏成为发展新质生产力的重要阵地，在高质量发展中"走在前、做示范"。

本届论坛筹备以来，得到民盟中央和省委省政府的高度重视。今天，民盟中央曹卫星副主席、省人民政府赵岩副省长亲临指导，让我们倍感振奋、备受鼓舞。省委统战部、省教育厅、省科技厅、省科协以及在宁本科院校的领导应邀参加，体现了论坛的交流之广、多党合作的制度之优。从收到的论文来看，本届论坛不仅激发了全省盟员参政履职的高昂热情，也吸引了部分盟外的专家参与，实现了凝心聚智、汇聚力量的初衷。参与讨论的专家和盟员为江苏省教育、科技和人才培养机制改革把脉问诊，为筑牢新质生产力发展人才根基提出了很多金点子、好建议。我们相信，有各位领导的关心指导、有各位专家的倾情参与，本届论坛一定能取得更多成果、发挥更好作用，助力江苏教育更加优质、人才充分涌流、科技繁荣昌盛。

同志们，中共二十届三中全会吹响了进一步全面深化改革开辟中国式现代化广阔前景的号角，让我们更加紧密地团结在以习近平同志为核心的中共中央周围，在省委省政府的坚强领导下，自觉承担起时代重任，充分发挥优势，找准履行参政党职能的切入点、发力点，为江苏省提升拔尖创新人才自主培养能力、打造新质生产力重要阵地建言献策，为书写好新征程上进一步全面深化改革的"实践续篇"和"时代新篇"贡献江苏民盟智慧和力量！

最后，祝本次论坛圆满成功，谢谢大家！

一等奖论文

拔尖创新人才自主培养改革落地的三要素

——观念、体系与支持

郭 培* 周 云** 边 霞***

摘 要

拔尖创新人才是引领科技创新发展的动力引擎，是国际竞争的核心作用力。当前，我国拔尖创新人才培养存在人才标准过于单一、缺乏完整的拔尖创新人才培养体系及功利主义盛行等问题。为推动我国拔尖创新人才的培养，需要人才观由单一模式向多样化模式的转变、建立融会贯通的创新人才甄别及培养体系以及国家层面整体性的改革支持。

一、拔尖创新人才培养的时代意义

在以芯片技术、人工智能为代表的新一轮技术革命浪潮下，拔尖创新人才在国际竞争格局中发挥着至关重要的作用，培养拔尖创新人才已成为各国教育事业的首要任务。党的二十大报告提出了教育强国建设的具体要求，即要"全面提高人才自主培养质量，着力造就拔尖创新人才，聚天下英才而用之"，这突出了拔尖创新人才培养的重要地位。在世界百年未有之大变局加速演进之际，我国要建成教育强国、实现民族崛起，加强拔尖创新人才培养是其中的关键一步。拔尖创新人才培养不仅事关国家重大方针政策的贯彻，还是教育事业高质

---

* 郭培，民盟江苏省委会教育工作委员会秘书长，南京师范大学研究生招生办公室副主任。

** 周云，民盟南京师范大学委员会副主委，南京师范大学教务处副处长。

*** 边霞，民盟江苏省委会常委，民盟江苏省委会教育工作委员会主任，民盟南京师范大学委员会主委，南京师范大学教授、博士生导师，金陵女子学院院长。

量发展的应有之义，更是实现人才全面发展的重要路径。

二、目前拔尖创新人才培养中的突出问题

自 2009 年教育部启动"基础学科拔尖学生培养试验计划"以来，我国在拔尖创新人才培养方面已开展了长期的探索与实践。然而，无论是从拔尖创新人才的培养数量还是培养质量来看，与西方发达国家相比，我国尚存在一定的差距，其质量规格也远不能满足建设创新型国家的需要。

（一）拔尖创新人才标准过于单一

首先是高端人才学术衡量标准的简单化。在传统的人才评价中，学术论文发表情况通常被视为衡量人才能力的唯一标准。这种单一的评价方式容易忽略其他方面的能力和素质，如创新能力、团队协作能力、领导潜力等。过于强调学术论文发表容易导致人才能力的单向度发展和创新能力的局限。其次是学生评价标准的"泛分数化"。学生是拔尖创新人才的来源，整个教育阶段尤其是基础教育阶段，往往以学生的考试成绩来衡量其素质高低。这种偏执观念限制了学生的全面发展和创新能力的培养，忽视了跨学科思维和综合能力的重要性。拔尖创新人才应该具备跨学科思维，能够灵活运用不同领域的知识解决复杂的问题。此外，拔尖创新人才评价往往将个人成就置于重要位置，往往忽视个人在团队中的合作能力。拔尖创新往往需要多学科、多专业的合作，强调团队合作能力对于创新的推动非常重要。最后是当前的评价标准缺乏对创新潜力的评价。拔尖创新人才评价主要侧重于已经取得的成果，很少考虑对创新潜力的评估。创新是一项艰巨的任务，需要培养具备创新思维和创新意识的人才。评价标准应该更关注人才的创新能力和发展潜力，注重对未来发展的预测和培养。综上所述，当前拔尖创新人才标准过于单一，主要体现在学术表现的单一衡量标准、学生评价的泛分数化、过分关注个人成就而忽视团队合作、缺乏对创新潜力的评价等方面。

（二）缺乏有机融合、完整立体的拔尖创新人才培养体系

当前，因受工具理性的影响，我国关于拔尖创新人才培养的各项政策和支持均侧重于高等教育领域，而忽略了基础教育阶段对学生创新思维的保护和开发。心理学家研究发现，青少年时期是智力发展与兴趣显现的关键时期，而一部分超常儿童更是较早在求知欲、关注力、学习能力等方面表现出高需求、高强度、复杂性等特征。由于基础教育阶段人才选拔标准的单一化，应试教育对

学生创新思维的长期抑制和损害是不可逆转的。此外，现代社会发展日新月异，知识更新迭代速度非常快，而人才培养计划和课程内容却无法及时跟上，这必然导致人才培养过程中知识的碎片化，培养出来的人才亦缺乏系统性的知识体系和全面的素质能力。碎片化的培养方式也容易使人才陷入应试教育的怪圈，导致人才的创新意识和独立思考能力不足。即使在高等教育阶段接受了相对系统的科学训练，但因为创新思维的缺乏，高等教育向社会输出的也多是具备专业知识的技术性人才，人才的创新性不足以满足社会新样态对人才素养的更高要求。

（三）功利主义对拔尖创新人才培养的消极影响

长期以来，我国社会对于人才的功利主义思想严重影响了拔尖创新人才的有效选拔和培养。在人才培养过程中，包括政府在内的社会各方往往追求人才的快速产出和短期效益。这种功利化倾向导致培养目标过于看重应用能力和实用技能，忽视了人才的创新潜能、综合素质和长期发展。培养过程中的评价体系也更注重结果而非过程，这使得人才培养变得功利化。传统的人才培养常常将不同学科、不同专业进行划分和隔离，造成了知识和技能的孤立。这种孤立导致人才的专业性虽然很强，但缺乏跨学科综合能力和思维方式的融合。现实问题往往是复杂的、跨学科的，当前的人才培养模式难以培养出具有综合能力的创新人才。综上所述，当前我国社会看待人才的功利主义态度对拔尖创新人才的培养以及社会的进步造成了一定的限制和障碍。为了培养真正具备创新能力的人才，需要重视人的长期发展、跨学科融合和系统化知识的培养，对教育系统要提供更多的政策支持，促进其不断培养素质全面、创新能力突出的学生。

三、稳步推进拔尖创新人才自主培养的建议

鉴于目前拔尖创新人才自主培养过程中呈现的突出问题，特提出以下建议，力求促进各领域拔尖创新人才的不断涌现。

（一）提倡多样化的拔尖创新人才观

个体间的差异性是客观存在的。虽然人才评价需要一定的标准，但如果标准过于单一，个人就会依照单一标准被教育被重复生产，而这是与拔尖创新人才的培养理论相悖的。拔尖创新人才标准要与个体的差异性也就是学生的多样性相匹配。比如，在基础教育领域，对学生的评价不能以单一的学业成绩和学科知识掌握程度作为评价指标，应该通过更加重视评价内容的综合性，关注学生综合素质以及优势特长的整体发展，关注学生的创新思维、创新知识和实践能力等多个方面的综合表现，从多个方面对学生的发展情况进行差异性评价。高等教育领域，无论是学校对教师的评价，还是教师对学生的评价，评价标准都应该由单一转向多样。通过提倡拔尖创新人才标准的差异化与多样化，保护学生的创造力，涵养其创新思维，引导学生沿着不同的方向发展其潜质和能力，满足社会对各类拔尖创新人才的需求。

（二）建立融会贯通的创新人才甄别及培养体系

教育系统主要负责人才的选拔和培养。在政府部门的有力支持下，在现有的人才选拔和培养体系外，应建立拔尖创新人才的甄别和培养体系。针对多方主体合作意识不强、协同乏力等现实问题，从理论和实践考虑，拔尖创新人才的识别选拔、教学内容的设置、教学模式的融会贯通、多方主体的共同参与是教育领域改革的重点和要点。

面对学习内容衔接不够、人才选拔通道割裂的现实困境，拔尖创新人才培养需要促进基础教育阶段与高等教育阶段的有效联动，形成相互衔接的链条式、进阶式、综合性的一体化连贯教学体系。

（三）拔尖创新人才培养需要政府的整体改革支撑

以政府为主要代表的社会各界对于人才要摒弃功利主义的态度，转而提供更多的资源和支持。政府可以在现有政策和实践的基础上进行整合和协调，以构建系统全面的拔尖创新人才培养政策体系。具体而言，就是政府有关部门结合当前的问题和困境，补齐政策短板，改革不利于拔尖创新人才培养的各项制度，推动政策整合与落实。首先，可以开展有关政策法规的制订，明确拔尖创新人才培养对于国家发展的重大战略意义，同时赋予教育主体开展拔尖创新人才选拔和培养的权力。其次，积极推动教育主体开展拔尖创新人才培养的各项改革，并提供包括政策、经济、人事在内的各项支持。最后，要保障拔尖创新人才培养政策的顺利落地，政府还需要处理好因为对政策理解偏差而引起的不同社会主体间的矛盾和冲突，保障政策的顺利落实、落地。拔尖创新人才培养改革是典型的系统性工程，需要整体性设计思维来处理改革中的各层级矛盾和问题。

从"基础"、"提升"到"拔尖"：积极构建中学拔尖创新人才基础培养体系

杨晓丽[*]

摘　要

在知识经济时代，国际竞争日益激烈，大国博弈的核心要素归结于拔尖创新人才培养能力和教育水平的竞争。作为促进学生创新素养培育和发展的关键时期，中学阶段在拔尖创新人才培养方面发挥奠基作用。遵循拔尖创新人才成长规律，通过建构人才培养理论、建设贯通式课程群、推进育人机制创新，夯实拔尖创新人才成长基础，为学生发展提供所需的成长环境、培养载体、个性需求和共育合力，深化育人方式改革，挖掘学生个性优势和创新潜能，助力学生成长为德才兼备的创新型领军预备人才。

党的二十大报告提出科教兴国战略、人才强国战略、创新驱动发展战略三大战略一体谋划、一体部署、一体推进，体现了科教融合、创新发展的鲜明导向，其中，人才是创新驱动的核心，是强国的根本，教育则是人才培养的基本工程。

有关我国"拔尖创新人才培养"的相关研究起源于1990年的"李约瑟难题"，点燃于2005年的"钱学森之问"。当前，我国已进入以创新驱动为引领的高质量发展新阶段，对拔尖创新人才的需求比以往任何时期都更加紧迫、更加关键。但拔尖创新人才培养并非一朝一夕，而是一项从小学到中学，再延伸到高等教育阶段的系统工程，是一个由普惠式育人到培育拔尖创新人才的过程。

---

* 杨晓丽，江阴市政协委员，民盟江阴市一中支部主委，江阴市山观高级中学副校长、高级教师。

一、中学拔尖创新人才基础培养存在的问题

（一）育人目标重掐尖轻创新

教育教学在任何维度上都是以立德树人为核心，应该面向人人，做到人人发展。"拔尖创新"是面向未来的人才发展，而不是采用选拔的方式掐尖，不是短时的功利性教育，而是所有具有创新素养的学生都可能成长为拔尖创新人才。教育需要培养每个学生的创造力和创新素养，形成"面向人人，人人发展"的创新氛围。从基础到提升再到拔尖，面向每个学生的发展潜质去挖掘，为不同的学生构建有层次的发展体系。拔尖创新人才的培养不应该只关注少数，而是助力每个学生成长。所以，中学阶段的拔尖创新人才培养是面向所有具有创新潜质的学生，即全体学生。

（二）育人课程重实施轻建设

中学将拔尖创新人才基础培养融入课程体系中不仅涉及课程理念、课程目标、课程内容、课程组织、课程实施、课程评价等，还涉及与之相关的学生管理制度、课程实施保障机制、教师队伍建设等。而这些层面的建设及其系统化融合，必然要求中学有成熟并系统化的拔尖创新人才的甄别理论、拔尖创新人才成长理论、课程教学变革理论等予以支撑。但是我国拔尖创新人才基础培养未做系统、长期的经验梳理和规律探索，这直接导致依托上述理论生长的课程理论、教学理论几乎处于零起点。

（三）育人方式重知识轻实践

学生只有保持对身边事物的好奇心和学习兴趣，具备持久而强劲的内生动力，才能不断尝试突破和创新，获取有价值的创新成就，最终成长为拔尖创新人才。传统教学往往忽视对应用意识、合作精神、创新思维和问题解决能力的培养。学生缺乏动手实践的机会和平台，难以获得应用知识解决现实问题的真实体验和成就感。这种"重知识轻实践、重结果轻过程、重分数轻素质"的育人教学倾向，难以激发学生的学习兴趣和创新潜质，阻碍了拔尖创新人才培养进程，不符合拔尖创新人才的成长规律。

二、中学拔尖创新人才基础培养的路径与建议

（一）建构人才培养理论：坚守育人立场，倡导多元才能的拔尖创新人才理念

（1）完善选拔标准，建立多元化选拔通道。当前，拔尖创新人才选拔存在标准单一、渠道狭窄的问题，建立科学合理、方式多样、过程公平的多元选拔

机制十分重要。在具体选拔过程中，必须打破以学业考试分数或少数竞赛奖项为标准的应试选拔方式，尽快开发以创新潜质和发展前景为导向的科学选拔框架，激活具有多样特征的"潜力者"。此外，拔尖创新人才的选拔不能局限在学术型上，还要加强技能型、工程型等多样化拔尖创新人才选拔，为学生提供多元化的发展通道，实现人才多样化培养。

（2）创新选拔方式，营造立体化选拔环境。在选拔时间上可以设置系列评价关卡，进行长期跟踪考查；在选拔形式上可以通过设置校园创新项目、学科竞赛、学术科研活动等多种形式发现人才；在选拔手段上可借助信息化技术辅助选拔，打破时空限制。例如，在高中建立早期拔尖创新人才"数字教学项目"，从中优选人才。

（3）坚持系统培养，优化一体化培养体系。拔尖创新人才培养是一项系统工程，需要各个教育阶段衔接贯通，需要科学素养、创新能力与个人素养的共同成长，需要发现、选拔、培育与评估的系统设计，需要学校、企业、科研院所的协同培养。要打破学段界限与阻碍，充分发挥顶尖高校在拔尖创新人才培养中的主力军作用，高度重视中小学校的奠基作用，深度推进大中小学在拔尖创新人才培养上的衔接沟通，积极构建大中小学一体贯通、科教融合、家校社企协同共育拔尖创新人才的高水平培养体系。

（二）建设贯通式课程群：丰富育人载体，架构多样层级的拔尖创新潜质课程

中学的创新人才培养是一个极其复杂的问题，这种复杂性体现在对"培养什么、如何培养"等基本问题的思考上。其中"培养什么"是课程建构的基础，"如何培养"是课程实施的遵循。

（1）完善制度供给，巩固课程建设的制度之基。针对拔尖创新人才培养中遗漏基础教育阶段的现实，一方面，国家及相关行政部门要出台相应的法律、法规（如将拔尖创新人才基础培养融入《中华人民共和国教育法》《中华人民共和国义务教育法》等），为中小学将拔尖创新人才基础培养融入课程建设提供法理依据。另一方面，教育部可将拔尖创新人才基础培养融入中学课程的要求明确规定于《义务教育课程方案》和《普通高中课程方案》中，为相关实践提供有力的政策依据。此外，还可遴聘专家对国内外普通中学实施拔尖创新人才培养的成功经验进行研究。在立足于我国国情的基础上，组织专家编写《中学拔尖创新人才基础培养课程建设的实施意见》，进而为相关实践提供可操作的

实施框架。

（2）分层设置内容，夯实课程建设的内容之本。第一层级：面向所有学生全面发展的创新素养普及。这个层次主要是围绕学生核心素养发展的学科基础课程与科创普及活动。在开齐开足国家课程的同时，开设普适性的科技与人文方面的基础课程，这是面向全校学生的科学素养提升课程与活动。第二层级：面向部分学生特色发展的创新人才培育。根据学生兴趣和需求，建立培养创新人才的创新课程，开展基础类科技创新竞赛，组织倾向于创新发展和多数学生能参加的科创活动，让学生逐渐成长为有一定创新能力的人才。第三层级：面向少数学生潜能发展的拔尖人才培养。从兴趣到发展，从初中到高中，从发现、培养到造就，从基础、提升到拔尖，开设科技特色班，让在部分学科、部分领域表现有潜质、优异且突出的创新型学生成长起来。

（3）优化师资结构，强化课程建设的技术之柱。拥有一批掌握拔尖创新人才基础培养的理论、运用所掌握的理论为学生创新素养发展开发课程、实施课程能力的教师是拔尖创新人才基础培养融入课程建设的关键。一是制定长效的培训机制，将拔尖创新人才基础培养的内涵与价值、拔尖创新人才成长规律、相关课程开发与实施能力等融入教师国培项目、省培项目与市培项目。二是优化教师引进与激励政策，提升教师胜任力。一方面，政府部门和中小学要将拔尖创新人才基础培养的知识和教学技能融入教师资格考试、选聘机制的评价指标体系，进而扩大胜任教师数量。另一方面，可以通过建构多元化、激励性机制，吸引更多能够胜任拔尖创新人才基础培养工作要求的人才加入教师队伍。

（三）推进育人机制创新：优化学习生态，构建身心和谐的新质教育育人方式

目前，中学阶段的培养方式主要是接受型教育，这种培养方式忽略了思维方式的训练和动手能力的培养，忽视了学生的个性化需求与成长。而创新人才的培养不只是依赖于课程，也不是只培养学生的某些能力，更不是一种理性的说教，创新人才的培养重在一种创新精神，一种创新品质，一种感性的体验，并通过实践活动使之得以升华。

（1）转变教学方式，提升学生思维力。通过变革课程实施的时间和空间，引导学生发现现实生活中的真实问题情境，激发学生主动提出具有创新价值的实际问题，结合可动手、可探究、可合作的实践性任务，让学生在问题分析、解决问题的同时，开展相关成果展示活动，促进学生的互动学习。拔尖创新人

才基础培养要遵循学生的认知规律，通过基于问题导向的启发式、案例式、探究式等多元化教学方式，让学生探索创新解决问题的方法和策略，从而提升学生的创新思维品质和问题解决能力。

（2）构建协同育人"共同体"，形成人才共育力。学校、家庭和社会三方教育的有机结合，形成协同育人的"共同体"，这是教育的理想样态。拔尖创新人才基础培养的一个重要抓手是为学生提供知识应用和实践创新的交流平台，促进学生动手能力和创新素养的提升。在"校家社"协同育人理念的指引下，学校应关注每个学生通向"拔尖创新人才"的成长需求，开发学生发展指导中心、家校协作社团、校企合作实践基地等多方合作实践平台，让学生在发展指导中心中合作学习，在家校协作社团中交流展示，在实践基地中应用创新，助力学生把无形的奇思妙想"孵化"为有形的创新成果。

（3）探索评价体系，彰显多元包容力。设定"一标+多标"相结合的评价标准。"一标"强调共性，即对学生基础能力的统一标准；"多标"强调差异，即在统一评价的基础上制订适合不同个体发展水平的多元评价标准。这种评价标准不仅能破除传统教育评价标准单一甚至唯一的现象，有效提高拔尖创新人才选拔的效率，同时更注重评价之于学生发展的有效性、意义性、可选择性、针对性和适度性，更有助于为所有学生提供成长成才的机会，促使拔尖学生能够得到更充分的发展和更全面的评价。

"功以才成，业由才广。"当今教育改革的要求早已不再是设一条封闭而神秘的拔尖创新人才特殊轨道，而是要创设一个基于所有学生、惠及所有学生，又足以造就拔尖创新人才的现代化教育体系。探索之路任重而道远，我们将在这条道路上奋发有为，慨然前行，为助力国家现代化贡献自己的力量！

从小学到大学一体化贯通衔接、分类协同培养拔尖创新人才

苏　慧[*]

摘　要

从现行政策及分析拔尖创新人才培养存在的早期发现体系不健全、存在学段壁垒、衔接碎片化、评价标准单一、分类不明等问题；提出早发现、早培养，打破学段壁垒、不同学段协同贯通培养，差异化、分类特色发展等措施，进一步构建从小学到大学一体化贯通衔接、分类协同培养拔尖创新人才模式，为拔尖创新人才培养提供借鉴。

一、拔尖创新人才培养背景及现状

党的二十大报告明确提出：要全面提高人才自主培养质量，着力造就拔尖创新人才，聚天下英才而用之；2024 年政府工作报告中提出：坚持把高质量发展作为各级各类教育的生命线。完善拔尖创新人才发现和培养机制，形成人尽其才、各展其能的良好局面。教育部部长怀进鹏表示：拔尖创新人才培养要从发现、选拔、培养和评价的全过程中来进行理解和推进。要加强基础教育阶段与高等教育阶段的有效衔接，不仅需要牵引源头创新的基础学科、交叉学科和新兴学科的拔尖人才，也需要服务新型工业化道路的工程技术人才和大国工匠、能工巧匠。

2024 年两会期间，拔尖创新人才备受关注，拔尖创新人才培养的体系、衔

---

　　* 苏慧，南京市江宁区人大常委，民盟南京市委会常委，民盟江宁区基层委员会主委，金陵科技学院二级教授。

接、发现、分类培养等话题受到代表热议。加大拔尖创新人才贯通衔接、分类协同培养是教育高质量发展的必然要求。

二、拔尖创新人才培养存在的问题

（1）拔尖创新人才的培养存在早期发现机制通道不畅、培养体系不健全等问题。拔尖创新人才培养是系统工程，存在早期培养理念、师资、条件等短板，有些人认为其培养要等到高等教育阶段，这就太迟了，必须从娃娃抓起，激发青少年的好奇心和探索欲。

（2）拔尖创新人才培养存在学段壁垒、衔接尚显碎片化等问题。拔尖创新人才培养是全面发展的，但当前各学段之间存在学段壁垒、育人目标无法顺畅衔接、课程内容衔接不充分、评价衔接不够系统等实践碎片化问题，不足以满足贯通衔接培养拔尖创新人才的要求。

（3）拔尖创新人才培养存在评价标准单一、分类不明，片面认为只有科学研究人才是拔尖创新人才等问题。拔尖创新人才的个性差异明显，每个人都有机会成为某类型的拔尖创新人才，而目前拔尖创新人才培养存在分类不明、学习方式和教育资源单一、考试评价"一刀切"等问题，这难以满足人才个性化的学习和发展需求。

三、贯通衔接、分类协同培养拔尖创新人才探究

（一）以立德树人为根本任务，培根铸魂育拔尖创新人才

（1）培养拔尖创新人才，首先是铸魂强基。以立德树人为根本，坚持"铸魂育人"导向；在选拔和培养环节，必须以深广的爱国情怀、坚定的理想信念、高尚的道德品质为前提，引导人才砥砺报国之志；培养人才健全的人格，使人才有志气、有骨气、有底气。

（2）培养拔尖创新人才迎难而上的科学家精神。培养学生继承和发扬老一辈科学家勇闯科研"无人区"的探索之路；增强学生学术志趣引领，让学生心中有志向、有理想，并持之以恒地奋斗；培养学生在充满荆棘与挑战的路上迎难而上、敢啃"硬骨头"、甘坐冷板凳的定力和毅力。

（3）培养拔尖创新人才崇尚创新、追求卓越的能力。帮助学生筑牢学科根基，明确学科志趣，养成适应发展需要的创新能力；不断拓展学生个性化成长的时空并搭建丰富多样的平台载体，供学生施展才华、体验成功；把握人才成长规律，创造人才破土而出的环境，让更多拔尖创新人才生长出来。

（二）构建拔尖创新人才从小到大一体化贯通衔接培养模式

1. 尽早发现、尽早培养拔尖创新人才

（1）注重对拔尖创新人才苗子的早期发现。早期发现自主学习能力强，有远大志向且攻坚克难能力强的学生，主动提供匹配的优质资源与指导支持，促进个体天赋持续发展为杰出才能，为拔尖创新人才作奠基。

（2）拔尖创新人才培养要从娃娃抓起。通过小中大学密切协作，将优质科技资源、创新资源，尽早融入青少年学习过程中，让他们在耳濡目染中感受、体会、领悟科技创新的魅力，培养他们的科学素养和创新素养。

（3）加强拔尖创新人才的早期培养。根据学生的先天禀赋和特殊才能进行拓展性教育，配备专门教练团队、制订专门培养方案、安排先修课程；培养学生创新意识、创新思维、创新精神，帮助学生找到激情所在，为其提供适宜的上升通道。

2. 打破学段壁垒，探索不同学段拔尖创新人才协同贯通培养

（1）注重链条融合，建立具有系统性、连续性、贯通性的拔尖创新人才选拔培养制度。从小学起，依托高校、科研院所的有效协同，形成人才培养的最大合力；基础教育阶段做好人才的早期发掘、呵护和针对性培养；高等教育阶段做好人才的后期选拔与培养，为有潜质、有特殊才能的学生提供专门化培养服务。

（2）加强统筹协调，以改革创新为突破口，打通学段之间的壁垒。将各学段的招生、教学、课程、实践、评价等紧密关联起来，使人才培养的理念及要求贯穿于不同学段；建立科学的小中大学人才双向贯通培养机制，针对不同学段中具备创新潜力的学生，有针对性地进行研究，为其针对性地设置培养方案，确保其获得连贯化培养。

（3）推进从小到大的贯通化进阶课程改革。以贯通化进阶课程设计为抓手，设计个性化的生本课程、拓展课程，做到"一生一案"，实现针对性培养。如小学开设计算机编程课程，培养儿童热爱科学；初中强化跨学科融合课程，唤起学生的科学兴趣；高中开设科学思维课程，奠定科技创新基础；大学设置"AI＋"专业，培养拔尖创新人才。

（4）加强校内外科学教育协同，立足全球视野，为青少年提供更多空间和机会。通过跨学科、学科交叉、学科贯通等方式，不断夯实拔尖创新人才的综

合能力；通过产教融合、科教融汇等合作方式，搭建全球学术交流平台，加强人才的科研合作和学术交流；中小学生每周要走出校园，到社会大课堂中去调研实践；鼓励社会各界开展各种科技类实践活动和比赛；高校部分实验室作为科普基地面向中小学开放。

（三）畅通人才培养路径，分类协同培养拔尖创新人才

1. 探索中小学差异化、分类办学的拔尖创新人才培养机制

（1）在起点上，探索学校差异化分类办学。培育试点区域和试点学校，形成一批办学特色遍及科技、人文、体育、艺术等多个领域的中小学学校，有效满足学生多样化学习需求，使拔尖创新学生培养实现特色化发展。

（2）在出口上，拓宽拔尖创新学生成才的渠道。两端可围绕少部分有潜力参加学科竞赛、强基计划等的学生和有艺体类特长的学生，中间可围绕高考改革开展拔尖创新人才培养，让学生能够多渠道获得成才的机会，真正做到站在学生发展的立场实现学校差异化发展。

（3）建构适合不同类型学生个性化发展的培养方案。关注每个学生的差异，根据学生个体发展需求，提供个性化的学习支持；优化课程结构，增加选修课、拓展课，让学生接触更多创新课程；建立个性化的评价体系，综合考虑学业成绩、兴趣特长、社会实践、综合素质等因素，有效促进学生健康成长。

2. 契合不同高校发展模式，推动高校拔尖创新人才分类协同培养

（1）加强从事基础学科研究和引领行业发展的研究型拔尖创新人才培养。研究型大学应充分利用基础学科领域人才、学科资源和师资配置方面的优势，关注前沿科技发展，科教融汇，做好研究型、创新型、基础型学科领军型人才本硕博阶段的培养。

（2）强化解决行业问题的应用型拔尖创新人才培养。应用型本科高校应主动对接区域经济社会发展和产业转型升级需求，聚焦共性问题和通用方法，关注产业应用和创新产品的创造，产教融合，培养面向社会和市场的实践应用型工程技术人才。

（3）重视解决专业问题的技能型拔尖创新人才培养。职业技能型高校应对标职业分类发展体系，以就业导向为根本宗旨与企业无缝连接，提升技术技能型人才培养精准度，培养满足经济社会发展和一线生产需求的高素质技能型人才和大国工匠。

3. 加强人文、体育、艺术等其他领域拔尖创新人才分类特色培养

各行各业都有拔尖创新人才。此类人才的培养，一是要关注人才的志趣、天赋、吃苦耐劳精神；二是要做好各学段融通、一体化贯通培养，为有天赋的学生提供平台；三是加强各类特色学校和高校的建设，注重教师、教练的培训。

聚焦现实隐忧
探索拔尖创新人才自主培养路径

金　樱*

摘　要

人才是城市发展的内生动力，也是一个地区高质量发展的核心要素。自主培养拔尖创新人才，将是提升新质生产力的核心关键点和推动高质量发展的重要着力点。本文以无锡市为例，深度剖析当前拔尖创新人才培养面临的形势与问题，从教育理念、课程改革、教育评价等角度提出意见和建议。

人才是城市发展的内生动力，也是一个地区高质量发展的核心要素。党的二十届三中全会提出，实施更加积极、更加开放、更加有效的人才政策，完善人才自主培养机制，加快建设国家高水平人才高地和吸引集聚人才平台。把握战略方向，自主培养拔尖创新人才将是提升新质生产力的核心关键点和推动高质量发展的重要着力点。

一、概况与现状

（一）政策领航，实施人才强市新战略

近年来，无锡出台《关于深入实施新时代人才强市战略的意见》，发布"强智聚才"工程五大行动，推进优秀大学生"锡引"工程，实施学业、就业、创业、置业"四大无忧"计划，让人才与城市彼此成就、共同成长。无锡连续四年获评"中国年度最佳引才"江南名城，连续三年获评"中国年度最佳促进就业城市"。2023 年，在锡高校应届毕业生就业率达到 93%，留锡就业率达到

---

* 金樱，民盟无锡市滨湖区基层委员会盟员，无锡市滨湖区政府信息中心信息科科长。

36%，无锡首次晋升到中国最具"95 后"人才吸引力 50 强城市榜单第九位。

（二）规划先行，开创人才根基新局面

无锡按照迎高峰、早布局、优供给、促满意的思路，分类细化基础教育阶段学校建设任务，稳步扩大教育集团数量和规模，2023 年至 2025 年新建、改扩建学校 94 所，增加学位 12.7 万个。其中，2024 年普高计划招生比例为 65.03%，比 2023 年提高 5.01 个百分点。

（三）创新变革，厚植人才聚集新优势

瞄准国家发展战略要求，积极推进产学融合发展，抓实未来高等教育发展目标任务，全面启动职业教育高质量发展"五项行动"，普及科学教育、工程教育，无锡入选全国中小学科学教育实验区，成为首批国家级市域产教联合体，属地高校办学规模提升、成绩显著，南京邮电大学、南京理工大学分校落户无锡。

二、形势与问题

（一）认知偏差，尚未处理好教育公平与教育偏见的关系

教育要素配置不均。基于地域间的教育投入差异、校际间的发展根基不同，不同类型学校实施拔尖创新人才培养的模式不同，提供的服务链也高低不均，学生也无法形成贯通式发展，甚至有的学校投入与产出比相对低下。学校选拔容易走样。个别学校依然存在"唯分数"论、重选拔轻培养等现象，借着拔尖创新人才早期选拔与贯通培养的名义层层掐尖，最终演变为优秀生源抢夺大战，破坏了当地的教育生态。家庭认识存在误区。广大家庭仍视职业教育为"低人一等"的教育类型，简单地认为会考试、考高分就等同于有出息。囿于传统教育思维，基于现有"一刀切"的中高考制度，家长无法正确认识孩子的基本素养与发展潜力，大多数的孩子成了"笼中鸟""做题机器"，无法实现学业、专业、职业融合一体。

（二）行为冲突，尚未平衡好课程开发与减负增效的关系

课程顶层设计仍需完善。拔尖创新人才的培养仍以应试教育为主，没有很好地回答"培养什么样的人""怎样培养人"等问题，德育大多停留在口头上，体美劳教育仍是蜻蜓点水，课程的系统性、融合度有待进一步提升，特别是幼儿园、小学、中学、大学没有形成贯通式发展。一是学生学业压力有待化解。近几年学生心理问题大幅攀升，疑因学业压力等走向极端的学生更是不在少数。

学生心理问题不仅趋于低龄化，而且越来越多地发生于学习优秀的学生之中。二是技术创新应用依然局限。教师过度依赖智能技术，这在一定程度上削弱了知识的传导溢出，降低了孩子的主观能动性，特别是疫情防控期间建立的虚拟校园，还不能完全凸显真实环境所带来的"立德树人"成效。

（三）分离困境，尚未把握好人才培养与人才应用的关系

一是优质师资贡献度还要加大。一方面，随着年轻教师队伍的不断壮大，专业化水平、研究性成果有待进一步提升，特别是在行业内有较大话语权、影响力的名师名家还不够多。另一方面，大多数教师受现有教学模式的影响，缺乏创新意识和实践指导能力，无法全面准确评价学生的发展潜力。二是校地合作紧密度还不够高。一方面，现有对拔尖创新人才的早期培养主要集中在基础教育阶段学校，学习内容以书面知识、答题技巧为主，没有完全带领学生走出校园去充分实践、体验创新，导致拔尖创新人才对自我利益追逐、未来发展定位等缺乏准确的认知和规划。另一方面，校地之间的对接联络机制不够完善，学校研究方向与传统产业的契合度不够高，产学研结合不够紧密，教育链、人才链与创新链、产业链无法匹配，形成资源浪费。

三、对策与建议

（一）走出理念之困，从"粗放扩张"向"扩优提质"转变

（1）增强教育规划的前瞻性。科学分析区域教育资源现状，动态优化教育资源布局，实现"用足存量"与"做优增量"并重，确保学位资源供需平衡。结合人才培养目标，规划试点研究型、应用型、职业技能型高校分别向下延伸，建立联合培养机制，开设幼儿园、小学、初中、高中实验校，探索形成拔尖创新人才贯通式培养路径。围绕技术发展导向、产业市场需求，提前谋划深度融合的高端教育配套，因校开设科创班、基地班、书院班、少年班等。

（2）改革选拔考试"一刀切"。拔尖创新人才的发展，亟须用考试改革撬动教学改革。加快推进高考制度改革，探索实施"一年多考"制度，让学生拥有更多选择的机会，改变"一考定终身"的局面；在前期高校自主招生的基础上，总结固化成可操作的选拔制度，使拔尖创新后备人才能够通过合适通道升学就读。强化人才早期选拔制度保障，至少从市级层面出台指导性意见，不仅要让试点学校能选敢选，而且要引领学校以科学的方式甄别、选拔拔尖创新后备人才。

（3）扩大多元办学认可度。研究制订"区域联动、高校联建、国际联通"的教育合作审批流程、管理标准，从制度上规范外引项目及内拓资源行为，推动名校从"繁衍型"向"再生型"转变，形成基础教育多元竞争的发展态势，实现政府的低消耗、高产出。搭建家庭教育服务多元平台，市、区两级分别设立家庭教育指导中心，编制常规课程清单和特色服务项目，常态开展家校活动，引导家庭和社会形成理性的教育观、成才观，维护良好的教育生态。

（二）攻坚核心关键，从"花开数朵"向"春色满园"转变

（1）走向课程改革深水区。政府不遗余力为教育牵线搭桥，建立宽领域、多层次、常态化的智库平台，为学校课程建设、人才培养提供智力支持、决策依据、科学诊断，培育更多有影响力、有辨识度的前瞻性教学改革项目、学科课程基地。加强课程顶层设计，实施"五育融合多元成长"行动，创新实施跨学科、项目式、走班制学习。"传统＋数智"推进"轻负高质"课堂教学研究，"校内＋校外"打造体育、美育、科技教育、工程教育、劳动教育特色亮点，"常态＋长效"实施学生心理健康护航行动，构建起有利于拔尖创新人才个性成长、多元成才的全课程育人体系。

（2）当好学生成长引路人。针对拔尖创新人才培养需求，国家或省级层面要尽快研究制定教师的配备要求、素养标准、考核内容等，为学校因地因校培育用好教师提供范式。市区层面可植入"互联网＋"理念，实施教师队伍数据管理，优化岗编分离用人模式，研究化解教师结构性失衡，探索按需引才举措，升级教育高层次人才引育实施办法，多举措吸引手握绝活、学有专长的人才快速集聚。校级层面完善分类培养机制，实施差异化发展策略，通过结对子、搭台子、铺路子、压担子，助力每一位教师在课堂教学上扎根、在教育实践中开花，培育更多政策水平高、专业能力强、实践经验多、善于教育教学改革的行家里手。

（3）牵住教育评价牛鼻子。积极推动学校教育评价改革，打破"唯成绩论"的评价标准，在关注学生学业成绩的同时，既关注学生创新思维、创新能力、综合素质等方面的评价，又关注学生学业负担、社会满意度等方面的评价，既关注同质学校之间的相互比对，又要关注一所学校的基础和起点，努力对学校、教师、学生进行真实性、发展性评估，并借鉴中医里"治未病"的理念，充分发挥"大数据＋质量监测"的作用，强化评价对质量提升全过程的监测预

警和动态优化功能，让好质量水到渠成。

（三）推动四链融合，从"单打独斗"向"多维发力"转变

（1）倡导基础教育开门办学。整合串联辖区内丰富的自然、人文、产业资源，成立青少年美好成长教育基地联盟，试点编制社会实践基地白名单，着力打造适合拔尖创新人才的"超级校园"和"行走课堂"，助力学生形成价值认同、目标方向。加大教育"反哺"社会力度，通过开放学校体育场馆、图书馆、科技馆、信息技术中心等方式，把学校建成开放的终身学习中心，让在校学生特别是拔尖创新后备人才拥有与各个社会领域对话交流的机会。

（2）注重高等教育校地共建。建立政府牵头、部门联动、上下互通的共建机制，明确挂钩联系方式，制定共建目标任务与责任清单，进一步明确各驻地高校院所在重大项目建设、科技招商、人才培育等方面开展的合作项目，多方位、深层次开展"学校开放日"、学术交流论坛等校地共建活动，推动地方与驻地高校院所逐步从松散合作走向深度融合。

（3）突出人才培养成果转化。以实施拔尖创新人才"引育留用"全链条服务为导向，推动教育链、创新链与产业链相符相融，形成更多成果转化。例如，可发挥江南大学在食品工程、合成生物、工业设计、人工智能等领域以及东南大学在电子信息、集成电路等领域的学科和平台优势，结合无锡产业发展方向与需求，探索共建新型研发机构，助力引聚高端人才和先进技术。同时，借用驻地院校科研成果，探索建立包括教育发展数据库、区校一体化工作平台等在内的"教育大数据分析和信息服务平台""教育 GIS 系统"等，从而助推基础教育管理向治理转变，实现拔尖创新人才从量到质的提升。

让人才"长出来":基础教育拔尖创新人才培养的误区和建议

高　青*

摘　要

拔尖创新人才早期培养是基础教育面临的重大问题。但目前拔尖创新人才培养还存在着选拔标准不清晰、培养方式不科学、培养体系不系统等诸多问题;以分取人、超前抢跑、割裂式培养依然是普遍现象。在基础教育阶段,拔尖创新人才培养要强调基础性和"土壤改良"的价值,要树立正确的"拔尖人才观",让"个体"成长于"全体";要建设融通式课程和资源,让"特长"成长于"全面";要明晰拔尖人才成长的核心要素,让"创新"成长于"兴趣"。只有这样,才能让更多创新人才"长出来"。

党的二十大报告提出:"全面提高人才自主培养质量,着力造就拔尖创新人才。"面对日益激烈的综合国力竞争和科技竞争,自主培养拔尖创新人才是新征程上教育必须担负的职责和使命。什么是拔尖创新人才?拔尖创新人才培养是面向少数精英还是要面向大多数?教育应该怎么改变才能让拔尖创新人才不断涌现?所有这些问题都需要我们深刻思考、谨慎面对。

一、拔尖创新人才培养的现实误区

当前,教育系统都在积极探索拔尖创新人才早期培养的路径、方法,但整体来看,我们在拔尖创新人才内涵的理解、成长和培养规律的认知、培养方式和路径的选择等方面还存在很多问题和误区。

---

* 高青,徐州市政协常委,民盟徐州市委会副主委,徐州市教育科学研究院副教授。

（一）拔尖创新人才的选拔标准不清晰，学业成绩依旧是重要标准

从统计数据看，占全国高中总量1%的"超级高中"垄断了清华大学、北京大学本科录取名额的50%，但实际上，并没有培养出国家所真正需要的"拔尖创新人才"。学业成绩依然是各地"创新班"采用的主要人才选拔方式。以江苏某地级市为例，2024年四星级高中的科技特长生（拔尖创新班）招生办法就是笔试，只是在学科上倾向了数学、物理和化学。这种选拔方式不仅导致一些真正具有创新特质的孩子落榜，也让一些非天才型的学生在后继学习中出现心理和学习上的多重问题。

（二）拔尖创新人才的培养方式不科学，超前抢跑依旧是普遍现象

长期以来，中国学生在PISA考试中的成绩优于美国，在世界五大学科竞赛中也表现优异，但中国学生想从事科学研究的占比很低，中国科学家获诺贝尔自然科学、数学菲尔兹等世界科技大奖的数量也很少。研究发现，基础教育中用"早学""多学"获得竞争优势的做法普遍存在，很多选拔出来的所谓"人才"甚至被直接送到更高学段的学校中，通过做更难的题去进行培养。即使参加竞赛，也主要是靠"套路"与"快知识"取胜。高强度和加速度的培养模式违背了教育规律，忽视了创新人才培养的更广阔的视域和土壤。

（三）拔尖创新人才的培养体系不系统，断裂、割裂依旧是突出问题

目前，很多地方的高中学校纷纷开设"少年班"，即把"超常儿童"招进少年班，进行所谓的初高中一体化培养，其本质上还是为特长生打造专门的成长通道。在高度竞争与单一的升学目标中，学生培养明显呈现出"非智力因素"与"智力因素"的割裂、专门教育与普通大众教育的割裂，也导致一些天才少年人际交往能力较差，德、美、体、劳发展严重不均衡。同时，由于观念、体制等原因，高等教育与基础教育的贯通、衔接不够，在拔尖人才的培养目标、方法、内容、评价等方面缺乏一致性、系统性。

二、拔尖创新人才培养的策略建议

拔尖创新人才培养不是简单的政策鼓励和经费投入，作为一个复杂的系统，它需要开放的思想、创新的理念、科学的行动以及对传统人才评价方式的摒弃与改革。在基础教育阶段，更应该强调基础性和"土壤改良"的价值，让更多创新人才"长出来"，而不是被"拔出来"。

（一）树立正确的"拔尖人才观"，让"个体"成长于"全体"

国际上对拔尖创新人才的培养经验及其认知为我们提供了很好的借鉴。一方面，拔尖创新人才可以早发现，但早早挑出来进行专门培养并不是可行之策；另一方面，尽管 20 世纪 50 年代以来有关创新创造能力的测试飞速发展，但这些测试并不具备判断个体能力和预测未来成就的功能，"天才班"这类项目对培养拔尖创新人才的作用也缺乏实证研究。但可以肯定的是，影响拔尖创新人才培养的因素是多样的，有观念的、制度的、文化的，也有个体自身的。因此，基础教育学校要在相信"人人都有创新创造潜能"的基础上，面向全体学生，通过整体推进的课程教学改革去培养每一个人的创造力。例如，在教学方面更加尊重个性，包括学习内容、进度、方式及评价的个性化；鼓励并开展基于问题的学习，通过生活化、问题化的学习引导学生进行更有意义的深度学习；要创造更加多元、开放、全球化的学习环境，让学生的学习不再拘泥于学校与课堂，允许他们自我寻找学习机会、学习伙伴、学习对象，借助更具挑战性和支持性的学习环境发展创新能力。其中，基础教育学习方式的转变至关重要。正如南京市第一中学校长朱焱所说："要看学习方式是否改变，课程体系是否有进行科学系统的设置，是否走出传统课堂的固有模式，如果一切都没有变化，只是'抱团'考上北大、清华，那与传统的'掐尖'并无二致。"在 2022 年颁布的义务教育新课标中，创新导向得到了充分体现，新课程方案将诸多新的学习方式"摆"在了学校和一线教师眼前，落实新课标，持续深化课程教学改革就是为拔尖创新人才的培养提供活水、地基，就是播下更多具有创新潜质的种子。

（二）建设融通式课程和资源，让"特长"成长于"全面"

目前，基础教育拔尖创新人才培养存在两种明显的课程倾向，一是理科化，二是特长化。所谓理科化就是学校认为创新人才就是数学、物理、化学学科成绩突出的人，而创新人才培养就是要加强这样几个学科的学习，包括增加课时量、实施相关拓展课程等。特长化就是针对某一方面有特长的学生，通过单独编班等方式提供专门的教学。无数事实已经证明，创新人才的成长是一个缓慢的过程，更是一个多素养参与的过程。因此，一要坚持五育并举，重视德育、美育等课程对学生非智力因素培养的重要作用，在关注学习成绩的同时关注学生行为习惯、学习方法、道德发展和人格形成，通过增加课程的丰富性和可选择性丰厚拔尖创新人才的"土壤"。正如唐江澎校长所说："十年树木。基础教育应该更加关注其'粗度'而不是'高度'。树干太细了是长不高的。"二要坚持"文理"融通。人文精神是创新能力的重要滋养,"爱国、创新、求实、奉献、协同、育人"的中国科学家精神,就很好地体现了科学精神与人文精神的融合统一。深圳中学"丘成桐少年班"的课程架构也体现了文理的融通。其必修课程包括国家课程、数学竞赛基础、信息竞赛基础、腾讯 DN. A 网络素养课程等;选修课程包括七年级的以认识城市与生态环境为主题的人文素养课程和八、九年级的数学、物理、化学、生物、信息竞赛课程等。除此之外,为了涵养中华底蕴和家国情怀,"丘成桐少年班"还开展了一系列别具特色的实践活动,包括开学礼、党史学习课程、爱国教育课程、劳动教育课程、生存技能课程等。学校的人文教育会让学生身处关爱、安全、鼓励和支持个性化发展的环境。当学校注重学习兴趣、想象力、创造力的激发,当学生有丰沛的生活和支撑自由探索、卓越发展的课程体系,即使没有专门去培养创新,没有专注于科技教育,科技等领域创新人才也会不断涌现出来。三要努力建设学段融通式的"一流课程"。培养一流学生需要一流课程,但目前,基础教育拔尖创新人才培养课程的质量不高,师资不优,需要加强与高校和科研院所的合作,让大学里的院士、学者、青年骨干教师参与基础教育拔尖创新人才培养的课程建设及教学工作,落实导师制、学长制、课题制,联合开发层级化、专业化、模块化的课程体系,将国际前沿学术发展、最新研究成果和实践经验融入课堂教学,为拔尖创新人才提供强有力的资源支持。

(三)明晰拔尖人才成长的核心要素,让"创新"成长于"兴趣"

基础教育拔尖创新人才培养中另一个问题就是设定功利性的发展目标却忽略了学生的兴趣。清华大学教授史静襄团队经过三年的参与式研究发现,把资优学生集中在一起,设定卓越的成才目标,并配上丰富的教育资源的培养模式并不成功,如果学生自己没有探索求知、发展自我的欲求,也无法发挥资源教育增值的作用。因此,兴趣是最好的创新动力,志趣应该成为拔尖创新人才早期培养的基础。学校要创造有包容度的校园文化和教学文化,要包容那些成绩不好的学生,寻找和提供适合这些学生的学习内容和活动;在教学中要允许并鼓励学生自由提问、发表观点,引导学生敢于对学习材料的观点、逻辑等进行质疑,把教学变成一个赋能的过程而不是控制的过程;要努力呵护学生的创新潜质和学科学习兴趣,如小学阶段对数学方面有天赋的学生,不是通过"刷更高难度的题"揠苗助长,而是通过下棋、魔术等"玩"的方式激发他们不断探索的欲望,并提供跨学科的学习任务和交叉学科的活动空间。中学阶段要不断引导学生去思考自己适合做什么和将来准备做什么,通过职业规划教育引导学生把兴趣与终身发展结合起来,提高其在发展过程中的机会敏感性、自觉性,使其在热爱和坚守的良性互动中成长为国家和社会所需要的拔尖创新人才。

当然,除兴趣外,学校要努力建立拔尖创新人才的能力模型,打破原有评价标准,借鉴国际研究成果,建立包括内生动力、思维力、意志力、实践力、领导力等在内的人才新模型,并以此作为培养与评价的新标准。

陶行知先生说:"处处是创作之地,天天是创造之时,人人是创造之才。"每个人都有创新的能力和素质,能不能发挥出来,需要学校提供养分,需要社会提供土壤,而早期发现和培养是摆在广大中小学教育工作者面前的重大时代课题,任重道远。

协同与扬弃：拔尖创新人才的
自主培养路径探讨

李桂萍*

摘　要

拔尖创新人才的自主培养，坚持把高质量发展作为教育的生命线，实现教育、科技、人才一体化培养，是一个协同发力、不断扬弃的系统性过程。一方面，拔尖创新人才培养既要有己方的"长"和"专"，也要有他方的"选"与"拔"，二者不可或缺。另一方面，拔尖创新人才的基础性培养不可或缺，需要重视课程的顶层设计和学生的核心关键能力培养，尤其是学生的数字素养，决定了其创新的力度和深度。

中国式现代化归根到底是人的现代化。2023 年 5 月 29 日，习近平总书记在中共中央政治局第五次集体学习时强调，要进一步加强科学教育、工程教育，加强拔尖创新人才自主培养，为解决我国关键核心技术攻关提供人才支撑。拔尖创新人才的自主培养，是建设教育强国、科技强国和人才强国的关键要素，需要我们厘清目标，聚焦目标，精准施策，协同发力，善于扬弃，才能事半功倍，有为有成。

一、把握拔尖创新人才的核心特质

培养拔尖创新人才，我们首先要弄清楚什么是拔尖创新人才。拔尖创新人才不等于天才，天赋高未必能成就大，能创新未必能拔尖。创新人才可以有很多，但拔尖人才只能是少数。从某种意义上讲，只要按照自己的兴趣，从事适

---

* 李桂萍，徐州市政协委员，民盟苏安院支部主委，江苏安全技术职业学院院长、教授。

合自己的工作，爱岗敬业，为社会作出贡献，职业院校学生也是人才。

界定拔尖创新人才，首先是"创新"，即区别于常规思维，创造出具有正向价值的新技术、新方法、新成果。其次是"拔尖"，是在知识、专业、能力等方面处于领先位置，对社会、经济、科技进步等做出重大贡献，在各行各业发展中走在前列的领军者。再次是"行动力"，拔尖创新人才在自主性、专注度和韧性上都具有笃行不怠的特质。这是拔尖创新人才的核心素养和突出价值。

二、拔尖创新人才自主培养的可行路径

拔尖创新人才自主培养是一个时代课题。人才培养和成长都有着自身的独特规律，需要从政策、理论以及实践层面做系统架构与支撑；需要在边研究、边实践、边纠偏的过程中实现人才培养的高质量。有人说，拔尖创新人才有时候不是"拔"出来的，而是自己"长"出来的。我认为拔尖创新人才培养既要有己方的"长"和"专"，也要有他方的"选"与"拔"，二者不可或缺，这是一个协同发力、不断扬弃的系统性过程。

（一）"长"要提升契合度

万物生长，都有自己的规律和特性，人才成长，也一样有其内在潜力、内在效能，就是我们常说的每个人都有独特的自主性、专注度、兴趣、韧性和行动力等。

遵循规律是对人才的基本爱护。真正的拔尖创新人才很少有完全靠天赋成长起来的，多数是在经历无数的挫折和失败后才能百炼成钢的。拔尖创新人才的成长，往往靠韧性。能吃苦、能坐得住冷板凳、能坚持的人，才能够最后脱颖而出。教育的规律和人才成长的规律，就是不急于求成、不急功近利，不过早给学生戴人才帽子，天赋也需要萌发生长的自由空间。教育需要不断激发学生的自我效能感，不断引领学生的个人天赋与兴趣契合国家和社会急需的学科领域。

（二）"专"要提供新赛道

对于严重偏科的"偏才怪才"，我们要大胆进行招生政策创新，根据人才培养需求实施分类化、多样化的招生改革。在高考中设立拔尖创新人才培养项目，为专才偏才怪才开辟统一高考招生之外的新路径，为拔尖创新人才的脱颖而出提供新赛道。此外，还有硕士博士的考试，因为英语不过关，很多专业好的学生无缘硕博机会，这样的例子很多，值得反思。

（三）"选"要打破常规

伯乐常有而千里马不常有。"选"要优化入口评价，重点考查学生行动力和创新力，为"专才偏才怪才"设立专项计划。"选"要改革出口评价，突出能力贡献导向，为敢为善为者提供发展机会。"选"要加大自主性，不拘一格，需要大学目光向下去参与小学、初中的教育，需要在中小学就能发现学生的天赋之才，能做到上级"选苗子"和下级"送苗子"结合，从而聚焦一定领域培养术业有专攻之才。选人，还需要扬弃有别。随着高等教育进入普及化阶段，升学机会空前变大，学业竞争大众化的态势已急速形成。一方面，进入双一流学校的学生并不代表就是拔尖人才；另一方面，因竞争基数扩大，考试命题与选拔的标准也变得大众化，考试很难分辨出"天赋"和"会考试"之间的区别，有针对性的培养和自我发展就失去了"选"的空间，这就造成了大众化教育对天赋选拔的"弱化"。因此，我们要警惕"强竞争、弱选拔"态势，要敢于破格选、破格用，才能不断有千里马脱颖而出。

（四）"拔"要合理扬弃

"拔"，是指提供发展平台。"拔"不是揠苗助长，而是要给予挑战性项目，因材施教。就拔尖创新人才培养来说，需要建立"直通车模式"，打破校校之间的制度壁垒，人才选拔壁垒，畅通各级学校在培养目标、内容、评价等方面的衔接性和贯通性。一方面，要打造课程项目双育人模式，将专业课程与科技项目有机融合，将理论知识学习与实践训练有效结合，推动课程模块和项目建设耦合互进、协同倍增。另一方面，要打造递进式项目育人体系。从政府层面讲，大中小学要根据不同学段开展不同科技项目的探究、训练和实践等。"拔"需要协同发力。大力开展校企共建科技讲堂、科技团队和科技赛项等活动，将项目牵引的理念贯穿培养全过程。企业出项目，研究生持续跟进项目研究；本科生大一跟学项目，大二选定项目，大三、大四定期进企业实践项目；专科生两年在校跟师学技，一年进企业拜师学技，在实践中检验与培养创新能力，通过企业项目让学生在真实环境中研究真问题、锻造真能力。在大赛中选人育人，在项目中育人选人，在协同中拔尖创新。

三、不可或缺的基础性培养

拔尖创新人才培养，首先是培养"人"，然后才是"才"。影响拔尖创新人才培养的因素是多样的，有观念的、制度的和文化的因素，还有主体本身的因素等，但没有基础培养，就没有人才高峰。

（一）重视科学课程的顶层设计

科学兴趣和科学精神的培养需要从小抓起，小学、初中的科学课不应可有可无，也不应被所谓的主课随意替代。科学课程应该和美育一样，以政策形式下发不同学段的要求。

（二）重视学生核心素养的养成

老师要把学生的核心素养放在教学的核心位置。注重学生学习的兴趣，鼓励学生自由地表达，允许学生大胆地质疑和想象，不断地引导学生明确追求的目标，让教学成为赋能的过程，实现人文性与科学性的有机结合。

（三）重视学生必备品格和关键能力培养

知识的价值在于滋养我们的思想，文化的滋养在于以文化人，以德修身，德才兼备，打牢学生数理化基础，重在塑造学生面向未来的知识和能力结构，实现以德育心、以智慧心、以体强心、以美润心、以劳健心，为后续开展科学探索奠定坚实的人文精神和科学素养基础。

（四）强化学生数字素养的有效提升

大数据时代，数据革命对各个国家的创新、科研、教育和国防等都将产生深远的影响。大数据与生活和工作密不可分，用"大数据"的眼光看世界、看未来，数字素养已经成为现代人必须具备的一项能力。对于拔尖创新人才的培养更是如此，对数据的敏感性和分析能力，决定了创新的力度和深度。

新质生产力视域下合成生物产业拔尖创新人才培养的路径建议

——以常州地区合成生物产业拔尖创新人才培养为例

鲁少勤* 刘维扬** 王宝珍***

摘　要

发展新质生产力是推动高质量发展的内在要求和重要着力点。基于新质生产力推动合成生物产业高质量发展视角，结合常州地区未来产业布局和合成生物产业现状，对合成生物产业拔尖创新人才需求进行调研分析，总结提出合成生物产业创新人才的培养路径，为政府行政主管部门、行业企业和地区高校的产业人才培养提供决策参考。

一、引言

中国共产党二十届三中全会指出，要健全因地制宜发展新质生产力体制机制，健全促进实体经济和数字经济深度融合制度。习近平总书记多次对新质生产力的发展作出重要论述和指示，强调发展新质生产力是推动高质量发展的内在要求和重要着力点。科技创新是发展新质生产力的核心，拥有高素质、高技术、高技能、具有创新精神的劳动者更是新质生产力的第一要素。通过培养创造新质生产力的战略人才、一流科技领军人才等拔尖创新人才，促进生产方式、组织结构、研发模式、业务模式和产品技术等内容的全面创新，促进区域经济

---

　　* 鲁少勤，民盟常州信息职业技术学院副主委，副教授、高级工程师。
　　** 刘维扬，民盟常州市委宣调处副处长，主任科员。
　　*** 王宝珍，教育部中外人文交流中心项目主管。

在新产业上有所突破，从而打造具有国际竞争力的新产业集群。本文以常州地区合成生物产业拔尖创新人才培养为例。

二、新质生产力与常州合成生物产业集群

（一）常州地区战略性新兴产业和未来产业布局

近年来，常州围绕"国际化智造名城、长三角中轴枢纽"的城市定位，大力实施"532"发展战略，推进战略性新兴产业加速发展。2023 年，常州市有 5 个产业集群步入千亿级产业集群的行列。高端装备集群产值规模达 5438.8 亿元，新能源领域制造业产值 7680.7 亿元，新能源汽车产量 67.8 万辆，新型碳材料产业集群总产值约 1220 亿元。2023 年常州地区实现生产总值 10116.36 亿元，同比增长 6.8%。后续的新增长点在哪里？亟须发展新质生产力，打造合成生物等战略性新兴产业。2023 年 11 月 13 日，常州市政府印发《常州市关于推动生物医药产业高质量发展的若干意见》，支持合成生物医药产业创新发展，推进合成生物新产业集群建设。

（二）常州地区合成生物产业发展与人才需求

1. 常州合成生物产业发展现状

近年来，常州陆续启动金坛合成生物产业园、长三角合成生物产业创新园、西太湖合成生物创新产业园建设，在现有 5 大千亿产业集群基础上，培育合成生物新产业，形成以扬子江、恒邦、千红等为代表的化学制剂与生物医药产业集群，迈入了合成生物产业新赛道。至 2023 年底，常州拥有生物医药产业领域相关企业 794 家、生物医药产业领域专利 2889 个、国产医疗器械上市数量 2317 个、仿制药通过一致性评价数量 79 个。2016—2023 年，常州市的药品申请临床总数为 36 个，药品批准临床总数为 58 个，药品临床试验总数为 138 个，药品申请上市总数为 79 个，药品批准上市总数为 36 个。

2. 合成生物产业拔尖创新型人才需求

掌握新质生产工具、使用新质生产资料的产业人才，是引领合成生物产业新质生产力发展的重要资源与推手，各层次人才的积累和跃升，是合成生物产业发展的关键。面向常州地区合成生物产业的高水平高质量发展趋势，需要探索多元主体、多元途径的人才培养模式，分层次、分级别培养产业科技领军人才、拔尖创新人才、青年科技后备人才和工程技术人才。利用数字化、智能化手段，建设全民终身学习环境和氛围，为新产业、新质生产力提供强有力的

"新质人才"支撑。预计到2027年，常州市实现合成生物产业千亿产值的目标，需要各类创新型技术人才约5000名。

三、常州地区合成生物产业拔尖创新人才培养路径建议

合成生物产业创新型人才既包括掌握创新创造新型生产工具的一流领军人才和青年科技人才，也包括掌握新质生产资料的工程应用技术型人才，其拔尖创新人才培养路径如图1所示。

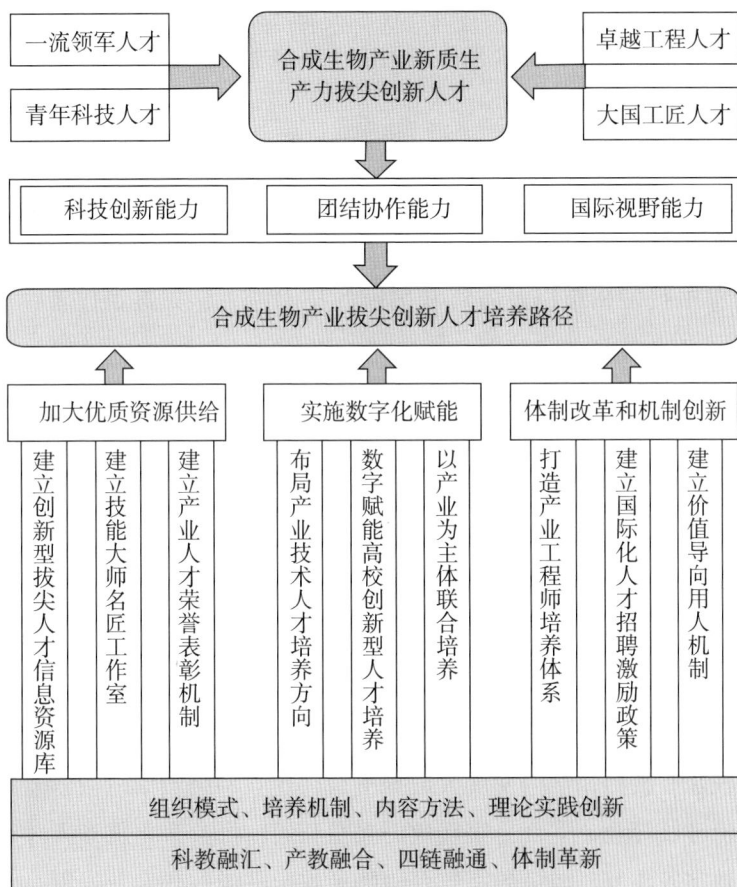

图1 合成生物产业拔尖创新人才培养路径

（一）加大优质资源供给，培养拔尖创新人才

1. 建立创新型拔尖人才信息资源库

以合成生物产业领军人才为主要目标，建立以突出技能的青年人才、职业

技能竞赛成绩优异选手、国家和省级技术能手、大国工匠、产业工匠为重点的人才信息资源库，分层分类厘清各类创新型人才培育对象的方向、内容和形式，有针对性地制订各类专项培养计划。

2. 建立技能大师名匠工作室

以大国工匠、省级技术能手、省级劳模等重点人才为对象，依托行业企业、科研院所和高等学校，建立大国工匠工作室、技能大师工作室、劳模创新工作室，通过技能培训、校企联合培养、企业生产实践、参与科研项目等方式，以及同行交流、学术研讨、名师带徒、国内外研修等形式，培养合成生物产业后备领军科技人才。

3. 建立产业人才荣誉表彰体系

通过组织开展各类职业技能竞赛和岗位练兵活动，对涌现出的优秀选手，按规定授予相关荣誉，落实职业技能等级晋升政策，技能好、品德优的人员推荐申报常州市以及省级和国家的技术能手、先进工作者、劳动奖章等荣誉。

（二）实施数字化赋能，促进高校培育创新型产业技术人才

1. 科学合理布局产业技术人才培养方向

2023 年年底，全国有 6000 多所职业学校开设了数字经济相关专业，专业布点超过 2.5 万个。常州地区 5 所本科院校、8 所高职院校和 23 所中职学校，面向高端产业和产业高端，优先增设智能制造、合成生物领域新专业，聚焦合成生物产业高端化、智能化、绿色化发展趋势，培养产业技术创新型人才。

2. 实施数字赋能高校创新型技术人才培养

（1）聚焦数智化培养模式

在高校建立教师和学生发展大数据平台，建立网络教学、教学管理、科研管理、评价考核等业务平台，实现数据互联互通，将数字化贯穿人才培养全过程、教育教学各环节。加快数字教育势能释放，赋能教师专业发展、学生个性化发展、课堂质量提升、学生多维评价和创新能力培养。

（2）充分发挥数据要素和数字化资源作用

通过资源配置优化和数字化资源基础设施的构建，建立产业人才教学资源库、虚拟仿真实训中心、行业培训资源库、行业标准资源库和专业知识资源库等。建立数字资源快速响应机制，精准服务各类人才培养，满足产业人才的多

样化需求。

（3）实施数字化教学手段变革

融入产业新技术、新工艺、新规范、新知识和新标准，对行业企业、高校和教育机构实施线上线下和模块化教育教学模式改革，运用优质数字资源和网络构建校企资源共同体、学习共同体，实现各类产业人才的探究学习、自主学习、协作学习以及智能化学习。同时，高校的产业人才培养，从传统技术技能型人才培养，转向数字智能化人才培养；从传统专业毕业生培养，转向产业现代企业学徒制人才培养；从传统技工操作人才培养，转向工匠型工程技术人才培养。

3. 以产业为主体联合培养工程技术人才

创新型工程技术人才培养必须产教融合、"产、行、校、企、所"协同培养，在产业现场实践，在生产一线历练，在产业数字化智能化发展中创新。通过推动常州地区合成生物产业市域产教联合体、行业产教融合共同体的试点、示范和标准建设，围绕产业技术服务、人才培养、科技攻关、产品研发、创新培育等要素，加强常州市政府、高等学校、科研院所及相关行业企业深度合作，按照技术应用与服务、技术研发与创新、技术技能训练的逻辑主线，集聚政府、行业、企业和学校资源，通过提升、改造、扩容和新建等方式，打造合成生物产学研创综合平台，联合培养工程技术人才。

（三）以体制改革和机制创新促进产业拔尖创新人才发展

1. 打造产业工程师培养体系，实现教育链、人才链、产业链、创新链"四链"高效衔接

通过推动科技、产业、教育、人才融合发展、融会贯通，培养促进新质生产力飞跃发展的创造型劳动者队伍，激发新产业人才的创造力和能动性。通过保障教育的优先发展，着力造就一批产业发展战略人才、科技领军人才、大国工匠和工程技术人才等拔尖创新型人才，培育后备青年科技人才，促进合成生物产业国内和国际竞争力的提升。从而探索形成具有常州区域特色、高水平的产业创新型人才培养体系，施行职普融通、产教融合、科教融汇，实施产业和高校联合培养高素质创新型技术人才的联动机制，源源不断培养合成生物产业所需的各类人才。

2. 建立国际化产业人才招聘激励政策，打造高水平创新团队

实施积极开放的人才引进政策，探索建立与上海都市圈乃至国际接轨的全球高端人才招聘政策，加大产业、科技、教育、人才对外开放力度，积极引进外资企业、国外顶级专家学者等参与合成生物产品研制与科技计划项目，建立产业公共服务平台，实现供应链上中下游企业资源共享与信息沟通。设立创新团队培养基金，建立有利于高水平创新团队快速成长和脱颖而出的选拔培养机制，构建进阶式技术创新团队，打造以"领军人才、拔尖创新人才、大国工匠"为引领的高水平产业技术创新团队。

3. 建立价值导向用人机制，拓宽技能人才职业发展通道

引导政府、行业企业和科研院所，面向合成生物产业，建立以体现技能价值为导向的技能人才薪酬分配制度，切实提升技能人才的待遇水平。坚持德才兼备，突出业绩贡献和能力水平导向，完善创新型人才岗位评价机制，在竞业限制、退休政策、从业方式等方面创新管理机制，实现"岗位、职责、贡献、薪酬"相匹配的岗位管理模式。引入岗位竞争机制，优绩优聘，特岗特聘，拓宽人才专业技术职务评聘通道，进一步打破人才评聘职称的学历、资历、年龄、比例等限制。探索采取年度考核与团队聘期考核相结合、定量考核与定性评价相结合的方式，实现创新型人才能上能下、能进能出的选人用人机制。

四、结束语

以新质生产力发展地区合成生物产业，需要畅通教育、科技和人才的良性循环，以"政行校企"产教融合协同育人为主要途径，完善产业人才培养、引进、使用、流动和激励的工作机制，加大优质资源供给和体制机制创新，培养合成生物产业所需的拔尖创新人才。

以技能大赛为载体：促进拔尖与创新型人才培养的路径探索

裴启军*　孙莉利**

摘　要

在当今全球竞争激烈、科技创新迭代迅猛的背景下，尤其是在党的二十届三中全会提出全面深化改革的指引下，拔尖与创新型人才的培养成为国家发展和产业升级的关键。技能大赛作为一种高效的人才选拔与培养机制，不但能够激发参赛者的创新潜能，而且便于有效推动教育与产业的深度融合，为社会输送高质量的技术技能型人才。本文旨在探讨技能大赛如何作为促进拔尖与创新型人才成长的有效路径，通过分析技能大赛的特点、作用机制及其对人才培养模式的影响，提出相应的策略建议，为我国乃至全球的人才发展战略提供参考。

一、引言

伴随着第四次工业革命的进一步深入，技术技能型人才的需求日益增长，而传统的教育模式难以满足这一需求。技能大赛作为一种以实践为导向、强调创新与应用的比赛形式，为解决这一问题提供了新的视角。它不仅能够展示个人或团队的专业技能，更能激发参与者的问题解决能力、创新思维及团队合作精神，是培养拔尖与创新型人才的重要平台。

二、技能大赛在人才培养中的作用

一是激发创新潜能：技能大赛通常围绕实际问题设计赛题，要求参赛者运

＊　裴启军，民盟宿迁高教总支副主任委员、江苏省淮海技师学院高级讲师。
＊＊　孙莉利，民盟盟员、江苏省淮海技师学院讲师。

用专业知识与技能，创造性地解决问题，在此期间极大地激发了参赛者的创新思维。二是提升专业技能：准备和参与技能大赛的过程是对专业知识和技能的深度学习与实践，有助于快速提升选手的专业水平。三是增强实践能力：大赛强调"做中学"，促进理论知识与实践操作深度结合，有效增强了参赛者的实践操作能力和问题解决能力。四是培养团队合作与沟通能力：绝大部分的比赛项目不仅需要团队协作完成，而且促进了成员间的沟通协调，培养了良好的团队精神和领导力。五是搭建交流平台：技能大赛为国内外选手提供了展示自我、相互学习的机会，促进了技术交流与国际合作。

三、技能大赛促进拔尖与创新型人才培养的路径

一是构建多元化竞赛体系：根据不同行业和领域的特点，建立多层次、多类型的技能大赛体系，覆盖基础技能到高精尖技术，满足不同层次人才的成长需求。二是强化校企合作：通过技能大赛平台，加强学校与企业之间的合作，实现教学内容与产业需求的对接，让学生在真实的工作环境中学习，加速理论到实践的转化。三是注重过程评价与反馈：在大赛准备过程中，实施持续性评价与即时反馈机制，可以帮助参赛者及时调整策略，优化解决方案，同时，这也是对参赛者学习过程的一种重要激励。四是建立长效激励机制：为获奖选手及团队提供奖学金、实习机会、就业推荐等实质性的奖励，激励更多人才参与并持续投入于技能提升与创新活动中。五是推广技能教育文化：利用媒体和网络平台广泛宣传技能大赛的成果与影响，营造尊重技能、鼓励创新的社会氛围，吸引更多年轻人投身于技能学习与创新实践中。

四、案例分析

（一）世界技能大赛（World Skills Competition）

该比赛是全球范围内规模最大、影响力最广的职业技能竞赛。自1950年创办以来，每两年举办一次，为各国青年技术人才提供了一个展示技能、相互学习和交流的国际平台。一是提升职业技能标准。参赛者需达到世界级的技艺水平，这推动了各国在职业教育和培训中采用更高的标准。二是激励青年投身于技能学习。大赛展示了技能的价值和魅力，激励更多年轻人选择技能教育和职业发展道路，改变了社会对职业教育的传统观念，提升了技能型人才的社会地位。三是促进国际交流与合作。来自世界各地的选手、专家、教练和观众聚集一堂，为国际合作提供了平台。四是推动职业教育改革：提升教学设施和方法，

以培养更多适应未来产业需求的高技能人才。五是增强国家竞争力：通过参与世界技能大赛，各国能更好地识别和培养顶尖技能人才，为本国经济和社会发展提供动力。六是创新与技术转移：赛事期间的技术展示和交流，促进了新技术、新工艺的传播与应用，加速了全球范围内技术创新和产业升级的步伐。总之，世界技能大赛不仅是技能比拼的舞台，更是全球技能发展和人才培养的重要推手，对提升各国整体技能水平、促进经济社会发展具有深远的影响。

（二）国家技能大赛

作为国家级别的职业技能竞赛，对促进国内技能人才培养、提升国家整体竞争力以及推动职业教育改革等方面具有显著的影响力和贡献。一是树立技能标杆：国家技能大赛展现了各行业的顶尖技能水平，不断提升自身技能。二是促进人才培养体系不断完善：大赛的举办促使教育培训机构根据竞赛标准调整和优化人才培养方案，加强实践教学和技能培训，确保教育内容与产业发展紧密相连。三是增强职业教育吸引力：高规格的竞赛活动提高了社会对职业技能教育的认可度，吸引更多青少年选择技能学习路径，有助于缓解技能人才短缺问题。四是推动产教融合：大赛通常与企业紧密合作，促进教育与产业界的深度融合，通过竞赛项目对接实际工作需求，加速技术技能的创新与应用。五是搭建交流与合作平台：国家技能大赛为各地选手、教师、企业和行业专家提供了交流经验、分享成果的机会，促进了资源与信息的共享，加强了跨区域的合作。六是激发创新意识：参赛过程中，选手往往需要解决复杂问题，这不仅锻炼了他们的实践操作能力，还激发了创新思维和解决问题的能力，为产业升级提供人才支持。七是提升国家形象与国际竞争力：国家技能大赛的优秀成绩能够彰显国家在技能培训和教育方面的成就，提高国际声誉，同时为参与国际技能竞赛选拔和储备人才。综上所述，国家技能大赛通过树立技能典范、促进教育改革、加强产教融合等方式，极大地推动了高技能人才的培养，为国家的经济社会发展提供了坚实的人才支撑。

（三）江苏省技能状元大赛

江苏省技能状元大赛作为江苏省最高级别的职业技能竞赛，对促进拔尖和创新人才培养、推动技能型社会构建及提升区域竞争力方面发挥了显著的影响力与贡献，具体表现在以下几个方面：

一是树立技能标杆，激发学习热情：大赛通过表彰"技能状元"，为全省技能人才树立了学习的榜样，为激励广大职工和学生重视技能学习，追求卓越，营造了崇尚技能、尊重技能人才的良好社会氛围。二是促进教育与产业深度融合：比赛项目紧跟行业发展趋势，涵盖了制造业、信息技术、服务业等多个领域，促进了教育内容与产业需求的紧密对接，推动了校企合作，加快了技术技能的更新迭代和成果转化。三是提升技能人才培养质量：通过"以赛促学、以赛促训"的方式，大赛不仅检验了参赛者的技能水平，还推动了职业院校和培训机构改进教学方法，强化实践教学，提高了技能人才的培养质量和适应性。四是推动政策创新与制度建设：大赛的成功举办吸引了政府的高度重视，促进了技能人才相关政策的出台和完善，如提供奖金奖励、荣誉授予、职业晋升通道等激励措施，为技能人才的成长和发展创造了良好的政策环境。五是促进区域经济发展：高技能人才是推动经济高质量发展的关键因素。江苏省技能状元大赛通过挖掘和培养一批批高技能人才，为地方产业升级和经济结构调整提供了强大的人力资本支持，助力"江苏制造"向"江苏创造"转型。六是提升国际影响力：随着江苏省技能状元大赛影响力的扩大，不仅提升了江苏省在全国技能竞赛体系中的地位，也为参与国际技能竞赛选拔和培养优秀选手奠定了基础，增强了中国在国际技能舞台上的竞争力。七是创新与传承并重：大赛鼓励传统技艺与现代技术结合，既保护和传承了非物质文化遗产，又促进了新兴技能的发展，为传统文化的创新发展开辟了新路径。综上所述，江苏省技能状元大赛不仅是选拔和表彰高技能人才的平台，更是推动技能教育体系改革、促进经济社会发展、提升国家和地区核心竞争力的重要力量。

五、结论与建议

技能大赛作为促进拔尖与创新型人才培养的有效途径，其价值不容忽视。未来应进一步完善技能大赛的组织机制，深化校企合作，优化人才培养模式，同时加强国际交流与合作，共同推动全球技能人才的发展。通过这些措施，不仅能够为社会培养出更多具备高超技能与创新能力的专业人才，也能为国家创新驱动发展战略的实施奠定坚实的基础。

社会资源加入，"家校社"协同

——关于高效推动区域"拔尖创新型人才培养"的新模式研究

程　晨* 窦　莹**

摘　要

本文探讨了在社会资源参与下，"家校社"协同推动区域"拔尖创新型人才培养"的新模式。分析了拔尖创新人才培养的重要性和江苏省的现状与困境，提出通过吸纳高质量社会资源、建立多校联合机制、构建家校社一体化体系，以及政策指引与资金扶持等措施，打造区域拔尖创新型人才培育基地。此模式旨在整合教育资源，提升人才培养质量，促进学生个性化成长，对区域及国家长远发展具有重要意义。

一、研究背景

（一）关于拔尖创新型人才培养计划

在全球化和信息化时代背景下，拔尖创新型人才已成为国家竞争力的核心要素。我国在《国家中长期教育改革和发展规划纲要（2010—2020 年)》中明确指出，要"培养一大批拔尖创新人才"。拔尖创新人才培养计划，是指为了培养具有国际视野、创新思维和卓越能力的高层次人才而设立的教育计划或项目。该计划旨在通过优化课程体系、导师制培养、国际化教育、实践创新能力培养等一系列举措，激发学生的创新精神、创新能力和批判性思维，使其在学术及科研上获得对应的成就，以此培养能够担当民族复兴大任和引领未来发展

---

* 程晨，民盟盟员，江苏凤凰数联教育科技有限公司总经理。
** 窦莹，民盟盟员，南京航空航天大学金城学院，副教授。

的社会栋梁与行业人才。此外，教育部、中组部、财政部为回应"钱学森之问"，共同实施了"基础学科拔尖学生培养试验计划"（简称"拔尖计划"），这也是拔尖创新人才培养计划的一种。该计划在高水平研究型大学的优势基础学科建设一批国家青年英才培养基地，建立高等学校拔尖学生重点培养体制机制，吸引最优秀的学生投身基础科学研究，目标是努力使受计划支持的学生成长为相关基础学科领域的领军人物，并逐步跻身国际一流科学家队伍。拔尖创新人才是一个国家科技竞争力，甚至是国力的代表，也是近现代全球科技发展"最强大脑"竞争的对象。习近平总书记在党的二十大报告中明确指出：要全面提高人才培养质量，着力造就拔尖创新人才。显然，国家已将拔尖创新人才培养提升到治国、强国的战略高度。

（二）江苏省拔尖创新型人才培养现状

在培养拔尖创新型人才方面，全国各省市已陆续推出相应的计划，旨在在基础教育阶段发掘并培育学生们的创新潜能。作为教育强省的江苏省，已实施多项拔尖创新人才培养项目，包括"中学生英才计划""江苏省青少年科技创新大赛"等，同时设有各类选拔及入学机制，如强基班、创新班和少年班等特色班级。尽管如此，与邻省浙江省相比，江苏省在拔尖创新型人才的培养上仍存在差距。以2019年数据为证，浙江省在国家级中学生学科竞赛中的获奖人数比例，较江苏省高出近5个百分点。造成这一差距的主要原因在于资源配置、培养模式以及社会参与度等方面。受限于现行探索模式，部分具有特殊才能的学生，特别是那些非名校体系内的学生，存在被忽视的风险。此外，大部分学校教育未能从根本上满足学生的个性化成长需求。

（三）江苏省拔尖创新型人才培养的实际困境

针对目前江苏省拔尖创新型人才培养工作，两位笔者前往江苏省多地的区域教育主管部门、学校等进行多方调研，发现以下实际困境亟待解决。

1. 多学科专业竞赛的师资和实验室设备投入不足

在培养顶尖创新型人才的过程中，专业竞赛的师资和与学科相配套的高精尖实验室设备是必不可少的要素，并在极大程度上决定了人才培养的层次和高度。实际上，即便是南京这样的省会城市中的顶尖高中，也面临着资金不足的问题，无法为所有学科配备齐全的师资团队和相应的实验室设备，因为即便是单一学科的竞赛，每年所需的师资培训、设备更新等费用就高达数百万元，这对多数学校而言，是一笔相当可观的开支。这些困境在一定程度上制约了拔尖创新型人才的培养和发展。

2. 多校部署容易造成巨大的资源浪费

目前，南京、泰州、苏州等地，已在积极探索拔尖创新人才的培养模式。然而，这些区域面临的挑战在于，区域内顶尖高中单独投入，多所学校各自为战，导致资源的巨大浪费与人才培养的分散化，使得优良资源无法得到充分利用，影响区域人才培养的质量。在此情形下，不仅一些顶尖学校的非重点学科人才可能被忽视，普通学校中具有专长的学生更不能获得应有的重视与发展。

（四）江苏省拔尖创新型人才培养的发展关键

针对当前挑战，江苏省须在区域层面正视问题实质。在政府的统筹规划下，重点推动区域内学校与具有实力的高端社会力量联合，此为破解难题的关键。在区域政府的积极引导与坚定支持下，促进各学校之间的紧密联合与深度合作；同时，积极吸纳优质的社会力量参与及提供支持，携手共建区域性的拔尖创新型人才培育基地。通过打造区域性的全方位人才培养体系，实现教育资源的共享与优势的互融互补，为区域内的卓越创新人才营造优良的成长氛围。

二、研究实施规划

（一）社会资源加入，打造区域拔尖创新型人才培养基地

为了高效推进区域拔尖创新型人才培育工作，笔者建议积极吸纳高质量的社会资源，尤其是那些具备教育实力与背景的国企和央企，让其发挥引领作用。首先，这些企业可依托其资金、技术及人才等优势，负责前期投入与资源整合；其次，它们在意识形态上能与政府保持一致，更有效地与区域内的学校进行对接，确保服务的稳定性。在具体操作上，区域可通过吸纳有国企、央企领衔的社会资金来聘请高水平学科竞赛教练，建设高规格实验室，打造区域性拔尖创新型人才培育基地，为人才培养提供坚实的社会支持。随着更多社会力量的投入，不仅减轻了政府和学校的财政压力，同时也为地区构建了能够长期服务于学校和学生的优质教育资源网络。

（二）多校联盟，推动多学科创新型人才的全面选拔

为充分利用各区域内学校之所长，建议建立多校联合机制。在此机制下，对区域内重点学校进行学科特色区分，以此吸引在该学科有特殊才能的学生。当学生的创新潜力得到展现时，学校迅速为其提供一条与其个性及特长相匹配

的培养途径，并将甄选出的学生送往区域内的拔尖创新型人才培育中心，进行更为针对性和专业化的训练。通过多校联合机制，集中区域内的教育资源，共同发掘并培养创新人才，从而推进区域内的拔尖创新人才培养计划有效实施。

（三）家校社系统推进，实现区域健康的人才培养机制

为营造优良的教育环境，我们同时提出构建家校社一体化推进体系。在此框架下，学校扮演创新教育的摇篮角色，为学生提供高质量教育资源与创新平台，肩负着发掘学生特长的使命；同时，学校积极与家长建立沟通桥梁，携手共创育人"生态圈"。在社会层面，国企、央企所打造的拔尖创新型人才培育基地，旨在为具有天赋与特长的学生提供一个展现才华、实现自我突破的孵化器与起飞平台。基地的先进实验设施及专业教练团队，全面支持学生开展创新实践活动和冲刺高水平竞赛。入驻基地的学生并非接受封闭式培训，也并未脱离原有的学校教育，而是在家校双方充分交流的基础上，共同为孩子们营造一个有益于成长的环境与广阔的发展空间。通过家校社三方的协同合作，为学生量身定制升学与发展规划，涵盖学科竞赛、创新研究性学习及专业特长生选拔等领域，确保学生能够实现梯度式成长与发展。

（四）政策指引、资金反哺

为确保区域顶尖创新型人才培育工作得以高效推进，区域相关部门需制定并实施一系列政策与措施，以提供必要的支持与保障。在此框架内，政府应出台具体政策，旨在指导和激励学校与校外拔尖创新人才培育基地建立稳定合作关系和人才输送机制。同时，对于校外基地的培训成效，建议以获得国内顶级学府的录取，以及斩获国家乃至国际级别奖项数目作为评估标准，据此对基地给予相应的资金扶持和奖励。

三、研究实施意义

（一）现实意义

此次研究的内容及规划实施方案对促进区域内卓越创新人才的培育具有深远影响。首先，依托国有企业主导和多院校联合机制，将有效整合区域内的优质教育资源，凝聚力量，从而有力推动顶尖创新人才的培养进程；其次，通过家庭、学校与社会三位一体的协同推进体系，旨在为学生打造一个优越的成长氛围与广阔的发展空间，这将对提升学生的综合素质及创新能力大有裨益；最终，借助政策导向与资金的有力扶持，确保创新人才培养工作的顺畅实施。

（二）长远意义

长远而言，本研究的执行将对江苏省乃至我国的发展带来深刻影响。首先，培养一批顶尖的创新型人才将巩固国家科技进步与产业升级的人才基础，从而催生经济社会的优质发展。其次，建立家庭、学校与社会三位一体的协同教育生态，有助于培育更多具备社会责任感和创新精神的人才，他们将成为推动社会进步和文化繁荣的核心力量。最后，本研究有助于促使教育资源实现均衡分配与高效利用，提升教育的公平性和综合发展。

大力推进拔尖创新人才的在地国际化培养

钱小龙* 李凤云**

摘　要

党的二十届三中全会明确要求完善人才自主培养机制。作为一种重要的人才自主培养机制，在地国际化培养有助于提升我国拔尖创新人才培养的独立性、可控性和有效性。拔尖创新人才的在地国际化培养是应对世界百年未有之大变局的必然选择，也是实现我国聚天下英才而用之的现实需要。拔尖创新人才在地国际化培养在理念向度上面临价值冲突的制约，在实践向度上缺乏配套资源的支撑，在模式向度上缺少培养机制的助力。因此，有必要从三个方面推进拔尖创新人才在地国际化培养：第一，立足本土，凝聚内外发展合力，突破价值冲突的制约；第二，技术引领，搭建上下贯通渠道，冲破配套资源的限制；第三，双管齐下，共筑左右互动模式，打破培养机制的局限。

在全球经济一体化与文化多元化背景下，拔尖创新人才是各国提升国际竞争力、扩大国际影响力和提高全球治理效率的重要战略资源，推动拔尖创新人才国际化培养已成为全球人才培养的重要趋势。党的二十届三中全会提出，实施更加积极、更加开放、更加有效的人才政策，完善人才自主培养机制。人才是第一资源，是中国式现代化的基础性、战略性支撑，人才之于经济高质量发展、新型国际关系构建、国际话语权提升等的能动作用已得到广泛认可。"在地国际化"是将国际教育空间置于国内，使更多无法进行全球流动的在校生获得

---

* 钱小龙，民盟南通大学第四支部盟员，南通大学未来教育研究所所长、教授、博士生导师。
** 李凤云，中共党员，南通大学未来教育研究所硕士研究生。

接触跨文化教育资源，能够自主培养高层次国际化人才。当前，我国面临复杂而严峻的国际形势，教育环境同样也受到国际大环境的影响。作为一种重要的人才自主培养机制——在地国际化培养有助于提升我国拔尖创新人才培养的独立性、可控性和有效性。

一、拔尖创新人才在地国际化培养的价值旨归

国际化和在地化是培养拔尖创新型人才的有效途径，在地化更强调教育的本土化。1999 年出现的"在地国际化"一词，不仅是追求物理流动性的概念，它还将目光从教师和学生等元素的海外流动移至本土本校的所有师生，强调留住本土人才，重视本土高校的国际化。面对人才、物质流动的全球化时代和日益复杂严峻的国际环境，在地国际化成为拔尖创新人才培养的鲜明特征。

拔尖创新人才的在地国际化培养是应对世界百年未有之大变局的必然选择。在全球化浪潮的冲击下，我国的内外部发展环境也面临新挑战。一方面，对教育国际化产生重大影响的反全球化和极端民族主义在全球范围内持续蔓延。原有的过于依赖经济条件和人员跨国流动的国际化模式正面临着前所未有的挑战。另一方面，我国坚持教育优先发展，坚持"引进来＋走出去"的对外开放战略，这就要求设立并实施一系列创新型人才国际合作培养项目，对一流大学和一流学科的建设加大支持，努力激活扩大国内教育资源国际化应用水平。在当前复杂多变的国际背景下，在地国际化培养是破除我国拔尖创新型国际化人才培养的内外部发展壁垒的重要影响因子，我国提出并实施的中外合作办学成为在地国际化的重要实践。

拔尖创新人才的在地国际化培养是实现我国聚天下英才而用之的现实需要。历经千年的历史积淀与无数次的实践探索，证明了人才是民族振兴中不可或缺的战略资源，一流创新人才的存在是赢得国际竞争主动权的坚实保障。一方面，我国的人才培养具有"后发外生"性，曾经跟随模仿型是人才培养现代化的重要战略思路，但当下，我国的人才培养需要增添更多的中国特色来助推中国教育高质量发展。另一方面，我国正处于全面建设社会主义现代化国家的开局关键期，广泛吸纳和培育各类拔尖创新型人才是发展新质生产力、形成人才国际竞争比较优势的必然选择。由此，提升国际化培养的自主可控性、将国际化推向本土学生教育成为亟待研究的新课题。

二、拔尖创新人才在地国际化培养的现实困境

伴随"珠峰计划""强基计划"等战略举措的实施，我国始终秉持开放、合作、共赢的全球化理念，为拔尖创新人才在地国际化的培养奠定了坚实基础。然而与国际先进水平相比，我国在这一领域尚处于初期阶段，具体实践中还存在一些误区和挑战。

第一，理念向度面临价值冲突的制约。价值理念是进行具体实践的根本遵循，在国际环境、现行战略与内生动力三方面都面临一定的价值冲突。首先，国际环境层面，逆全球化对国家利益、民族文化优越性过度推崇，与在地国际化理念落地与实施背道而驰，尤其是产生的技术出口管制、通道封锁等科技封锁现象，迫切要求我国实现拔尖创新人才的自主培养。其次，现行战略层面，在当前我国的拔尖人才培养国际化中，主流价值导向侧重于"跨境国际化"，即更多关注教育对外开放，而强调整合国际优势资源在本土开展人才培养的"在地国际化"稍显薄弱。最后，内生动力层面，由于在地国际化产生于西方的教育情境，它不可避免地融入了西方国家的一些价值实现框架，受其影响，我国的在地国际化呈现"西化"倾向，与引进在地国际化"对内改造"的本意相悖。

第二，实践向度缺乏配套资源的支撑。数字技术的广泛应用，极大地革新了拔尖创新人才培养模式，推动国际竞争突破了单纯的技术竞争范畴，拔尖创新人才的存量和质量成为国际人才竞争的核心要素。首先，当前基础教育阶段学生的创新意识培养稍显薄弱，高等教育阶段的国际化发展存在供给不完善问题，国际交流人才的"引入"与"输出"面临较大缺口。其次，与西方国家相比，当前我国拔尖创新人才在地国际化培养的进程较慢，人才培养在地国际化如何开展、如何实施尚未构建出具备专业性与科学性的发展平台，使得国际资源的整合利用效率低下。最后，面临教学实践与现实需求脱节的问题，一方面体现在国际化师资队伍建设不平衡上，另一方面体现在国际化课程建设局限化上，使得拔尖创新人才的在地国际化培养难以达到预期。

第三，模式向度缺少培养机制的助力。拔尖创新人才的在地国际化培养亟须构建与之相匹配的、健全完善的培养合作体系，以为其深入发展提供支持与引导。首先，拔尖创新人才自主培养体系贯通性不强，大中小学间缺乏有效沟通与连接，产生制度规划与实践偏离的问题。其次，中外合作大学作为在地国际化的重要开放实践项目，对内而言，尚面临生源结构不均衡、科研创新机制不健全、质量评价保障不完善等问题，使其拔尖创新人才国际化的培养质量有限，知识结构单一，教育效果参差不齐。最后，在地国际化尚未形成成熟的建设模式，国际化和跨文化作为其两大支柱，在人才培育规划建设中需要综合考虑，但是当前我国拔尖创新人才的在地国际化培育存在浅层次、重形式的问题，大部分本土学生跨文化资源获取有限。

三、拔尖创新人才在地国际化培养的应对之策

面对全球化和数字化双重发展浪潮，拔尖创新人才的在地国际化培养逐渐成为国际教育发展的重点。为顺应国际化发展潮流，推动构建新型国际关系，需要重新审视并调整传统教育模式，以更加开放、包容和前瞻性的姿态来培养具备全球视野和创新能力的新一代人才。

第一，立足本土，凝聚内外发展合力，突破价值冲突的制约。首先，理念赋能，破解逆全球化带来的价值冲突。坚定"本土化"取向，发展植根于中国特色、中国立场和中国视角的拔尖创新人才培养在地国际化，以特色优势提升拔尖创新人才的国际视野。其次，战略赋能，纠正主流价值导向强调的重心偏离。做好顶层设计，科学制定教育发展战略，搭建在地国际化人才培养示范区，利用区位优势开展实质性国际交流活动，解决偏重"跨境流动"的问题，释放外部发展活力。最后，动力赋能，实现从"西化"到"化西"带来的价值转变。抛弃到西方接受教育进行人才培育的在地国际化"西化"理解误区，转变理解内核，转向深化中国底蕴、展现中国特色、拥抱全球视野的"化西"理念，增强文化自信，激活内部发展动力。

第二，技术引领，搭建上下贯通渠道，冲破配套资源的限制。首先，以一体化理念为指引，弥合人才"引入"与"输出"的单向缺口。通过横向连接政府、社会、学校、教育机构等发展主体，纵向实现人才与教育、科技的深度融合，推动拔尖创新人才的在地国际化培养，实现上下贯通，实现中小学与各高校的有效链接。其次，以数字化手段为抓手，打造在地国际化发展成长平台。加强各类院校数字基础设施建设，致力于打造出具备全球竞争力的人才高地，着力造就国内一流创新发展平台，赋能拔尖创新人才的在地国际化培养。最后，以国际化资源为支撑，建立与现实需求相符的实践体系。加强数字化、国际化师资队伍建设，整合数字资源，构建与国际接轨、内容前沿的课程体系，为学生提供更加多元化的学习选择。

第三，双管齐下，共筑左右互动模式，打破培养机制的局限。首先，破局重构，畅通人才培养、流通与应用的良性循环。一方面，应正视制度规划与实践相偏离的问题，打造功能全面且高效的沟通平台，提升组织管理效率；另一方面，应聚焦于传统人才培养与新时代拔尖创新人才培养的体系贯通，确立双线合作通道。其次，机制革新，提升国内办学人才吸引能力。审视中外合作办学经验，可以发现深化"本土留学"文化内涵、优化"本土留学"服务体系、提升"本土留学"教育品质是解决当前合作机制问题的重中之重。最后，创新培养，突破国际国内双循环发展阻力。面向未来，拔尖创新人才的在地国际化培养要以长效性、实效性、高效性为基本要求，通过国内国外、线上线下、校内校外相融合的发展路径，破解学习资源与学习空间的限制，实现内涵式发展。

二等奖论文

构建协同育人体系　培养拔尖创新人才

——数学学科拔尖创新人才培养的思考与建议

李金波*

摘　要

党的二十届三中全会强调，加强基础学科、新兴学科、交叉学科建设和拔尖人才培养。习近平总书记对基础学科拔尖创新人才培养多次作出重要指示。本文围绕数学学科拔尖创新人才培养，建议纵向贯通，打破大中小学的组织壁垒，营造开放的育人环境，从数学科普、数学文化节、数学竞赛等角度进行阐述，助力构建大中小学一体化的培养模式，着力培养数学拔尖创新人才，推动数学教育高质量发展，努力为社会输送更多更好的拔尖创新人才。

党和国家高度重视基础学科拔尖创新人才培养。习近平总书记对基础学科拔尖创新人才培养多次作出重要指示。2020 年 9 月 11 日，习近平总书记在科学家座谈会中指出"加强基础学科拔尖学生培养，在数理化生等学科建设一批基地，吸引最优秀的学生投身基础研究"。2021 年 4 月 19 日，习近平总书记在清华大学座谈会中指出，"全方位谋划基础学科人才培养，突破常规，创新模式，着力培养未来各领域杰出的科学大家、领军人物、拔尖人才。中国教育是能够培养出大师来的"。

《国家中长期教育改革和发展规划纲要（2010—2020 年)》在人才培养体制改革部分，强调要更新人才培养观念，提出"树立系统培养观念，推进小学、中学、

---

* 李金波，民盟盟员，中国矿业大学数学学院副教授，高等数学教学中心副主任。

大学有机衔接，教学、科研、实践紧密结合，学校、家庭、社会密切配合，加强学校之间、校企之间、学校与科研机构之间合作以及中外合作等多种联合培养方式，形成体系开放、机制灵活、渠道互通、选择多样的人才培养体制"。

国家对基础学科拔尖创新人才的培养，特别是解决关键领域"卡脖子"的问题，有着迫切需求，拔尖创新人才培养有着长期性、复杂性的特点。围绕数学学科拔尖创新人才培养，建议纵向贯通，打破大中小学的组织壁垒，营造开放的育人环境，构建大中小学一体化的培养模式，协同推进基础教育高质量发展。

基础研究是科技创新的源头，数学作为基础学科的重要性越来越明显。打通大学、中学、小学的课程体系，打造大中小学一体化的数学拔尖创新人才培养模式，培养更多数学拔尖创新人才，有利于解决"卡脖子"的关键工程技术问题。笔者根据自身的工作实践，抛砖引玉提出几点建议，供相关部门参考。

一、架桥引航

建议各市围绕基础学科拔尖创新人才进行顶层设计，探索长周期大中小学贯通培养模式，在区域内选择一所大学设立市级数学和数学建模科普教育基地，深化大中小学合作，加强大中小学数学教师之间的联系，助力区域内基础教育更好发展。

在小学、中学、大学等不同学段之间建立一个连贯的数学教育体系，通过数学文化节、数学建模科普、数学竞赛等活动，使得数学知识、数学思维和数学文化能够从小学一直延伸到大学，形成一种系统的教育模式，构建大中小学协同育人体系，培养数学学科拔尖创新人才，助力区域内基础教育高质量发展。

政府可以牵线搭桥，并采取一系列的激励政策，在深化大中小学合作中发挥重要的纽带作用。

二、科普启智

要把科学普及放在与科技创新同等重要的位置，要提高全民数字素养和技能，夯实我国数字经济发展社会基础。各市可以借助高校的优质教育资源，聘请大学老师定期为中小学提供数学科普讲座。通过数学科普让学生们更好地了解数学、理解数学和数据的重要性。

在小学、初中、高中、大学等不同的学段，都需要进行数学科普，要注意科普内容的选择，不能为了科普而科普，要注重差异化，要因材施教。应当在各阶段教育教学的基础上，实施渐进性、个性化的数学科普，实现拔尖创新人才的自然发现与有机生长。

科普活动可以形成长效机制和联动机制。大中小学之间可以形成结对关系，老师之间可以形成群组，中学老师可以到小学做科普，大学老师可以去中学做科普。中小学老师可以根据具体情况，请求大中学老师进行相关内容的科普讲学。近年来，中国矿业大学、矿大附中、矿大附小等学校之间已经进行了初步实践，中国矿业大学选派优秀老师为附属中小学的师生做数学科普和数学建模讲座，起到了不错的效果。

数学科普有助于让学生深入认识数学，了解数学文化、数学史，了解中国古代的数学，增强文化自信，数学科普是数学课程思政的重要组成部分。

三、兴趣导向

从中小学生的兴趣和特长出发，因材施教，锻炼学生自主发现问题、分析问题、解决问题的能力，激发学生对基础学科的兴趣，使学生的独立思考能力和批判能力逐步提高。

大中小学联动，开展数学文化节、数学游园会，以游戏的趣味性和互动性帮助孩子们感受数理知识的重要性，点燃学生对数学的热爱。

开展数学文化节等活动可以作为数学科普的一个有益补充。这项活动的开展，可以充分调动大学数学专业本科生、研究生的参与热情。让大学生走进中小学组织数学文化节等活动，可以激发中小学生对数学等基础学科的兴趣；也可以提高本科生、研究生的专业认同感；同时，可以提高他们的组织能力、沟通能力和传播数学知识的能力，可谓一举多得。

数学文化节等活动的开展，需要大中小学领导的支持、老师间的充分沟通与协调，需要相关部门提供一定的保障，并形成良好的运行机制。

四、数学竞赛

各市可以举办一些数学竞赛，不与中考、高考挂钩，不以提高应试成绩为目的。学生参加数学竞赛的主要动力应该是"对数学的兴趣和挑战"，通过数学竞赛，使学生对数学学科知识有更为深入的认识，并打下坚实的数学基础。

据统计，教育部办公厅公布的《2022—2025 学年面向中小学生的全国性竞赛活动名单》中，44 项比赛中自然科学素养类有 23 项，主要以人工智能、机器人、发明创造、创新创意设计为主，这些比赛要求学生们掌握创新创意方法，激发创新思维能力才能取得好成绩。在大学设置的相关专业中（如计算机、人工智能、机器人、大数据、网络科学等），都需要学习大量的数学课程。笔者认为，在这份名单中，数学竞赛是严重偏少的，特别是名单中没有面向初中生和小学生的数学竞赛活动，各地可以组织相关力量举办区域性的数学竞赛，及早发现具有数学潜力的学生。

各类数学竞赛特别有助于拔尖创新人才的早期识别与选拔。大中小学都可以围绕相应学段的数学竞赛，组建一些兴趣小组，开设竞赛课程。在培养模式上，既要注重基础理论教育，又要积极创新；既要注重专业化教学，又要进行通识教学，因材施教，照顾到不同学生的不同诉求。拔尖创新人才培养，特别需要注重差异化，做好创新人才早期识别的同时，切忌拔苗助长。

高中阶段是连接义务教育和高等教育的重要阶段。在这个学段，可以着意促进学生的学术能力和创新思维发展。在掌握书本知识的基础上，可以尝试让学有余力的学生参加数学竞赛和数学建模竞赛，尤其是高一高二的学生。另外，对于学有余力的学生，可以允许其选修或旁听大学的数学课程，或者利用大学数学课程的在线资源进行自学。

有些人一看到高中生学习微积分，就认为是拔苗助长，这是不对的。要因材施教，实事求是。在探索长周期大中小学贯通培养模式的过程中，可以组织力量开发一些有针对性的课程，比如，小学和初中的衔接课程，初高中的衔接课程，大学预科课程，这将有助于培养数学拔尖创新人才。

党的二十大报告对教育、科技、人才"三位一体"进行了系统部署，并提出要"全面提高人才自主培养质量，着力造就拔尖创新人才"。党的二十届三中全会强调，加强基础学科、新兴学科、交叉学科建设和拔尖人才培养。拔尖创新人才，应该具备丰富的科学素养与专业知识、创新精神与创造能力、事业心与责任感、家国情怀与健全人格，能够引领和带动某些领域创造性发展，为国家和社会做出重大贡献。

建议深化大中小学之间的交流合作，融合大中小学的优秀教育资源，构建协同育人体系，推动高等教育与基础教育协同发展，强化数学资源和课程体系创新，着力培养数学拔尖创新人才，推动数学教育高质量发展，为社会输送更多更好的拔尖创新人才。

注重拔尖创新人才起步培养黄金期
中学跨领域融合教育策略和实施路径研究

庄　梅* 张　达**

摘　要

中学时代是衔接基础教育和高等教育的重要学段，更是人才培育和竞争筛选的黄金时期。当前，中学人才培养方向更趋精准，中学科创教育元素更趋鲜明，中学跨域培养导向更趋专精。但仍存在五个"有待"：学生潜力挖掘力度有待提升；教师自主发挥场景有待支持；学校教学综合评价有待细化；家庭教育环境氛围有待探究；社会贯通精细培养有待深化。基于此，笔者提出以下思路：深化宽广纵深课程设计，实现人才培养"新模式"；健全科学多元教育体系，塑形人才培养"新作为"；倡导上下贯通校级合作，打造人才培养"新途径"；拓宽社会协作实践运用，衔接人才培养"新探索"。

党的二十届三中全会提出，以习近平同志为核心的党中央始终把教育摆在优先发展的战略位置，深入实施科教兴国战略、人才强国战略、创新驱动发展战略，统筹推进教育、科技、人才体制机制一体化改革，提升国家创新体系整体效能。当今时代，科技是第一生产力；人才是第一资源；创新是第一动力，拔尖创新人才是推动社会发展的关键力量，也是引领科技自主创新的重要引擎。

---

* 庄梅，苏州市人大代表，民进会员，民进苏州市教育工作委员会副主任、民进苏州市吴中区基层委员会副主委，江苏省木渎高级中学副校长、苏州市吴中区天平中学校长。

** 张达，苏州市政协委员、吴中区政协委员，民盟盟员，民盟江苏省社会工作委员会委员、民盟苏州市信息工作委员会副主任、民盟苏州市吴中区基层委员会委员，苏州市吴中区木渎镇社会事业办公室科长。

中学时代是衔接基础教育和高等教育的重要学段，更是人才培育和竞争筛选的黄金时期。做好基层义务教育工作必须引导广大师生爱党、爱国、爱社会主义，让广大师生听党话、跟党走的决心更加坚定，要将国家前途、民族命运、社会经济、学校文脉、科研发展与义务教育学段内人才教育培养目标相互融会贯通，立足学校教育主阵地功能，强化科技教育和人文教育双向奔赴，让每一位学生发挥潜能灵光，引导其自身价值认知，以学生主动接受意愿为切入点，激励学生发挥最大潜力，精心培育学生成材成林，为未来拔尖创新人才的进阶培养奠定坚实的学段基础。

一、当前背景

（一）中学人才培养方向更趋精准

党的二十大报告中提出，构建具有全球竞争力的人才自主培养体系，是深入实施人才强国战略的重要前提和战略支撑。中学是人才培养的重要阶段。全面提升人才培养质量需要系统性思维和全局性谋划，需要进一步注重中学教育与高等教育，层层递进。2024 年，教育部开展基础教育"规范管理年"行动，着力夯实新质人才成长的坚实基础，高位统筹构建优质均衡的基本公共教育服务体系。在党和政府的正确领导下，教育界正在向提升自主培养教学质量渐进发力。中学阶段将成为培育拔尖创新人才的重要阵地。

（二）中学科创教育元素更趋鲜明

近年来，科技部门与教育部门同步发力，为科学特长生启动未来科学尖端人才培养计划。以苏州市为例，针对中小学生，根据其知识积累、学习重点和发展特点，试行科学家"薪火计划"培养模式，托举具备科学研究、科技竞赛优质生源，强化当地高等教育资源与中等教育资源衔接互动，不断激发学生对实用性科学的兴趣，开拓科学研究创新创优实践，为拔尖创新人才学习成长筑牢实践基础。

（三）中学跨域培养导向更趋专精

教育部门响应新时代发展需求，着力培养拔尖创新人才。《义务教育课程方案（2022 年版）》明确提出各课程至少设置 10% 的课时给跨学科主题学习，教学工作要根据学生的基础、体验和兴趣等学情，以主干课程为基点，融汇跨领域要点，强调丰富学科之间的关联和整合，更加注重学习重心在显性和隐性之间的互联互通，强化学生的跨领域思维。

二、情况分析

（一）学生潜力挖掘力度有待提升

传统中学教育存在重视分数、多元教育不足、缺少审美教育等问题。在此背景下，学生缺乏跨领域学习，社会实践机会不多，创新潜能没有被充分挖掘。学生在探索性学深、自主性学专、思考性学广、创造性学透等方面无法获得长足发展。

（二）教师自主发挥场景有待支持

现有教职晋升体系在一定程度上限制教师教学的个性化发挥，对教师的创造、创新教学束缚颇多。教师难以顺应学生自然成才规律来自由发挥自身的教育精神和育人梦想。

（三）学校教学综合评价有待细化

在小升初、初升高生源初筛过程中，学校之间充满竞争。高层次学校更愿意向优质生源抛出橄榄枝，导致次优质生源、普通生源无法在常规学校现有选拔机制中脱颖而出，但是"早成者未必有成，晚达者未必不达"。学校师生相互奔赴的教育精神决定了学校是否可持续发展。

（四）家庭教育环境氛围有待探究

人民满意的优质教育离不开家庭、学校、社会三方守望共育。其中，在把优质生源培育成长为拔尖创新人才的过程中，离不开家长的言传身教。理想的家庭教育环境应是温和、坚韧且充满力量的。但是，部分家长过于注重考试成绩，将自身的追比赶超意识传递到学生身上，这不仅加重了学生课业负担，也对学生身心健康造成了不良影响。

（五）社会贯通精细化培养有待深化

高校和科研机构在拔尖创新人才的发现和培养方面还有待深化探索和拓展。在社会层面，尖端创新科技、新质生产力对全日制基础教育创新的引导力还较为有限，学生跨学科、跨领域的创新思维的培养环境还有待进一步探索和活化。

三、有关思路

中学是拔尖创新人才培养的黄金期，中学教育工作要坚持用习近平新时代中国特色社会主义思想铸魂育人，不仅要深入实施科教兴国战略、人才强国战略、创新驱动发展战略，也要因地制宜、因类施策、因时递进，更要注重跨领域、跨学科、跨时空进行系统性统筹培养。中学教育要将党的领导贯穿改革各方面、全过程，注重顶层设计与基层优势相融合，厚植培养土壤，探索新时代中国式现代中学教育事业的新模式、新作为、新途径、新方向。

（一）深化课程设计，实现人才培养"新模式"

学校通过设立综合性科技创新课程及新质生产力科技成果提炼的基础教育考点指向，引导学生参与科研项目和实践活动。在现代化科技发展视野下，通过科技成果逆向分离出课本核心知识点，使学生主动加深对核心知识的理解，对学段内基础知识在科技发展中的定位入脑入心。学校要更加注重爱国情怀教育、启发式教学、实践性教学、跨学科学习，支持学生进行学术课题研究。学校应革新教学思路，将学生创新成果作为学段晋升选拔的参考评价内容之一。

（二）健全科学多元教育体系，塑形人才培养"新作为"

中学教师要培育学生爱国爱党、感恩怀德，敦促学生树立未来自身使命定位。通过大力提倡以"中华民族伟大复兴""中国式现代化""全局性、战略性"索引的德育课程，温暖学生内生学习动力。应注重教研、行政人员团队把握好前瞻性思考、全局性谋划、战略性布局、整体化推进，汇聚好跨领域、跨学科教学合力，鼓励探索运用创新教学方法和手段，激发教职人员教学激情并推动教研图新。教学目标要从"课本知识"向"运用能力"转变，要让学生从"被动学习"向"主动运用"转变。学校要通过设立创新实验室、组织科研项目等方式，鼓励学生勇敢探索未知领域。

（三）倡导上下贯通校级合作，打造人才培养"新途径"

可建立健全集团联盟办学理念，探索建立拔尖创新人才早发现并共同培养的机制，一是向内挖潜，立足校本开展早期培养；二是向下衔接，打破学段限制开展前置培养；三是向上对接，联合高等院校开展贯通培养。通过早发现、早选鉴、早培养及订单式课程、个性化教学等培育策略，开辟专项精英培养路径，从而为学生提供适宜匹配的学段教育，助力学生全面而有个性地发展，避免天赋型、怪才、偏才被现有筛选机制过早淘汰，将拔尖创新人才的培养从"选拔筛选"扩展至"共同培育"。

（四）汇聚家庭教育案例宣传，展现人才培养"新方向"

应进一步注重家庭教育对中学教育的重要补充和有益实践作用，推广宣传家庭教育典型案例。可邀请精英家长加入教育教学研讨，分享实践经验，让家庭成员配合学校立德树人。家长要注重中学生青春期心理特点，多对学生进行询问、交流、讨论、引导、鼓励，让家庭教育环境成为学生学业奋进的温暖港湾，悉心栽培好学生探索精神的壮大和强化。有关部门应利用大数据技术综合分析学生家庭因素对人才培养的要素特征，建立科学的家庭识别模型，准确评估家庭教育对中学生人才培育的重要影响，推广经验，汇聚家校教育合力。

（五）拓宽社会协作实践运用，衔接人才培养"新探索"

可探索出台针对拔尖创新人才培养的法规政策，明确培养创新拔尖人才的目标、任务、措施及责任主体，为人才培养工作提供有力的政策支撑。教育主管部门应注重中学人才培养的创新性和灵活性，适应不同领域、不同层次人才培养的需求。同时，促进学校与企业、科研机构等各方建立合作交流机制，以科研协同学习探索，共同推动拔尖创新人才的培养工作。社会各界应基于创新拔尖人才培育强化沟通与合作，以兼容并蓄的精神广泛征求社会各界对人才培养的可行性意见和建议，不断完善人才培养体系，努力办好人民满意的中学教育。

从教育发展视角谈高质量创新人才的培养

赵建清*　黄翠芸**

摘　　要

教育、科技和人才是全面建设社会主义现代化国家的基础性、战略性支撑，而培养拔尖创新人才，则是统筹推进"三位一体"布局的关键举措。完善拔尖人才培养体系，走好拔尖人才自主培养之路，是落实人才强国战略的关键一招。拔尖创新人才的培养必须坚持以思想铸魂，要以国际化视野、战略眼光谋划拔尖创新人才培养，通过不断加强基础学科建设来提升原始创新能力；高校应以其学科优势和人才优势，主动承担起拔尖创新人才培养的重任；要深化评价改革，构建有利于拔尖创新人才脱颖而出的科学评价体系。

人才的竞争，首先是人才培养的竞争。完善拔尖人才培养体系，走好拔尖人才自主培养之路，是落实人才强国战略的关键一招。在党的二十大报告中，深入阐述了"实施科教兴国战略，强化现代化建设人才支撑"的重要性，强调了教育、科技和人才是全面建设社会主义现代化国家的基础性、战略性支撑。这是首次对教育、科技和人才进行一体化论述和整体性布局，提出了要坚持教育优先发展、科技自立自强、人才引领驱动，加快建设教育强国、科技强国、人才强国的目标。同时，党中央还强调要坚持为党育人、为国育才，全面提高人才自主培养质量，着力造就拔尖创新人才，聚天下英才而用之。这一重大战略考量，是在深刻洞察和准确把握强国建设规律、世界发展大局以及现代化进

---

　* 赵建清，民盟连云港师专支部组织委员，连云港师范高等专科学校副教授。
　** 黄翠芸，连云港师范高等专科学校讲师。

程内在要求的基础上作出的。教育、科技和人才三者相互作用、相互促进，构成了一个有机整体，而培养拔尖创新人才，则是统筹推进"三位一体"布局的关键举措。

在新的国际形势下，培养拔尖人才既是我国实施人才强国战略的关键，也是世界主要国家的战略重点。要想在激烈的国际竞争中占据优势、赢得主动，必须将我国建设成为世界主要科学中心、创新高地和新科技革命发源地。为此，加强创新人才培养，提高人才自主培养能力至关重要。建设高质量教育体系是我国教育事业发展的战略任务，着力培养拔尖创新人才既是实现教育高质量发展的内在要求，也是推进中国式教育现代化、建设教育强国的关键与重要途径。本文从教育视角出发，就拔尖创新人才培养的重要性、必要性、紧迫性进行了分析，并对如何进一步推进拔尖创新人才培养提出了对策建议。

一、拔尖创新人才培养的模式

拔尖创新人才是指在某个领域具有超常能力、具有优秀潜质、在某一领域处于领先水平的人才，也是在某个领域具有特殊才能和创造性的人才。拔尖创新人才的培养是一项复杂的系统工程，涉及教育、经济、社会等多个方面，需要政府、学校、社会各界的共同努力。我国拔尖创新人才培养目前主要有以下两种形式。一是拔尖创新人才计划（"卓越工程师计划""强基计划"等），这是我国针对特殊领域和特殊类型的高层次人才所采取的特殊措施，旨在通过高水平学科建设和教育教学改革，促进学生在学术方面具有创新能力。二是拔尖创新人才培养基地（清华大学"未来大师班"、浙江大学"理科拔尖学生培养实验班"等），这些基地注重培养学生的创新能力和综合素质，在某些专业领域取得了优异成绩，并获得了一定的社会认可度和美誉度。

二、探索拔尖创新人才培养之路

（一）以思想铸魂，育时代新人

拔尖创新人才的培养离不开思想引领，必须坚持以思想铸魂。要用习近平新时代中国特色社会主义思想铸魂育人，把习近平总书记关于教育的重要论述贯穿于教育教学全过程，教育引导广大学生深刻领会"两个确立"的决定性意义，增强"四个意识"、坚定"四个自信"、做到"两个维护"。要以党史学习教育为契机，加强爱国主义教育，引导学生深刻领悟中国共产党为什么能、马克思主义为什么行、中国特色社会主义为什么好等道理。要充分发挥课堂教学主渠道作用。要坚持"五育"并举，构建高质量思想政治工作体系，学校要始终牢记"为党育人、为国育才"的初心使命，全面落实立德树人根本任务，持续深化"三全育人"综合改革；要全面推进课程思政建设，引导学生扣好人生第一粒扣子；要组织开展形式多样的主题实践活动，让学生在实践活动中体悟真理力量、砥砺品格；要健全心理健康教育机制，加强心理健康咨询与辅导，缓解学生学业压力；要把教师思想政治工作情况作为考核评价的重要内容，切实把教师的身份从"教书匠"转变为"思想引领者"。

（二）以国际化视野，育拔尖创新人

教育要为经济社会发展培养拔尖创新人才，必须要以国际化视野的战略眼光谋划拔尖创新人才培养，把学生的培养放在国家发展的大格局中来思考和谋划，积极应对新一轮科技革命和产业变革对全球科技创新带来的深刻影响，主动适应未来社会发展对人才的需求变化。

一是要树立国际化思维。要以世界眼光审视中国发展，放眼全球科技前沿，深刻认识中国国情和时代特征，更好地融入国际规则和全球创新网络，以开放的视野培育拔尖创新人才。二是要加强国际化学习。在基础教育阶段，通过国际化课程建设、国际交流等方式，鼓励学生主动学习国际先进的科学知识和技术，提高学生的国际理解能力、跨文化沟通能力和社会责任感。三是要培养国际化视野。拔尖创新人才培养需要充分发挥高校和科研院所在基础研究方面的优势，积极搭建国内外学术交流平台，通过"走出去"和"请进来"相结合的方式，加强与国外高校、科研机构、知名学者、行业领军人物的交流合作，将中国经验和中国声音传播到世界各地。

（三）以强基础学科，育拔尖创新人

基础学科是支撑科技创新的"根基"。在建设世界科技强国、实现高水平科技自立自强的新征程中，基础学科研究应该发挥更加重要的作用，尤其是在推进高质量发展、推动经济社会转型升级、提升国家整体国际竞争力等方面，基础学科的创新将为我国抢占制高点、提升战略主动权提供重要支撑。从世界科技强国建设和拔尖创新人才培养的实践来看，世界主要发达国家都把加强基础学科建设作为建设科技强国和创新强国的重要任务。近年来，我国在数学、物理、化学、生物、计算机等基础学科领域取得了一系列重大成就，涌现出了一批具有世界影响力的科研成果。但也要看到，我国在部分基础学科领域仍存在薄弱环节，必须通过不断加强基础学科建设来提升原始创新能力，力争在一些重要领域实现从"跟跑"到"并跑"甚至"领跑"的转变。

（四）以高校科研之能，育拔尖创新人

习近平总书记在二十大报告中指出，"创新是引领发展的第一动力，是建设现代化经济体系的战略支撑。"在我国高等教育领域，拔尖创新人才的培养离不开高校这一重要载体，高校也肩负着培养拔尖创新人才的使命和责任。首先，高校应根据自身学科特点、人才优势及基础学科特点，从学科整体布局出发，制定拔尖创新人才培养目标与计划。在拔尖创新人才培养的过程中，"双一流"建设高校及地方高水平大学要发挥示范引领作用，带动地方高水平大学建立符合自身学科特色的拔尖创新人才培养体系。同时，在实践教学环节中，应强化学生在专业学习、科学研究中的动手能力和创新意识培养。其次，高校还应发挥其科研优势，作为国家基础研究和前沿技术创新的主体之一，高校拥有强大的科研能力与平台优势。应依托这些优势资源，结合学生特点开展科学研究活动，激发学生兴趣、启发学生思考、提高学生创造力，使他们在科研过程中学会运用专业知识分析问题、解决问题。最后，高校还应积极开展国际合作与交流，在全球范围内选拔拔尖创新人才进行培养、锻炼和考察，在海外高校设立联合实验室、联合研究中心等机构，吸引国外知名学者来国内高校讲学、交流和访问。

（五）以科学评价体系，育拔尖创新人

要深化评价改革，构建有利于拔尖创新人才脱颖而出的科学评价体系，着力打破"五唯"现象，切实做到"破四唯"。一是按照教育规律强化拔尖创新人才的政治引领。应以品德、能力、成绩为主要考核标准，以思想道德素质与科学文化素质为根本要求，以创新思维与创造实践能力为主要考核指标，以创新成果为主要考核依据。二是重视综合评价。应建立并完善过程性考核与结果性考核为一体的综合评价体系，通过过程性考核，及时掌握学生学习生活方面的成绩，将其作为提高学生综合素质与能力的重要基础。三是打破唯论文、唯帽子、唯职称、唯学历、唯奖项的偏向，坚持科学精神和学术贡献与创新质量并重。

建构科学评价体系之路需要更加勇敢与睿智，唯有如此，才能真正打破僵化的观念，引领教育走向更加开放与包容的未来。将科学评价体系应用于教育教学，学生的发展道路就不再受狭隘标准框限，在学习和实践的过程中，他们才能够有机会展示自己的独特才能，并充分挖掘自己的内在潜力。学校不再是单纯的知识灌输者，而是创新的摇篮，每个学生都可以在此进行探索和创造。这样的评价体系才能真正激发人的创造力和潜能，让每一个创新人才都能在社会舞台上璀璨绽放。

九年义务教育阶段强化对数学基础性
拔尖创新人才培养

胡　浩*　蔡瑞申**

摘　要

科技创新对新质生产力的发展有着关键推动作用，而数学是科技创新发展的基础。数学人才的培养对数学学科发展和科技创新有着深远意义。本文通过对国内数学人才培养的现状分析，阐明存在的问题，对此提出参考建议，尝试对九年义务教育阶段加强数学基础性拔尖创新人才培养的可行性进行探讨。

党在二十届三中全会公报中提出，教育、科技、人才是中国式现代化的基础性、战略性支撑。必须深入实施科教兴国战略、人才强国战略、创新驱动发展战略，统筹推进教育科技人才体制机制一体改革，健全新型举国体制，提升国家创新体系整体效能。在 2024 年两会期间，习近平总书记也多次提到科技创新和发展新质生产力的有关内容。从我国国情来看，要提升国家创新体系整体效能，实现科技创新和新质生产力的进一步突破，从"0 到 1"的基础性研究异常重要。

在基础性研究中，数学作为一门重要的基础学科，发挥着关键作用。在冷战期间，苏联在航天科技、核能、军事等领域取得了世界领先成就，这些科技成就的取得与其强大的数学学科的支撑密不可分。这一期间，苏联涌现出了许多杰出的数学家〔在概率论、算法复杂性等领域做出了开创性的工作苏联数学

家柯尔莫哥洛夫（Kolmogorov），在拓扑学、控制论等领域作出重要贡献的庞特里亚金（Pontryagin）等]。由此可见，数学专业的强盛对科技创新和新质生产力的发展有着重要的推动作用，发展好我国的数学专业意义重大。人才作为发展的核心要素，怎样挖掘和培养数学基础性拔尖创新人才是当前的一项刻不容缓的任务。

一、我国数学拔尖人才培养的不足之处

从新中国成立至今，我国在数学拔尖人才培养方面取得的成就有目共睹，近些年，至少有10位在国外一流大学拿到终身教职后回国工作的年轻数学家，这一现象在以前是没有的。改革开放后，中国数学教育制度在数代人的努力下，形成了一套行之有效的教育机制，这些改革和发展为中国数学人才的培养提供了坚实的基础。尽管我国在数学拔尖人才培养方面已经有了一定的成果，但仍有一些不足之处。

（一）义务教育阶段对拔尖人才的识别机制不足

在义务教育阶段，我国对拔尖人才的识别主要依赖于考试成绩排名、竞赛成绩等应试性指标。这种方式可能会忽略那些在特定领域有极高天赋，但在考试中表现不佳的学生。而且仅凭成绩这种单一化的指标，很难全面合理地选拔创新拔尖人才，需要构建多元化的评价体系，全面评估学生的潜力和特长。

（二）应试教育影响深远

在当前教育体系中，应试教育仍占主导地位，分数导向导致学生和教师更重视考试成绩，而不是对数学本身概念、原理、文化历史的深入学习和研究。学生和教师过于重视对考试试题解题能力的培养，题海战术屡见不鲜。大量习题的练习占用了较多的学习时间，学生背负着巨大的心理压力，个性化的学习需求往往也被忽视，创新思维能力发展在一定程度上也受到限制。

（三）创新能力培养不足

义务教育阶段的数学教育方式往往侧重于公式和理论的传授和解题能力的培养，多样化的教学模式和对学生创新思维的引导尚待加强。学生常满足于解答题目，而非对原理的论证和公式方法的推导。学习内容枯燥，刷题式教育突出，学生内在学习驱动力不足。

（四）拔尖型教学教师不足

数学家丘成桐说过，真的想要教出一流的学生，中学老师得有能力教大学才行。因为大学的老师才对数学的走向看得比较清楚。目前我国的基础教育阶段，数学学科教师能够满足基本教学需要，但缺少拔尖型的高水平教师，这类教师应有高于目前任教层级的水平，能够透彻分析知识原理，能够对拔尖型人才起到引导和培养作用，而不仅仅只是教学。

（五）社会和家庭的协同参与不足

教育不只是学校的事情，一些实践性学习、创新性实验等都需要家庭和社会的参与。然而，部分家长因为自身观念或是工作繁忙等原因，对学生的家庭教育和课后学习参与程度不高，加之与学校的沟通不足，导致家庭教育与学校教育脱节。此外，学校与一些社会组织或者领先企业的合作不足，一些项目实践化的学习模式难以开展。

二、对于强化数学基础性拔尖创新人才培养的建议

（一）丰富评价指标，精准识别人才

诸多学者的研究成果以及生活实践表明，拔尖人才的成长发展不仅仅取决于智力因素，仅凭学习成绩无法充分识别人才。其未来发展还与意志品质、自省能力、自控能力、价值观等多种要素相关。对于数学性基础拔尖人才，除上述共性要素之外，还与其归纳总结、举一反三、理解推理等创造性数学思维能力相关。从现实角度看，许多大数学家一般都是从十二三岁就开始他们的数学历程，因此在九年义务教育阶段构建合理的数学基础性拔尖创新人才识别评价体系具有重要的意义。国家于2020年起实施强基计划，强基计划建立了从高中至大学对于拔尖创新型人才的多元化评价体系。可以参考国家目前推出的强基计划，构建综合学生思维能力、意志品质、实践创新的全面评价体系，结合学生的平时表现、竞赛成绩、项目成果、面试测评等多种要素，通过社会公开、交叉互审等高水平公平选拔机制，确保对数学基础性拔尖创新人才识别评价流程的公开透明和公平公正。

（二）完善培养机制，设立专门通道

苏联在冷战期间为培养数学人才，曾通过独特的筛选模式，选拔优秀的数学人才到"专业数学中学"学习培养。我们也可合理借鉴这一制度设计，对数学拔尖创新人才设立专门的培养机制和独特的发展通道。一是在精准识别数学拔尖创新人才的基础上，设立独特的培养通道，在中小学建立不同于普通班级的"数学专业班"，根据拔尖人才的特点，提供个性化的学习课程，同时设立好自学机制，让学生在学有余力时也能学习通识课程和其他课程。二是建立好专门的动态评价机制。拔尖人才的培养理念与义务教育不同，其本质是为了筛选拔尖人才的苗子和培优，因此，要建立好严格的动态化的筛选评价机制，进入"数学专业班"并非一劳永逸，要定期进行系统化的考核评价，优胜劣汰，淘汰者转入其他义务教育班级正常学习，从制度上给予托底保障。三是打造专门的升学通道，为了保障数学拔尖创新人才的专业化水平持续提高，可将九年义务教育与高中、大学的学习机制相贯通，确保真正优秀的数学拔尖人才能够直通大学的数学拔尖专业进行学习，并确定好未来的职业研究方向，为国家的数学基础研究事业作出贡献。

（三）改良课程体系，创新教学模式

传统的讲授式课程体系无法满足拔尖创新学生的个性化、研究化、项目化等学习需求，应采用多样化、趣味性、创新性的课程体系。适当引入数学实验操作课、数学趣味知识探索课等，增加学生对数学的学习兴趣以及对数学原理的探究欲望。此外，还可根据学校的具体情况，设置合理的数理课程，促进学生的科学、技术、工程、数学等数理能力的多方位锻炼，提升学生的综合素养。教师的教学模式也应注重双向互动和多元化。一是多采用问题导向的教学模式，以问题为核心规划教学内容，引导学生思考，激发学生的思维活性，让学生在解决问题的过程中学到知识。二是适当采用拓展式教学模式。以数学故事、数学历史、生活化应用等多样化的形式，激发学生的学习兴趣，让学生明白数学的重要作用和学科魅力，让学生发自内心地乐于学习数学，增强内生化学习驱动力。三是合理采用互动式教学模式。费曼学习法认为，当你能把你学到的知识讲授表达出来才是真正学懂弄通所学内容，传统老师讲课，学生听讲的模式可以适当换一下。教师可以放手让学生们去讨论、去交流，安排学生讲授数学课程知识、习题等，从而促进学生认真复盘学习内容，更好地从本质上理解知识，起到事半功倍的效果。此外，可对拔尖人才采取小班化教学模式，设置拓展性和研究性课程，以延伸性、拓展性的基础知识课程夯实基础，以数学建模、数学实验等研究应用性课程拓宽视野，以课题研究式教学课程提升研究能力。

（四）大力引进人才，提升教师素养

对于拔尖型人才而言，需要高素质、高水平教师的引导和培养。一是学校应持续加强对教师专业发展的培训，包括教学方法理念、学生评估、专业视野等多方面的知识。二是学校可采用合理的"传帮带"导师制度,让老教师指导年轻教师在日常教学活动中的不足之处,同时老教师应传授教学经验等无法书面化的隐性知识,帮助年轻教师成长。三是学校可适当引入大学教师等高层次高水平的教学人才承担对拔尖创新学生的教学培养任务,促进学生对知识本源的理解和探究,帮助拔尖创新学生提高思维能力。

(五)家校协同联动,强化校社合作

家庭是孩子的第二学校,家长应对孩子的学习提供帮助和教导,例如,学习计划的制订、课外读物的阅读、思考问题的方法、户外探索、实验学习等。生活中有非常多的场景和机会能与数学学习建立联系,家长应定期与孩子沟通交流,通过户外实验活动、趣味小游戏等方式促进孩子的数学思维培养。一方面,学校可以以综合性作业的形式,让学生和家长共同参与,完成后通过课题小组学习模式,让家长们来学校与孩子一起讨论研究,促进思维的交流与互动。学校也应定期向家长反馈学生的思维、品质、耐力等多维要素信息,而不只是成绩,从而让家长全面了解孩子的学习发展情况。另一方面,社会资源的重要作用也不应被忽视。政府可出台政策,鼓励机构和个人出版数学益智类读物,培养少年儿童的数学学习兴趣。学校也应加强与科研机构、研发企业的交流合作,可以以课题研究、参观学习等方式拓宽学生视野,促进拔尖创新人才更全面地发展。

人才的培养是一项长期的任务。一步一个脚印坚实地向前走,我国数学基础性拔尖创新人才的培养定能取得突破性成就,进而为我国科技创新和新质生产力的进一步发展作出新的更大的贡献。

向"新"而行 以"质"致远

——新质生产力赛道下创新型拔尖技术人才培养的困境与对策

石陈云[*]

摘　要

面对新质生产力的发展，创新型拔尖技术人才的培养成为现实需要。但由于现行的教育体系满足不了创新型拔尖技术人才培养结构和层次的新要求；职业教育培养创新型拔尖技术人才的能力不足；行业企业参与人才培养的积极性不高，为此建议大力宣传劳模精神、工匠文化，完善创新型拔尖技术人才培养体系，培植创新型拔尖技术人才成长的沃土。

2023 年 9 月，习近平总书记在黑龙江考察时强调要"加快形成新质生产力"。教育部部长怀进鹏指出，发展新质生产力，既需要牵引源头创新的基础学科、交叉学科和新兴学科的拔尖人才，也需要服务新型工业化道路的工程技术人才和大国工匠、能工巧匠。因此，职业教育应承担起提高人才培养质量，着力造就拔尖创新人才的职责。

一、为什么：角色与使命

数据显示，目前我国职业学校有 1.1 万余所，共设置 1394 个专业，覆盖国民经济各领域，每年为产业输送约 1000 万名技术技能人才。职业教育在服务经济社会高质量发展中发挥着重要作用。

当前，面对新质生产力的培育和发展，先进制造业对劳动者的技能要求已

＊ 石陈云，江阴市政协委员，民盟江阴市委会秘书长、民盟江阴市高新区支部主委，高级讲师。

经发生了根本性改变，重点包括以下三个方面：一是扎实的技术能力，精操作、懂工艺，能够在某一领域卓越开展实践生产；二是高阶的创新能力，长于学习、善于思考，能在生产实践中不断推动生产流程、生产工艺、生产管理等方面的创新；三是优秀的综合素质，会管理、善协作，能带领团队快速适应现代化产业发展的新技术、新业态和新模式。

培育和发展新质生产力，创新是核心和关键。举世闻名的中国大飞机，集成了难以计数的科技发明，体现了许多学科领域拔尖人才的智慧创新，但大飞机的研发、制造、运营，同样离不开胡双钱式的高级技师和大国工匠。对于国家的重点工程和重大创新突破来说，他们或许算不上主角，但却是不可或缺的"配套"。毫无疑问，此类拔尖创新型技术人才的精准培养，是职业院校的时代使命。

二、缺什么：问题与困境

（一）培养环境之困：职业教育"低人一等"，培养不出新质生产力发展需要的创新型拔尖技术人才

老百姓对职业教育的认可度不高，排斥和误解现象仍不同程度存在。主要表现在以下几个方面：认为职业教育不如普通教育，低人一等，只有那些未能进入普通教育轨道的学生，才会将职业教育作为退而求其次的选择；认为职业学校的学生无所事事，在校期间就是混混日子，顶多学门手艺，毕业后好混口饭吃；认为职业教育没有发展前景，孩子毕业了只能到工厂一线做产业工人，未来发展的空间和机会相对较小。这些偏见导致家长们不愿意让自己的孩子去职业学校，更不相信职业学校能培养出大国工匠、创新人才、拔尖人才。

（二）培养体系之困：现行教育体系满足不了新质生产力对创新型拔尖技术人才结构和层次的新要求

一是在现代职业教育体系的建设中，中等职业教育向本科层次职业教育发展的空间不足，职业本科招生规模占比较低；没有将专业硕士和专业博士纳入职业教育体系，接受职业教育的学习者上升空间受到限制。二是作为现代职业教育体系建设的重点，产教深度融合还存在壁垒，职业教育与产业领域的沟通渠道和机制不畅通，专业与产业动态发展的匹配度不高，学校专业设置的科学性、时效性、实用性还有待加强。

（三）培养能力之困：职业教育发展滞后，培养创新型拔尖技术人才的能力不足

由于历史欠账较多，职业教育在人才培养、专业建设和师资队伍建设等方面存在滞后性。一是人才培养目标与新质生产力发展需求不匹配。一些职业院校在人才培养上表现为较为明显的实用主义，只注重对学生技能的培训，缺乏对学生精益求精、专注、严谨、创新等精神品质和综合素养的培育。二是专业设置和课程结构与产业转型需求不匹配。职业院校在专业设置上具有滞后性，在短时间内还不能完全吻合新兴产业发展的需求。三是在师资队伍上，职业院校依旧面临"创新型""双师型"师资力量不足，教师科研意愿和能力不强、开展前沿研究和应用研究的水平不高等问题。

（四）培养阵地之困：行业企业参与学校创新型拔尖技术人才培养的意识淡薄，积极性不高

由于合作双方在理念、诉求上有所不同，使得行业企业参与创新型拔尖技术人才培育的积极性不高。一方面，企业的第一诉求是经济效益，企业需要的是能够熟练掌握职业技能、快速胜任岗位、带来经济效益的劳动者。因此，行业企业不可避免地会出现短视行为，缺乏战略性眼光，在创新型人才培养上参与意识不足。另一方面，在落实产教融合的过程中，行业企业在有机衔接人才供应链和技术创新链上确实需要投入资金、设备以及平台场地，需要花费大量时间和精力，而产业转型升级、人才培养、技术创新一般周期较长，无法在短时间内完成向新质生产力的转化。企业为保障自身正常生产秩序，不愿意参与校企合作。

三、做什么：对策与建议

（一）环境向新：大力宣传劳模精神、工匠文化，展示职业教育服务经济社会发展的成就，营造良好的发展氛围

一是建议政府牵头，在省域或市域范围内，深度挖掘各行各业的劳模、工匠大师资源，在职业教育活动周（每年 5 月的第二周）期间，面向社会大力宣传大国工匠、高层次技能技术性人才在经济社会发展中作出的重大贡献，在全社会弘扬劳动光荣、技能宝贵、创造伟大的时代风尚。二是建议职业院校积极吸收企业文化的优秀元素和工匠文化精髓，塑造蕴含工匠精神、富有地方特色的校园文化，为学生提供展示精湛技艺的平台，营造敢攀登、拼技能的良好氛围，激发学生学习劳模、争当大国工匠的内驱力。例如，杭州职业技术学院在

校内筹建工匠学院、工匠文化博物馆、工匠培训中心和工匠科普教育基地等，将工匠文化元素渗透到学生学习和生活的方方面面。

（二）体系向新：纵向贯通、横向融合，完善创新型拔尖技术人才培养体系，拓宽学生成长成才通道

一是纵向上，建立健全可持续发展的梯度职业教育体系。积极调整高等教育类型结构，加快本科层次职业教育发展，同时适时开展研究生层次职业教育试点，鼓励应用型普通本科高校、专业硕士研究生培养单位参与高层次职业人才培养，满足产业升级对创新型拔尖技能人才的迫切需要。例如，北京市关于"高端技术技能人才7年贯通培养"的职教改革项目，通过中考招生选拔，实施2年基础文化课教育、3年职业技术教育和2年本科专业教育，由北京市特色高水平职业院校与优质高中、本科高校联合培养，从制度上构建起中、高、本纵向贯通的人才培养通道，为职校学生搭建充分发展的平台。二是横向上，深化职业教育体系与产业体系的互融互通。建议由地方政府牵头，以区域为节点，打造市域产教联合体；以行业为支点，打造行业产教融合共同体；以企业为重点，打造产教融合型试点企业，将职业教育与产业园区转型发展、行业企业创新发展融合在一起。一方面，要加强刚性约束，推动相关法律法规的落实与健全；另一方面，要制定柔性引导政策，建立长效合作机制；同时，还要破除信息壁垒，健全沟通机制，打造创新型拔尖技术人才梯队整体发展格局。这里值得借鉴的还有浙江省在产教融合工作上推出的新思路，即在县域开办产业学院，让优质职教资源下沉，针对性培养地方优势产业集群提升所迫切需要的复合型高端技术技能人才。

（三）能力提质：与时俱进提升职业学校关键办学能力，培植创新型拔尖技术人才成长的沃土

一是适时调整育人目标。面对科技创新迭代带来的产业发展新形势，职业院校人才培养应注重学生的创新能力、综合能力、迁移能力和数字化素养，注重培养学生在学习、工作、生活中应具备的数字获取、制作、使用、评价、交互、分享、创新、安全保障、伦理道德等一系列素质与能力，培养高水平数字复合型技术技能人才。二是注重专业能力建设。新质生产力的发展，让一些传统的劳动岗位消失的同时也催生了新岗位，职业院校的专业与课程建设也应与时俱进，要在人工智能、数字经济、新能源、低空经济、商业航天、生物制造、

量子技术和生命科学等新兴产业和未来产业中寻找专业发展的增长点和着力点。教学内容也要不断优化，要积极构建与本科院校、科研院所合作的跨专业课程体系，定期审视和更新教学标准，构建系统化、模块化的实训课程体系。同时，将新兴工艺、技术和行业案例融入日常教学，以实现教学内容与实际应用的无缝对接。三是加强拔尖师资培养。针对创新型拔尖技术人才的培育，教师的专业知识技能需要与产业前沿、技术前沿同步迭代，教育教学能力也同样要打破常规，要具有善于发现学生潜能、激发学生潜能、提升学生潜能的能力。建议通过"引、建、学"，打造立体化、复合式拔尖育人团队。"引"，即根据新兴产业、未来产业发展需求，柔性引进行业高水平人才；"建"，即聘请行业企业拔尖技术人才、优秀管理人员、标杆团队等任兼职教师，建立产业导师、产业教授师资库，协同推进名师工作室、大师工作室建设；"学"，即有计划、分批次选送专业教师到行业企业、产教融合科研院所，通过生产实践、科技开发、技术服务等举措提升其专业技术和研究能力。

（四）双向奔赴：发挥行业企业在创新型拔尖技术人才培养上的协同共管作用

一是行业企业要提高站位主动作为，跳出协同培养人才的固有范畴，改变教育端单向驱动产教融合的局面。行业企业要以新兴战略产业需求为导向，在产教融合的全链条发挥主导作用，由新兴产业龙头企业发起，统筹上游至下游的产业链、创新链以及相关企业和区域的教育资源，制订可行的推进路线，解决产教融合供需失衡问题。二是行业企业要求同存异放眼长远，谋求企业和学校利益的最佳汇合点。企业要强化"内功"，提高自身经营能力，处理好当前和长远、局部和整体、经济效益和社会责任的关系问题。产教融合的最终目的是为了实现我国高质量发展，企业可以和学校共同开展创新型拔尖技术人才的培养工作，通过劳动者素质的跃升和技术创新，赋能产业升级和高质量发展，实现共建共赢。此处可借鉴华为公司与深圳职业技术学院的合作。

"新能源之都"建设背景下常州新能源产业人才培养路径研究

朱葛俊*

摘　要

　　人才是推动产业技术创新、助力产业升级发展的重要支撑。本文以新能源产业人才培养为视角，基于常州市打造"新能源之都"的基础与现状分析，提出了当前常州新能源人才存在培养质量与用人单位需求契合度不高、科研和社会服务能力不强、高校服务新能源产业功能不全等问题，并从政府、企业和高校不同层面提出了优化新能源产业人才培养的路径，以助力"新能源之都"建设蓄势赋能，乘势而上。

　　党的二十届三中全会明确提出要"健全因地制宜发展新质生产力体制机制"，并就"完善推动新一代信息技术、人工智能、航空航天、新能源、新材料、高端装备、生物医药、量子科技等战略性产业发展政策和治理体系，引导新兴产业健康有序发展"作出明确部署。多年来，科教、人才都是常州发展的短板。常州坚持"科技长征"招引大院大所，大力实施"532"发展战略，全力建设国际化智造名城、长三角中轴枢纽，全面打响"天下英才汇龙城、创新创业在常州"品牌。打造全国青年创新创业最向往的城市，成为常州新能源产业在竞争中破圈突围的关键一招。把人才作为创新第一资源，2012年以来，常州新增"龙城英才计划"领军人才2377人，新增人才总量83万人，全市各类

---

　　* 朱葛俊，民盟江苏省委员会委员、民盟常州市委员会委员、民盟常州机电职业技术学院支部主委，常州机电职业技术学院图书馆馆长、教授。

人才总量达 150 万人，省双创团队入选数量全省第二，每万名劳动者中高技能人才数连续 8 年位居江苏第一。2019 年以来，引进博士千余名、硕士 1.7 万名，为常州建设"新能源之都"提供了一定的人才保障。

一、常州新能源专业人才培养存在的问题

在新工科背景下，高校应该重新审视新能源专业人才培养的模式，加强人才培养机制和模式的创新，提高新能源专业人才的素质和能力，以满足新能源产业的需求。当下，高校新能源专业人才培养机制主要存在以下几个方面的问题。

（一）人才培养质量与用人单位需求契合度不高

目前，常州高校新能源专业与常州新能源市场的对接度不够高，导致培养出来的人才不能满足需求。一是专业教学内容与实际需求不符，很多课程体系与教学内容固化，滞后于新能源产业实际发展。二是新能源产业需要具备实践经验和创新能力的人才，但是目前高校新能源专业的实践教学课程和环节不足，学生缺乏实践机会和实践经验。三是高校新能源专业的教师队伍建设不足，大部分教师专于科学研究，缺乏实践经验和产业背景，鲜有机会开展产学研合作。四是高校新能源专业的评价机制主要以最终卷面成绩、学术成果和学术论文为主要评价标准，评价机制单一，不利于学生的全面发展和产业需求的满足。五是校企合作作为培养新能源专业人才的重要途径之一，是学术研究和实践应用相结合的重要方式。但当下高校新能源专业与企业的合作不够紧密，处于各行其是的状态，缺乏产学研合作的机会和平台。

（二）科研和社会服务能力还有待进一步提升

1. 科研平台建设与管理相对弱化

近年来，常州高校充分调配重点专业资源，不断加强与政府部门、行业管理部门和产业园区管理部门等单位的合作，积极申报新的科研平台，平台的专业群覆盖面不断扩大，高层次科研平台体系虽然不断优化，但科研平台重申报、轻建设的现象仍比较突出。

2. 高水平、高层次领军人才不足

学校的高水平、高层次领军人才匮乏，根据重点打造的重点专业，领军人才引进和培养力度不强，资源整合力度不够。"高层次平台、重大项目、标志性成果"三大培育计划难以充分发挥其效能，领军人才缺乏直接影响了常州高校科学研究的水平。

3. 科技成果的转移转化有待进一步加强

近年来，随着常州高校科技能力的普遍提升，产生了一批科技成果，但科技成果转化的意识普遍还不够强，科技成果转化的数量还不多，且转化后很难取得显著的经济效益。在科研反哺教学方面，也未形成切实有效的长效机制。

（三）高校服务于新能源产业的功能发挥不全面

高职教育社会服务的内容主要包括技术服务、科研服务及文化服务。高职教育通过向区域内行业、企业输送生产、服务、管理等一线需要的实用人才，促进科学技术转化为生产力，促进新技术的创新、推广和服务，传播和辐射先进文化，从而实现社会服务功能。但目前常州高校主要开展在校生的学历教育和技能培训，对新能源产业管理队伍、工人等群体关心和关注得不够，面向他们的技能培训开展得甚少，社会服务功能发挥不全面。此外，由于对区域内不同行业、不同部门、不同职业、不同岗位技能型人才的素质要求缺少调研和了解，导致人才培养模式不适合区域经济发展需要，毕业生在新能源产业就业率不高，高职教育服务区域经济的功能大打折扣。

二、常州新能源产业人才培养优化路径

（一）政府层面：常州市政府人才引进工作的优化路径

1. 完善政策体系，提高资源配置韧性

常州现有的人才引进政策较为齐备，有一定延续性，但与引才突出的其他城市相比，优势不够突出。因此，要在避免政策同质性基础上结合区域实际，投入更多的针对性政策资源，构建完备的人才引进政策体系。

2. 实施精准宣传，提升城市感召力

人才政策的颁布实施要引起目标群体关注，才能推动政策落实，实现政策制定初心。地方政府要着力加大人才政策宣传力度，多方拓宽宣传渠道，创新宣传方式。同时，在人才引进宣传中要注重城市人文和理念的价值传输，在城市经济发展态势硬实力上强化城市文化软实力输出，强化城市公共服务的宜居特质和竞争力，实现文化引人、文化留人。

3. 强化组织协同，彰显人才聚集效应

人才引进场域中的政府和引才单位只有在有效的组织协同、共同的价值引导和有力的机制牵引下，才能增强人才工作回路，产生人才聚集正相关效应。

地方政府人才工作领导小组专班推进引才工作实施，要积极把握战略主动权，提升开发人力资源能力，做好顶层设计和协同谋划。鉴于人才引进后的培育和效能激发，地方政府要在官方网站开辟人才工作意见征集渠道，收集反馈意见，实施诊断与改进。探索建立人才监督和考核评估体系，避免产生重引才轻培育、轻成效现象，将人才工作产出、实际成果和发展潜力等作为考核指标，综合评估人才贡献业绩和水平。在此基础上，人才政策进行适当调整优化，做到人尽其才，彰显人才知识溢出效应，使人才聚集现象质变为人才聚集效应。引才突出"留"才。

4. 政企耦合联动，构建大人才格局

围绕人才引进的各交换主体要基于利益互惠原则，构建利益驱动的人才命运共同体，突破信息和利益壁垒，才能充分发挥人才的群体联动效应。地方政府在人才引进中要聚焦产业发展"引擎"建强人才链，打造高端制造业产业链，加强人才链与产业链、创新链的深度融合，创造有利于创新创业的土壤，重点加强对头部企业的政策、资金、土地、人力等资源的倾斜，扶持品牌企业做强做大做特做优，最终形成企业发展、人才自来的良性循环。

(二) 企业层面：常州新能源企业产业人才培养的优化路径

1. 完善以企业为主体的技术创新体系

充分发挥企业在产学研合作和技术创新中的主体作用，大力支持大企业建设技术研发中心，为中小企业技术创新搭建服务平台，扶持引导科技型、成长型企业的技术创新活动，形成拥有自主知识产权的创新产品和服务，并以科技项目为依托，最终使企业成为引进、培养、使用高端人才的主体。

2. 有效服务企业人才需求

深入企业进行人才需求的调研走访，及时了解企业的人才和技术需求情况，充分发挥部门优势，有针对性地帮助企业与高校、科研院所搭建桥梁纽带，指导、帮助企业开展人才招引、技术攻关、开发技术创新项目等。支持和鼓励企业因企制宜，"不求所有，但求所用"，既要重视带项目、带技术、带资金的人才引进，也要重视技术服务、科研合作、解决技术难题等的柔性引才。

3. 提高企业人才开发水平

积极帮助企业申报国家、省、市级人才计划项目及各类科技项目。充分发挥政府职能部门的作用，提升企业家的人才竞争意识，鼓励引导企业将人才培养纳入企业发展规划，依法提取人才发展专项经费并确保其用于职工技能培训。降低企业引才用才成本，对企业引进的高层次人才可以给予社保、工薪补贴等支持。鼓励企业建立健全"培训、考核与使用相结合，与待遇相联系"的激励机制。引导企业强化科研团队建设，建立一支学科、年龄结构合理的核心研究人员与科研辅助人员队伍。

（三）高校层面：常州高校新能源产业人才培养的优化路径

1. 确立校企战略合作伙伴关系

为了保障人才培养质量，建立校企战略合作伙伴关系，以具有法律约束力的契约为保障，形成政府引导下校企共同投入、联合培养、利益共享、合作共赢的机制。

2. 健全校企合作组织实施体系

战略性新兴产业人才的培养，既需要宏观层面政府主导的、行业教育董事会的领导，更需要高等学校和相关企业的具体组织与落实，这是培养产业人才的根本。在市场经济社会，高校与企业的合作，需要双方各自建立相应的组织机构，保障人才培养工作的具体落实，并应以契约的方式，厘清关系、明确责任。一是成立校企合作董事会（校企合作领导小组），由政府、教育部门、产业部门和相关企业代表、学校代表组成，对学校的办学方向、学科建设、科学研究、人才培养、产业发展、企业革新等重大事项进行参谋、咨询、指导。二是高校内部成立校企合作办公室，统筹学校与企业开展的一切合作事宜，代表学校与企业签署合作协议，商谈合作事项，协调学校内与企业合作的各项工作，指导院系开展与企业的合作。三是企业内部成立教育处（科），专门负责与高校的联络以及学生来企业学习、实践的管理工作。四是搭建学习与创新平台，借助产学研合作共建创新平台，为学生提供学习和研究的场所。

3. 建立工程师与教师交流机制

一是定期举办校企交流会，推介学校的最新科技成果，征集企业的科技创新需求；二是介绍学校的人才培养情况，收集企业对学科发展、专业设置的建议；三是举办学术交流，对接理论研究与实践探索。高校教师定期到企业挂职锻炼，提高实践水平，了解生产需求，开展合作研究，掌握高新技术与技能，成长为"双师型"教师；企业工程师承担一定的教学任务，将实践经验带入课堂，并通过教学促进理论学习与知识的系统化，为从事科技研发补充知识。

4. 建立开放式的教学运行机制

校企共同制订人才培养方案，高校熟悉人才培养的规律与过程，企业了解人才的需求，两者的结合，更能制订出有针对性的人才培养方案。校企共同开发课程。通过岗位（职业）分析，明确能力要求，转化为知识要点，编制课程内容等程序，开发培养新兴产业所需要的课程。校企合作开发课程，能将最新科技成果转化为教学内容，将企业新技术、新手段写进教材；同时，在教学内容中增加职业技能与态度、合作交流技能、企业文化等，增强学生在企业工作的适应性。实行双导师指导制度。对在工作站学习和工作的学生实行双导师制，以具有丰富经验的企业工程师指导为主，学校导师与企业导师密切合作，共同制订和实施培养计划，并完成相应的实践环节训练和论文的实际工作。

依托综合实践活动课程，发现和培养拔尖创新人才

钮烨烨*

摘　要

对基础教育而言，如何有效发现和培养这些人才是一项重要课题。当前在发现和培养拔尖创新人才方面存在的问题：唯书面考试论才，缺多元评价；封闭式集中培养，少跨界交流；重学术科目教学，轻生活素养。综合实践活动课程在发现和培养拔尖创新人才方面存在诸多优势。现作依托综合实践活动课程发现和培养拔尖创新人才的建议：在政策层面，确立战略，强化引领；在学术维度，深化研究，推动交流；从管理视角，健全体系，加强监管；在师资建设上，提升素养，优化结构；在评价机制上，科学全面，注重过程。

拔尖创新人才是社会进步和国家发展的重要支撑，他们能以独到见解和创新实践推动科技突破和行业发展。做好拔尖创新人才工作是统筹推进教育科技人才体制机制一体改革的重要实践。对基础教育而言，如何有效发现和培养这些人才，是一项重要课题。为此，笔者在可能范围内对江苏省拔尖创新人才的发现与培养的情况做了调查。

一、当前在发现和培养拔尖创新人才方面存在的问题

调查发现，在发现和培养拔尖创新人才的重要任务上，我们面临着显著的问题和亟待解决的弊端。这些问题不仅阻碍了人才的涌现，还可能对人才的长远发展造成不利影响。

---

* 钮烨烨，民盟苏州市吴江区委员会委员，苏州市吴江区太湖新城成人教育中心校副校长。

（一）唯书面考试论才，缺多元评价

在识别和选拔拔尖创新人才时，把学术科目考试成绩作为唯一标准，忽视了对学生综合素养的全面评估。尤其是社会责任感、合作沟通、批判思维、实践操作、问题解决等素养被忽视。这可能导致一些具有创新潜力和特殊才能的学生被忽视或埋没。

（二）封闭式集中培养，少跨界交流

常采用封闭式集中培养的方式，将高水平学生置于"圈养"的环境中进行高强度的学习训练。尽管这能在一定程度上提升他们的学业水平，但由于缺乏与大社会的跨界交流和多元文化的碰撞，学生的视野、交往和思维的广度受到严重限制。

（三）重学术科目教学，轻生活素养

过分注重学术科目的教学，却忽视了对学生生活素养的培养。这种偏向导致学生在兴趣爱好、社交技能、情感管理等方面缺乏锻炼和培养，学生缺乏生活经验，难以领跑快速发展的社会。

二、综合实践活动课程在发现和培养拔尖创新人才方面具有优势

国家新课程改革后设置的综合实践活动课程，是一门跨学科的实践型课程。综合实践活动课程是国家义务教育和普通高中课程方案规定的必修课程，与学科课程并列设置。笔者认为，综合实践活动课程在发现和培养拔尖创新人才方面存在以下几个方面的显著优势。

（一）作为国家课程，综合实践活动课程是拔尖创新人才培育的坚实基石

作为国家基础教育课程体系的组成部分，综合实践活动是发现与培养拔尖创新人才的常态化、连贯性的课程载体，所有学生在法理上都拥有参与此课程学习的机会。

（二）作为经验课程，综合实践活动课程是拔尖创新人才成长的实践平台

综合实践活动课程强调学生的亲身体验与实践操作。通过考察探究、设计制作、社会服务、职业体验等多样化的活动形式，课程为学生提供了丰富的实践平台。

（三）作为综合型课程，综合实践活动课程具有拔尖创新人才评价的全面标准

综合实践活动课程注重跨学科、跨领域的思维方式和资源利用，其综合性

的课程特点为发现和培养拔尖创新人才提供了全面的评价标准。

（四）作为开放型课程，综合实践活动课程具有拔尖创新人才发展的自由空间

综合实践活动课程具有高度的开放性，允许学生根据自身的兴趣和需要选择学习的主题内容，并突破课堂限制，展开自主探究和自由创造。

（五）作为探究型课程，综合实践活动课程具有培养拔尖创新人才的必备条件

综合实践活动课程鼓励学生通过问题导向的学习方式探究未知领域。这有助于激发学生的批判精神、创新思维和创造能力。

三、依托综合实践活动课程发现和培养拔尖创新人才的建议

如上所述，综合实践活动课程是发现和培养拔尖创新人才的天然载体。为了确保这一课程能够有效、持续地为拔尖创新人才的发现和培养服务，下面从政策、学术、管理、师资和评价五大维度，提出具体的建议。

（一）政策层面：确立战略，强化引领

政策对依托综合实践活动课程发现和培养拔尖创新人才具有引领作用。第一，应明确综合实践活动课程在拔尖创新人才发现和培养中的重要功能，将其纳入国家教育及人才发展战略的顶层设计中，确保其在相关课程体系中的核心地位。第二，加大政策扶持和资源投入，制定具体的政策文件，明确课程实施要求与评估标准，并投入充足的经费、师资和设施，为课程的实施提供有力保障。第三，建立长效的拔尖创新人才发现与培养机制，设立监测评估机构，定期评估学生在实践活动中的表现，由此发现和培养具有创新潜力的人才。第四，鼓励政府职能部门、企业、社会等多方参与，与学校形成合力，共同构建拔尖创新人才培养的良好生态，并通过媒体、研讨会等渠道，广泛宣传综合实践活动课程的相关功能，提升全社会的关注度与支持度。

（二）学术维度：深化研究，推动交流

在学术层面，为通过综合实践活动课程发现和培养拔尖创新人才，我们需深化研究并强化交流。第一，深化理论研究，明确综合实践活动课程在创新人才培养中的独特作用，构建科学的理论体系。第二，开展实证研究，分析成功案例，探索有效培养策略，为教育实践提供有力指导。第三，通过研讨会、论坛等活动平台，加强学术交流与合作，分享最新研究成果和先进经验，促进拔

尖创新人才培养理念和方法论的更新。第四，在综合实践活动课程基础较好的学校建立研究基地和团队，吸引高水平研究人员参与，持续深化对拔尖创新人才成长规律的研究，为综合实践活动课程的深入发展和创新人才的培养提供强大支撑。

（三）管理视角：健全体系，加强监管

管理是依托综合实践活动课程发现和培养拔尖创新人才的重要保障。第一，明确管理目标与职责，将综合实践活动课程纳入学校教育发展规划，设立专门的管理机构负责课程实施和人才发现。第二，制订精细化管理计划，确保课程设置、课程实施、师资培训等各环节的系统性和连贯性，明确拔尖创新人才培养目标。第三，加强课程质量监管，建立评估标准，定期检查和评估课程实施情况，表彰优秀案例，激励提升课程质量。第四，建立拔尖创新人才发现与培养机制，设立评价机制识别潜力学生，提供个性化培养方案，鼓励多样化实践活动，激发学生创新热情。第五，强化专项监管与指导，设立专项机制监控培养过程，引入外部力量提供专业指导，确保培养效果。第六，建立信息共享与协作平台，促进学校间的经验交流和资源共享，提升整个教育系统的拔尖创新人才培养能力。

（四）师资建设：提升素养，优化结构

在综合实践活动课程中，教师是发掘与培养拔尖创新人才的核心力量。第一，必须提升教师的专业素养和创新能力，通过定期的专业培训、跨学科研讨和实地交流，增强教师的知识整合能力和创新思维，确保他们能够把握综合实践活动课程的特点。第二，引进具备创新精神和跨学科背景的教师，同时邀请行业专家、企业家等作为兼职导师，为学生提供多元化的指导。第三，建立健全激励机制，通过设立教学创新奖、实践成果奖等方式，表彰在综合实践活动中表现突出的教师，激发他们的工作热情和创新精神。第四，通过建立各级各类综合实践活动课程教师团队，明确分工，加强团队合作与交流，形成协同育人的良好氛围，共同提升教学质量，为发现和培养拔尖创新人才提供强有力的师资保障。

（五）评价机制：科学全面，注重过程

在综合实践活动课程中，评价机制需精准、全面，聚焦于发现和培养创新人才。第一，确立多维度的评价标准，包括学生的创新知识、态度、能力、伦理等等，确保评价能够全面反映学生的综合表现。第二，重视过程性评价，深入观察学生的实践活动，分析其思考与创新过程，从而精准评估其创新潜力。第三，对于具有创新潜力的学生，实施个性化评价，为他们量身定制挑战性任务，激发其深入探索和创新实践的热情。同时，搭建创新成果展示平台，让学生有机会展示自己的创新成果，增强自信心，并激励其他同学参与创新。第四，加强评价结果的运用，将其作为优化教学策略、完善课程设计的重要依据。同时，学校和教育部门应基于评价结果，制订更具针对性的拔尖创新人才培养计划，确保教育资源和发展机会得到有效配置，为发现和培养创新人才提供坚实支撑。

综上所述，笔者提倡依托国家必修课程中的综合实践活动课程，有效发现和培养拔尖创新人才。这需要从政策、学术、管理、师资和评价五大方面入手，形成全方位的支持和保障。希望各级教育行政部门、学校和社会各界能够高度重视，共同推进综合实践活动课程的深入实施，为发现和培养更多具有创新精神和实践能力的拔尖创新人才，为社会的进步和发展做出更大的贡献。

三步助推职业教育拔尖人才自主培养

刘艳鲜*

摘　　要

　　党的二十届三中全会明确提出"发展新质生产力""推进绿色低碳发展"，而职业院校是直接培养发展新质生产力的主力军，承担着为低碳发展提供技能人才的任务，所以职业教育拔尖人才的自主培养十分重要。本文通过分析职业教育人才培养现状，发现了四大问题，并从问题的本质出发，提出从"界定标准""夯实基础""完善保障"三步助力职业教育推进拔尖人才的自主培养。

　　党的二十届三中全会明确提出"发展新质生产力""推进绿色低碳发展"，作为发展新质生产力主力军的各类人才，也就成为城市提升竞争力的关键要素，为提升城市竞争力，各城市通过出台各种人才政策，吸引高端人才和技能型人才，以提升城市经济发展活力及城市综合竞争力。人才抢夺战一定程度上促进了人才在不同城市和地区之间的流动，也有助于优化人力资源的配置。

　　但是，对于一个城市的发展而言，人才的自主培养远比人才抢夺更为重要，通过对人才的自主培养，既可以提升自身的竞争力，也可以在人才培养过程中将地方需求与创新实践能力的提升贯穿其中，真正培养出适合地方需求的人才。习近平总书记在二十大报告中强调，要"全面提高人才自主培养质量，着力造就拔尖创新人才"。职业教育作为培养人才的一种教育类型，在人才培养方面与企业一线联系紧密，那么，目前职业教育人才培养的现状如何？应如何培养拔

　　* 刘艳鲜，民盟淮安市委教育专委会副主任、民盟淮安市委淮安生物工程高等职业学校支部副主委，淮安生物工程高等职业学校教务处副处长、副教授。

尖创新人才？需要什么样的保障措施？

一、目前职业教育人才培养的现状

（一）人才培养与地方产业需求契合度不高

中华人民共和国教育部定期根据国内经济发展以及产业结构的调整对职业教育专业目录进行更新，各职业院校也会及时根据目录的变化对专业进行变更。各职业院校也会对地方经济发展及产业结构进行调研，让学校的专业设置与本地产业结构相吻合。但目前仍有不少职业院校的专业设置"炒热点""跟时髦"，根本没有对相关产业进行充分调研，造成专业设置与产业经济不协调，培养人才与本地产业不相符。

（二）职业教育的实训设备相对落后

企业的设备随着技术的进步会经常更新，但是作为培养人才的职业院校，因为资金的问题，教学设备往往相对比较落后，甚至不少学校的设备是企业淘汰后捐赠的，教师掌握的技能和学生在校学习的技术技能与一线岗位脱节，导致大部分学生就业后都需要对技术技能重新培训，造成了极大的浪费。

（三）产教融合仍然浮于表面

教育部出台多项政策推进校企合作，深化产教融合，但目前大多数的合作还是浮于表面。校企合作仍属于"一头热"的局面，学校积极支持，但企业却不大乐意，甚至部分院校仅仅是在企业门口挂个牌子就算是产业学院，与国家提倡的产教融合的理念与目的大相径庭。

（四）缺乏拔尖人才的交流沟通平台

大多地方政府除给予拔尖人才基本生活、薪资要求的需求之外，很少关注这些人才的后期成长渠道以及他们未来的发展。长期缺乏专业上的沟通与交流平台，导致拔尖人才对于自身的发展前景不太乐观，也就无法长期留在本地。

二、职业教育自主培养拔尖人才的建议

要实现地方职业教育拔尖人才的自主培养，需要明确三个问题："什么是职业教育的拔尖人才？如何实施培养？有什么样的保障措施？"也就是调研、实施、保障三个步骤，充分完善三个步骤，将为地方经济发展真正输送拔尖人才。

（一）充分调研，为职业教育拔尖人才界定标准

拔尖人才不是一味地追求学历、资历，也不是一窝蜂地人云亦云，拔尖人才应是和本地经济产业结构吻合的人才，能为地方经济发展起领头作用的人才，

能为地方产业技术革新出力的人才。所以，适合地方经济产业结构的人才才是拔尖人才的界定标准。

1. 定期调研地方企业和产业经济发展的人才需求

地方政府务必根据城市经济发展的规划，对区域内产业结构进行充分调研，明确在当前和未来的经济发展过程中相应产业对人才的需求，将清地方拔尖人才的界定，为后续拔尖人才的自主培养提供方向指导。

2. 调研地方高校人才培养与地方产业的契合度

地方政府需要根据产业经济发展需求积极参与职业教育专业设置的研讨，同时，还要将企业对于人才的专业、素养和能力需求反馈到学校，并督促学校形成人才培养方案，真正做到为本地培养适合的人才。

3. 做好拔尖人才界定的滚动修订机制

随着产业的发展及经济结构的调整，地方政府需要对拔尖人才的界定进行定期滚动修订，以实现拔尖人才界定与地方产业需求的高度吻合。

(二) 稳步实施，为职业教育拔尖人才培养夯实实践基础

1. 积极开展专业设置滚动更新及人才培养方案的制定

职业学校应积极根据产业结构调研及地方政府出台的人才需求状况更新学校专业设置，同时与相关企业对接，对人才需求进行更为详细的调研，编制实施性人才培养方案，积极将岗位素养需求融入课程中。

2. 创新办学形式，深化产教融合

地方政府应积极推动企业与学校的对接，为职业教育师生提供一线技术岗位的实践场所，同时鼓励企业利用学校人才和企业技术设备开设产教融合研发中心、产业学院，让有能力、感兴趣的师生真正投入到技术的研发和实践当中，为企业技术革新贡献力量。

3. 开展人才遴选，打造职业教育拔尖人才提升平台

学校需要多角度进行拔尖人才专家库人员遴选，以专家为中心打造名师工作室、技能大师工作室，积极将工作室与一线人才培养、企业技术推广、技术革新等相结合，同时通过校内竞标、竞聘等形式开展技术难题攻关，真正为企业解决问题。在工作室的工作过程中，开展优秀学生筛选，并将其带入团队，为团队的工作注入新活力，从而培养出企业所需的高质量人才。

（三）完善保障，为职业教育拔尖人才发展提供双重需求

1. 完善政策保障，对人才合理的物质需求给以保障

职业学校在政策上需要对于拔尖人才、自主培养人才给予一定的倾斜，在日常生活上给予关爱与关注，对于拔尖人才也可根据考核情况给予一定的专项奖补。对于自主培养拔尖人才的企业或单位，政府也应制定相应的政策，给予一定的培养专项扶持。另外，部分城市开发的"人才卡"等，既能够让人才感觉到政府的重视，又解决了人才的一些生活实际问题。

2. 完善交流平台，满足拔尖人才沟通与交流的发展需求

根据马斯洛的需求理论，拔尖人才除对于基本生活、薪资要求的需求之外，进一步的需求是一个专业上的成长和发展平台。如果人才长期缺乏专业上的沟通与交流平台，可能导致其对于自身的发展前景信心不足，也就无法安心留在本地工作。

职业学校应根据拔尖人才的需求安排其外出学习与研讨。相关政府部门可以积极为职业教育拔尖人员提供进入企业实践与交流的机会，及时组织活动，加强人才与地方经济产业的交流，让拔尖人才进入产业，也让产业对接人才。

三、方案实施前景与意义

（一）方案的实施有效保证拔尖人才与地方经济的吻合度

通过对地方产业结构的调研进行拔尖人才专业界定，能在一定程度上保证自主培养人才与本地经济结构的契合度，确保人才为我所用，真正为地方经济发展服务。

（二）方案的实施为职业教育拔尖人才自主培养提供实践基地

校企合作设立拔尖人才自主培养的实践基地，既利用了职业院校的人才基础，同时又兼顾了本地企业技术发展状况，促进了校企的真正融合发展。

（三）方案的实施为拔尖人才提供了物质和发展保障

方案中既为拔尖人才提供物质补助和保障，也为拔尖人才的专业发展提供了学习和交流平台，有利于人才的专业发展，同时体现了地方政府的人才服务政策。

国家安全视角下拔尖创新人才自主培养的战略路径探索

张乐天*

摘　　要

2024 年的政府工作报告强调了完善拔尖创新人才发现和培养机制的重要性。随着国家安全重要性的提升，重点关键领域的拔尖创新人才自主培养成为时代所需。当前中国面临网络安全风险以及科技竞争中的"卡脖子"等问题，这些问题涉及芯片制造、人工智能和量子通信等关键领域。为了有效应对这些挑战，需要在相关领域培养拔尖人才，并使他们与国家安全战略需求精准对接。这不仅要求优化人才培养结构，深化产学研合作，还需要完善人才激励与评价机制，以激发人才创新活力。

2024 年政府工作报告提出，要完善拔尖创新人才发现和培养机制。在紧随其后的全国两会中，拔尖创新人才自主培养能力问题备受关注。党的二十届三中全会提出"深化人才发展体制机制改革……完善人才自主培养机制"。因此，着眼国家战略需求，瞄准科技前沿和关键领域培养拔尖创新人才，已成为人才培养的时代之需。随着近年来国家安全重要性的日渐凸显，拔尖创新人才的自主培养与国家安全愈发难以割裂。当前，我国国家安全面临严峻挑战。一方面，非传统安全威胁日益加剧（如网络攻击、生物安全等），严重威胁社会稳定与民众福祉。据预测，2027 年中国网络安全市场规模将从 2022 年的 123.5 亿美元达到 233.5 亿美元，年均复合增长率达 13.5%，网络安全风险态势极其严峻。

---

* 张乐天，民盟扬州市委广陵总支盟员，扬州市广陵区统计局综合统计科副科长。

另一方面，科技竞争白热化，关键技术领域的"卡脖子"问题愈发凸显，全面覆盖包括芯片制造、人工智能、量子通信等在内的关乎国家经济命脉与战略主动权的领域。如何有效地在相关领域自主培养拔尖人才，使之与国家安全战略需求精准对接，已成为亟待解决的重大课题。

一、存在问题

（一）人才培养结构与国家战略需求的匹配度不高

当前，我国人才培养结构与国家安全战略需求之间存在明显脱节。一方面，关键领域人才严重短缺。以网络安全为例，据《2021年中国网络安全人才发展白皮书》显示，我国网络安全人才缺口高达140万人，且高级人才尤为匮乏，仅占总需求的10%。另一方面，人才地域分布不均。地域、行业间的结构性矛盾突出，如东北、中西部地区及非公有制企业等在培养、吸引、留住拔尖创新人才方面存在较大困难。与此同时，人才培养与市场需求间的脱节问题亦不容忽视，部分院校专业设置与市场需求错位，导致毕业生就业难、企业招人难的"两难"局面愈发严重。

（二）产学研深度融合不足

产学研合作在国家安全拔尖创新人才培养中发挥着重要作用，但目前仍存在深度融合不足的问题。一是科研成果转化率低。据数据统计，我国科技成果转化率仅为10%左右，远低于发达国家40%以上的水平，这反映了我国高校、科研院所与企业在创新链、产业链对接方面的不足，直接影响到拔尖创新人才的实战能力培养。二是企业参与度不高。部分企业在人才培养过程中角色定位模糊，缺乏实质性投入与深度参与，导致人才培养与相关产业的具体需求相脱节。三是人才培养模式相对单一，缺乏跨学科交叉、跨领域协同的培养机制，在培养中也缺少对国家安全意识的灌输，不利于多领域知识与技能的复合型拔尖创新人才的培养与保护。

（三）人才激励与评价机制不完善

现行人才激励与评价机制在激发国家安全拔尖创新人才活力、保障其权益方面存在短板。一是薪酬待遇与贡献不匹配。《2022年中国人才吸引力报告》显示，一线城市网络安全人才平均年薪为32.2万元，虽高于全国平均水平，但仍难以吸引顶尖人才长期投身国家安全事业。二是晋升通道不畅。任何拔尖创新人才都有自身成长的必然需要，但从当前实际看，部分企事业单位对涉及国家安全重点领域相关人才的职业发展缺乏长远规划，导致人才的晋升机会较为有限，影响人才的积极性和稳定性。三是评价标准过于单一。当前高校、科研院所在评价和选拔人才时过度依赖学术论文、项目经费等量化指标，往往忽视了对人才的实际贡献、创新思维与领导力等软实力指标的评价，导致人才评价体系的公正性、科学性愈发受到质疑。

二、相关建议

（一）优化人才培养结构，精准对接国家战略需求

一方面，建立动态调整机制，定期评估国家安全领域人才供需状况，根据国家发展战略调整人才培养方向与规模，引导教育资源向关键领域倾斜。可加大对网络安全、人工智能、量子科技等新兴安全领域的投入，在高校增设相关专业，扩大招生。另一方面，推动跨学科交叉培养，打破学科壁垒，鼓励多学科交叉融合，培养具备多领域知识与技能的复合型拔尖创新人才。可通过设立跨学科研究中心、开设跨学科课程、推行双导师制等方式，实现知识结构的多元化。

（二）深化产学研合作，提升人才培养实效

一方面，建立国家安全领域产学研联盟，推动高校、科研院所、企业深度合作，共建实训基地、联合实验室等平台，实现资源共享、优势互补。如设立国家、省级重点领域安全创新研究院，整合各方资源，集中各方优势攻克关键核心技术难题。另一方面，实施"订单式"人才培养，鼓励企业参与人才培养全过程，借鉴德国"双元制"教育模式，推行"学徒制""工学交替"等教学方式，强化企业、人才两端的国家安全意识培训，同时从课程设置、实习实训到毕业设计实时更新，确保人才输出与产业需求高度契合。可设立企业奖学金、建立实习基地等，鼓励学生参与企业项目，提前适应职场环境。

（三）完善人才激励与评价机制，激发人才创新活力

一方面，优化人才发展环境，提高关键领域人才待遇，提供良好的工作条件、生活保障与职业发展空间，营造尊重人才、崇尚创新的文化氛围，也可通过股权、期权分配等多元化措施激励人才奋进发力。如设立"国家安全杰出人才奖"，表彰在国家安全领域作出重大贡献的个人或团队，提高其社会地位与荣誉感。另一方面，构建以创新能力、实际贡献为导向的选拔评价体系，适当引入政府、市场等第三方，确保评价结果的公正、公开、透明。如

创新建立"重点领域创新效能多元化评价体系"，综合评价人才的行业关联、技术创新、成果转化、社会服务等多方面表现，作为人才晋升、评优、奖励的重要依据。

破解拔尖创新人才培养"密码"

余春香[*]

摘　　要

　　党的二十大报告将教育、科技、人才进行一体化部署，提出深入实施科教兴国战略，强化现代化建设人才支撑，全面提高人才自主培养质量，着力造就拔尖创新人才，聚天下英才而用之。习近平总书记在二十届中共中央政治局第五次集体学习时又强调"加强拔尖创新人才自主培养，为解决我国关键核心技术攻关提供人才支撑"。作为国家科技自立自强战略的重要切入点和教育强国建设的重要突破口，完善拔尖创新人才发现和培养机制，促进拔尖创新人才选拔培养的政策协同，提高拔尖创新人才选拔培养的效率成为当务之急。

一、省级统筹，加强顶层设计

（一）加强宏观层面的政策协同

　　紧扣国家人才强国总体战略，由省教育厅、科技厅、财政厅等多部门协同制定具体领域的元政策，出台"一揽子"拔尖创新人才培养的政策法规，为培养拔尖创新人才提供依据或者指南。拓展与其他研究机构、商业化私营部门的合作机会，引导并激励 STEM（科学、技术、工程和数学）人才从事关键技术研究，确保 STEM 学科拔尖创新人才培养与关键和新兴技术保持同步。

（二）加强新时代基础学科拔尖人才培养体系建设

　　要直面人工智能新时代对基础学科高层次拔尖人才培养提出的巨大挑战，建议在基础学科高层次拔尖人才培养体系中强化针对人工智能新时代挑战的应

---

　　* 余春香，民盟盟员，镇江扬中市新坝中心小学教务副主任。

对举措，适度扩大数理化生国家高层次人才培养中心建设规模并提升内涵要求，适度增加基础学科国家高层次人才培养中心覆盖的学科类别并提出内涵要求。

（三）加快推进新时代卓越工程师人才自主培养改革

加强产业带动，营造社会氛围，吸引更多青年人才加入工程师队伍。加快促进现有制造业转型升级，以产业政策、产业需求前景带动工程师人才供给。针对战略性新兴产业，比如信息技术、生物技术、新能源、新材料、高端装备等，加大对国家急需紧缺工程技术人才的培养支持。

二、转变理念，走出认识误区

（一）在教育理念上

拔尖创新人才培养与教育公平之间并不矛盾，真正的教育公平不排斥卓越、不强求齐步走，而是应该让每个孩子都得到适合自己的教育。让有天赋特质、超常智力、卓越潜质和特殊能力的儿童少年接受更加适宜和卓越的英才教育，既是国家发展战略的需要，也是更高水平教育公平的彰显。

（二）在选材范围上

拔尖创新人才早期培养不应局限于理工科技领域的儿童少年，还应涵盖在人文、艺术、社会科学等多个领域有卓越表现的儿童少年。学科范围建议由"纯理"拓展到基础医学、哲学、经济学等 20 个类别。高校要聚焦高端芯片与软件、智能科技、先进制造和国家安全等关键领域，稳步推进"强基计划"。

（三）在内涵结构上

拔尖创新人才的筛选和培养不能仅看学生的智力或成绩，还要考查学生的创新能力和综合素质，以及深厚的爱国情怀、坚毅的意志品格、强烈的社会责任感等非认知能力。在选拔方式上，应采用多元化的评估手段，全方位、多角度地评估个人综合素质。通过笔试来测试基础素质，通过面试来评估思维敏捷性、应变能力和沟通技巧，利用项目经验考察实践操作能力。

三、协同创新，完善支持体系

（一）在培养模式上

高校需完善本科生导师制，为本科生配置学业导师，确保其在导师的指导下尽早进入实验室进行科研，接受专业训练和学术培养，助力其科研能力和专业技能的快速提升。建立拔尖创新人才教育研究机构，由几所大学和科研院所共同筹建英才教育研究机构，建设英才教育数据库，追踪英才学生的成长、发展。

（二）在培养方案上

教育部要协同相关部门指导和推动"英才计划""拔尖计划2.0""强基计划"的统筹协调和有效衔接，开展省级青少年科技创新后备人才培养工作。高校应倡导差异化教育，根据学科特点和学生需求制定个性化培养方案，鼓励跨学科学习和研究，强调学生创新思维、批判性思维、问题解决能力、跨学科研究能力的培养。

（三）在培养环境上

在国家层面成立拔尖创新人才教育研究中心。在有条件的高校设立教育部人文社会科学研究基地拔尖创新人才教育研究中心或设立文科实验室。推动高校与科研院所、国家重点实验室资源向英才学校、英才儿童有序开放，进行开放式、综合性实验教学，让学生在各领域专家的指导下进行实验探究，亲历科研实践过程，完成研究性学习任务，提升创新精神与实践能力。

四、优化制度，提升政策效能

在微观层面，着重完善教育系统内部不同学段之间、选拔与培养之间的政策一致性，实现拔尖创新人才选拔与培养机制的有效衔接。

（一）完善中高考制度

建议在现有中高考制度框架下进一步创新和完善评价选拔制度或者为拔尖学生设立专门的升学渠道，避免中高考环节重复性练习，赋予高中和高校更大的自主选拔空间，拓展学生成长通道；全学段一体化设计打通拔尖学生小学、初中、高中升学通道，包括初高中衔接、大中小衔接、本硕博衔接等路径。

（二）落实高校招生自主权

建议教育部进一步给予高校更多破格招生、大中衔接招生的自主权，由高校审核选拔具有学科特长的学生，给予学生破格入围高校测试的资格。招生过程要做到公开透明，确保选拔过程公正公开，结果令人信服。既要坚决杜绝暗箱操作，也要积极接受社会监督，通过完善信息公开制度保障每一名考生的合法权益。

（三）强化高校拔尖学生培养的主体责任

适当放宽高校对拔尖学生培养的自主权，让高校自主决定在哪些领域培养拔尖创新人才；允许高校自主探索在入校后的新生群体中选拔优秀学生进入拔尖学生培养计划，完善动态进出机制；鼓励高校开展人才评价研究，针对国家需求和学科规律及特点，建立科学的人才选拔标准，探索多样化的人才培养模式。

五、培养人格，深化长效机制

（一）坚持德才融合的培养方向

学校既要强调学有所长，更要注重价值导向，使关键能力的培养与必备品格的涵育相结合，始终将"培养什么人，怎样培养人"的问题与"为谁培养人"融为一体，筑牢人才家国情怀之"根"，铸实人才的理想信念之"魂"，牢牢把握人才培养方向。

（二）构建和完善可持续发展平台

对拔尖人才早期培养的探索经验显示，构建双向自主选择机制，有利于实现对学生全面培养、分层培养、学科特色培养、学科特长培养的层层递进，使人才在淬炼中脱颖而出。平台建设要注重体系化设计，促进拔尖人才培养从面向少数到面向人人、从被动"掐尖"到主动"培土"的现代化转型。

（三）建立多维考评和招生模式

古今中外的教育实践证明，兴趣爱好是基础学科拔尖人才成长的最大内驱力与追求卓越的最大原动力。在实践中，学生在学科学习中的成长情况各不相同，学校应找到因材施教的最佳路径，在统一高考的背景下，开展基于综合素质评价的关键能力评价和长程评价，以评价促发展。

完善激励机制　促进戏曲拔尖创新人才自主培养

陈　澄* 胡长军**

摘　要

戏曲不仅是中华民族悠久历史的见证，更是中华文化精神的生动体现。然而，在现代社会的急速变迁中，戏曲艺术的传承与发展遭遇了前所未有的挑战。其中，戏曲拔尖创新人才的匮乏尤为突出，成为制约戏曲艺术腾飞的"瓶颈"。戏曲艺术正遭受着市场需求萎缩、新型媒体冲击、资金投入短缺等一系列外在困境，同时内部亦存在教育体系陈旧、师资队伍薄弱、学员流失加剧等内在难题。本文着重从学校和政策层面对加强戏曲拔尖创新人才的培养提出相应的对策建议。

2023 年 10 月，全国宣传思想文化工作会议首次提出了习近平文化思想。会议指出，要"巩固壮大奋进新时代的主流思想舆论，以强信心为重点加强正面宣传，提高舆论引导能力。广泛践行社会主义核心价值观，改进创新精神文明建设工作。促进文化事业和文化产业繁荣发展，推动中华优秀传统文化保护传承。加强和改进对外宣传工作，增强中华文明传播力影响力"。这为我们推动中华优秀传统文化保护传承、振兴中华传统戏曲、促进戏曲拔尖创新人才培养，提供了思想指导和根本遵循。

---

* 陈澄，第十三、十四届全国人大代表，民盟盐城市委会委员、民盟盐城市文化支部主委，江苏省淮剧团国家一级演员。

** 胡长军，民盟盐城市文化支部副主委，盐城市演艺集团撰稿人。

一、戏曲拔尖创新人才现实境遇

随着我国戏剧的不断发展繁荣，戏曲界各个剧种都产生了能够代表其剧种最高水准的拔尖创新人才，即戏曲领军人物，包括国家级、省级非物质文化遗产传承人，"梅花奖""文华奖""白玉兰奖"获得者，老一辈艺术家以及中生代艺术家。由于种种原因，一大部分拥有丰富舞台艺术经验的老一辈艺术家及部分中生代艺术家正在逐步退出舞台，戏曲拔尖创新人才出现了"断层"。

当前，戏曲拔尖创新人才的培养主要依托于专业的戏曲学府和剧团的内部研修。尽管取得了一定的进展，但整体上仍面临着人才断代、创新乏力等严峻问题。

（一）奖励激励机制不健全

据了解，目前全国各地对戏曲拔尖创新人才的奖励激励机制存在明显不平衡现象。很多省市对于创作作品中获得大奖的演员以及编、导、音、舞美等有配套性奖励，这在一定程度上激励了戏曲人才的创新创作；而也有一些省市却没有这样的激励性政策，久而久之造成优秀人才流失。

（二）遗留问题解决不彻底

很多剧种、剧团因为一些地方性改革尝试，甚至是部分地方主要领导的随意表态决策，导致剧种非遗传承、剧团改革发展、人才待遇晋升等一些政策中所遗留的问题迟迟没有解决，致使有些剧种或剧团处境尴尬，发展不顺。

（三）名师传承支持不落实

近年来，尽管很多地方有越来越多剧种的著名艺术家成立了"个人工作室"，但是这些"个人工作室"往往只是挂个牌、拍个照，并无实际演出场地，也没有经费支持，缺乏系统性的传承推进机制。

（四）名家宣传推介不给力

创新是艺术的特征之一，是艺术发展的动力。每一门剧种、每一位拔尖创新人才，在其艺术发展中均能形成其独特的风格，留下很多脍炙人口的名家名段。这些地方戏是地方的名片，这些名家是剧种的名片。但是，目前很多地方对于戏曲各剧种拔尖创新人才在创作中创立的独特风格宣传重视不够，推介不力。

二、学校教育应加强戏曲拔尖创新人才培养激励

（一）建立专门的人才培养项目

一是制订"戏曲顶尖创新人才培养计划"，选拔有潜力的年轻演员和创作者，提供系统的培训和实践机会。二是与国内外的戏曲学院和专业剧团建立合作关系，为学员提供国际交流和学习的机会。

（二）优化教育体系和课程设置

一是更新戏曲教育课程，融入现代戏剧理论和实践，培养学员的创新思维和跨文化交流能力。二是增设戏曲导演、编剧、音乐设计等多元化课程，拓宽戏曲人才的知识结构和技能范围。

（三）提供资金支持和奖励机制

一是设立戏曲艺术发展基金，资助优秀的戏曲项目和人才，减轻他们的经济压力。二是对于在戏曲领域取得显著成就的个人或团队，给予荣誉称号和经济奖励，如"年度最佳戏曲演员""最具潜力戏曲新秀"等。

（四）搭建展示和交流平台

一是定期举办戏曲节、比赛和研讨会，为戏曲人才提供展示才华和交流经验的平台。二是利用网络平台，如社交媒体、视频网站等，推广戏曲艺术，吸引更广泛的观众群体。

（五）加强行业内外合作

一是与旅游、文化、教育等部门合作，开发戏曲文化旅游项目，增加戏曲演出的商业价值。二是与其他艺术形式（如电影、电视、网络剧等）合作，将戏曲元素融入流行文化，提升戏曲的现代感和吸引力。

（六）重视青年人才的培养和扶持

一是针对青年戏曲人才，提供专项奖学金和实习机会，帮助他们解决生活和学习中的实际问题。二是设立"青年戏曲创作基金"，支持年轻人进行创新实验和艺术探索。

（七）强化师资队伍建设与培训

一是聘请资深戏曲艺术家担任导师，为年轻人才提供一对一的指导和反馈。二是定期组织教师培训班和工作坊，提升戏曲教育者的专业水平和教学方法。

三、政策层面应加强对戏曲拔尖创新人才培养的扶持

中国戏曲是中华优秀传统文化的重要组成部分，戏曲的振兴靠人才，演员、编剧、导演、作曲、舞美、灯光、音效、造型、化妆等同样重要。如何在社会政策层面上强化对戏曲拔尖创新人才培养的政策性扶持和制度性激励，就显得尤为重要。以江苏省为例。2019 年 4 月，由江苏省委宣传部牵头，省文联、省作协实施的江苏省首轮"名师带徒"计划启动，以三年为一个周期，推选 100 位文艺名家与 100 名青年才俊携手结对、师徒传承，由省委宣传部直拨经费；2022 年"名师带徒计划"第二批继续进行。此项目有效激活了青年艺术人才的竞争机制，完善了一对一师徒传承的系统化培训模式。从国家层面来说，文化名家暨"四个一批"人才工程、宣传思想青年英才的项目性资助等都从不同层面提供了更好的人才激励模式。具体而言，建议从以下几个方面着手展开工作。

（一）完善激励戏曲拔尖创新人才和文艺家的机制

建议各省市对于获得"梅花奖""文华奖""白玉兰奖""曹禺剧本奖""文华表演奖"等重大奖项的艺术家进行配套性奖励，让他们传承中有场地、有资金、有荣誉。对于一些师带徒或自发性义务教戏传戏的艺术家进行课时补贴，针对选中的"名徒"给予学习补贴（目前文化和旅游部有此项国家艺术基金的申报项目，有项目补贴，但由于剧种受名额限制，很多文艺家并不能申报通过），建议各省市提供资金和空间推动并扶持，让更多的优秀文艺家更好地、更系统地传授技艺。

（二）将戏曲拔尖领军人才纳入全额财政保护政策

建议将获得戏剧最高奖中国戏剧梅花奖的戏曲拔尖创新领军人物纳入全额财政保障政策。对于一些正在改制过程中或已经改制的戏曲团体，很多领军人才个人身份性质、经济待遇都发生了质的变化。可以考虑将其性质调至类似"剧目工作室""博物馆"或"研究院""文化馆""图书馆"的全额事业单位，鼓励艺术家兼职高校的艺术特色课或进驻"大师工作室"，为高校培养艺术特色人才作贡献。

（三）加大戏曲拔尖创新领军人才的宣传力度

如"中国戏剧梅花奖电影数字工程"能更大范围照顾地方戏的评选入围。以淮剧为例，江苏省淮剧团在江苏盐城，盐城是全国著名编剧的集散地，也是剧本创作的高地。近年来盐城艺术家创作的现代原创剧目《小镇》获得了第十

五届国家文华大奖，并作为原创剧目演出了228场，巡演了十七个省市；《祥林嫂》名段"天问"走遍全国各地，传播广泛；经典古装剧目《赵五娘》不仅三十多年久演不衰，网络上更是受到了很多青年戏迷的喜爱。对于类似的戏剧优秀作品，建议"中国戏剧梅花奖电影数字工程"能更大范围照顾地方戏的评选入围，让地方戏梅花奖得主主演的代表剧目能以更优质的记录方式留下宝贵的艺术资料和影视作品。

党的二十届三中全会发出全面深化改革的总动员，在文化领域聚焦建设社会主义文化强国，提出深化文化体制机制改革的战略部署。建设社会主义文化强国，必须实施更加有效的文化人才政策，着力培养规模宏大的优秀文化人才队伍，抓好文化领域急需紧缺人才培养，为文化繁荣发展输送源源不断的人才大军。

戏曲拔尖创新领军人才的培育是一项复杂的系统工程，需要政府、教育机构、剧团等各方的协同努力。全社会应共同致力于营造一种尊重与支持戏曲艺术的浓厚氛围，为戏曲拔尖创新领军人才的成长提供源源不断的精神滋养与社会支持，以逐步破解戏曲拔尖创新领军人才培养中的种种难题，推动戏曲艺术的全面复兴。

江苏高校交叉学科和学科交叉培养
拔尖创新人才研究[*]

马晓翔^{**}

摘　要

"交叉学科"和"学科交叉"背景下的"拔尖创新人才培养"是当下高等院校系科发展、研究生人才培养的必由之路。随着专业博士研究生的不断扩招，"数字媒体艺术研究"方向成为交叉学科拔尖创新人才培养的典型，在学科交叉的趋势下成为拔尖创新人才培养的焦点。本文立足"百年大计，教育为本；顶尖人才，硕博为主"，分析江苏拔尖创新人才培养的交叉学科和学科交叉背景，提出拔尖创新人才培养目标，构建拔尖创新人才培养方案，旨在实现拔尖创新人才的化育与储备，为国家民族振兴与战略实施建言献策。

党的二十届三中全会通过的《中共中央关于进一步全面深化改革 推进中国式现代化的决定》提出："教育、科技、人才是中国式现代化的基础性、战略性支撑。"并从深入实施科教兴国战略、人才强国战略、创新驱动发展战略，统筹推进教育科技人才体制机制一体改革，健全新型举国体制，提升国家创新体系整体效能出发，对深化教育综合改革作出系统部署。聚焦此"决定"，教育工

---

* 本文为2022年江苏省研究生教育教学改革一般课题——《新时期江苏交叉学科建设路径研究》研究成果；2021年江苏省高校"青蓝工程"中青年学术带头人资助项目；江苏省高水平大学建设高峰计划——南京艺术学院研究生创新人才培养工程资助项目；南京艺术学院校级研究生优秀课程——《新媒体艺术》教学成果。

** 马晓翔，第五届民盟江苏省委直属基层工作委员会委员、民盟南京艺术学院委员会副主委，南京艺术学院数字艺术学院教授、博士生导师，南京艺术学院传媒学院国家级数字媒体艺术实验教学示范中心互动媒体实验室主任。

作者应考虑如何通过深化教育综合改革，不断为加快建设教育强国提供动力，从而有效支撑中国式现代化。

百年大计，教育为本；顶尖人才，硕博为主。对拔尖创新人才的化育为中国式现代化实现道路上所急需人才提供了强有力的支撑。关键领域核心技术突破离不开拔尖创新人才的蓄势待发，而学科交叉构建的交叉学科高质量发展则是推动服务社会、社会经济前进的有力推手。在国家迅速发展为世界经济强国的过程中，满足我国各行业的需求、保证产业纵向与横向链条完整必须解决关键技术与交叉学科的难题。新文科、新理科、新工科、新农科等新学科任重道远。如果说，从前的教育创新侧重于外语和计算机，那么当代的教育创新则聚焦于交叉学科的突破。因此，江苏高校交叉学科和学科交叉培养拔尖创新人才，是目前江苏省储备人才、积蓄动能、激发势能，迈向国际视野、参与国际合作、赢得国际认可的必由之路。

一、江苏交叉学科和学科交叉培养拔尖创新人才的背景

"江苏高校交叉学科和学科交叉培养拔尖创新人才"是当下高等院校系科发展、研究生人才培养的必由之路。其所涉及的核心概念包括"十四五"规划及2035年远景目标、新文科、交叉学科、学科交叉、拔尖创新人才培养，是立足新学科背景，顺应国家长远发展目标，促进学科交叉与融通，完善世界一流大学建设，实行交叉学科体系下的拔尖创新人才培养方案与机制，以人才优势提升国家竞争力，实现中国式现代化宏伟蓝图的根本保障。作为"交叉学科"的典型，新文科中的数字媒体艺术与新理科中的数学、逻辑学、信息学、计算机科学、生物学、化学等都有交叉；又与新工科中的数字媒体技术、力学、机械、电子信息自动化、计算机技术有所交融，因而数字媒体艺术学科的拔尖创新人才培养方案是可以与这些学科打通、互动和互惠的，其所具有的参照效应与影响力度是不可小觑的。"学科交叉"是未来系科发展和内涵建设的趋势：学科交叉是众多学科之间的相互作用，而交叉形成的理论体系，构成交叉学科的本体范畴。众多学科的应用交叉又构成了交叉学科的实践范畴。"拔尖创新人才培养"须臾不可脱离人才培养目标与要求，是在高等院校硕士与博士层面的培养机制。"拔尖创新"培养的内涵体现在教学体系的交叉与前沿、教学方式的先进与完善、教学成果的优质与拔尖。"拔尖创新"培养的外延体现在科研创新的尖端与一流、科研应用的高产与高效、科研影响的驱动与引领。

　　江苏南京艺术学院于 1999 年开设相关课程和专业，当时命名为网络媒体工作室，于 2006 年根据教育部学科名录申报并获得江苏省教育厅的批准，正式成立数字媒体艺术系。基于多年的学科积累与发展，南京艺术学院于 2006 年增设数字媒体艺术硕士研究生学位点，2008 年增设数字媒体艺术博士研究生学位点，2020 年数字媒体艺术专业被评为国家一流学科建设点，2024 年应教育部要求制定"数字媒体艺术研究"专业博士招生计划，并于同年开始招生培养该交叉学科的拔尖创新人才，成为国内该学科建设与发展的领头羊。

　　国内拥有数字媒体艺术研究生培养基地的高校逐年增多，这些高校都在尝试建设数字媒体艺术拔尖创新人才培养平台，在数字媒体艺术实验教学与学生创新能力的培养方面，各具特色，各有所长。2009 年国内首批数字媒体艺术专业硕士研究生毕业，2011 年国内首批数字媒体艺术学术博士研究生毕业，这释放了一个信号，即相关高等教育、文化产业和科研机构输入了我国自主培养的新型跨界拔尖创新人才。这为我国以数字文化、数字社会、数字产业为核心的"数字中国"战略充实了人才储备与精尖力量。

　　我国专业学位研究生教育计划于 1990 年，实行于 1991 年，2020 年招生规模已超过招生总量的一半。专业硕士与学术硕士按 2∶1 比例招生培养。随着专业硕士和专业博士研究生的不断扩招，"数字媒体艺术研究"方向成为交叉学科拔尖创新人才培养的典型，在学科交叉的趋势下已成为拔尖创新人才培养的焦点。

二、拔尖创新人才培养目标

　　"江苏高校交叉学科和学科交叉培养拔尖创新人才"是江苏高校顺应国家远景发展目标，建设世界一流大学，培养时代大师、增强文化自信、提升民族信心，实现中国跻身世界发达国家行列目标的重要举措。

　　目标一是立足江苏，让经济大省在交叉学科的引领下处于拔尖创新人才培养的制高点，获得先机。让学科交叉的培养方案顺应社会发展，为产学研融合搭建桥梁。

　　目标二是完善交叉学科研究领域的知识体系，将交叉学科的学科优势最大化，重视思政建设和导师队伍建设，通过交叉学科自身发展带动国际化水平的提升。

　　目标三是构建交叉选拔机制、投入机制、质量监督机制，让优质的人才进入拔尖创新人才的培养体系中，优中选优，在完善的投入机制和监督机制中健康成长，成为国之栋梁。

目标四是孵化数字经济下交叉学科成果的应用转型，助力产学研融合发展，让江苏站在"数字中国"的前沿。

目标五是抓住核心内涵，走向多元评价，完善学术型研究生与专业型研究生的学科交叉培养方案，推动交叉学科的内涵建设：学术型拔尖创新人才的核心内涵是创新；专业型拔尖创新人才的核心内涵是综合实践能力。

三、拔尖创新人才培养方案

(一) 德智合力筑魂优品的培养

立德树人、构筑灵魂、端正品行，引导正确的数字媒体艺术价值观，将社会主义核心价值观融入交叉学科的价值体系中，用学科交叉的培养方案带动硕博原创实践与理论研究。注重道德观念，将"诚实守信"贯穿于整个培养过程中。在数字技术带来的学习便捷中，杜绝"拿来主义""挪用主义"，让"诚信"作为实践与研究的精神指引。一是铸就媒介意识：政治站位与导向意识、媒体作品意识、受众与用户意识。二是完善媒介人格：品质媒介人格、思维媒介人格、行为媒介人格、关系媒介人格。三是提升媒介素养：选择素养、理解素养、质疑素养、评估素养、创造素养、制造素养、思辨反映素养。四是提倡媒介原创：媒材原创、构思原创、互动原创、效应原创、展示原创。五是加强媒介效应：媒介认知效应、媒介情感效应、媒介行为效应。

(二) 文、理、工思维筑牢基本功的培养

积累扎实的基本功，掌握庞大的数字媒体艺术知识脉络。一是以理科思维培养数字媒体艺术软件应用能力。二是以工科思维培养数字媒体艺术硬件运用能力。三是以文科思维培养数字媒体艺术原创能力。

(三) 思路开阔与研修能力的培养

提高研究能力，拥有敏锐的数字媒体艺术研究触角。一是在科技交叉与融通的赋能下，紧跟时代前沿，高屋建瓴，博采众长。二是在学科交叉与互惠的背景下，把握更新动态，洞察先机，敏锐判断。三是在国际交流与互动的环境下，激发参与意识，独当一面，学以致用。四是在复杂与多元的情形下，获取自主认知，善于批判，精于反思。

（四）科研创新与产学研融合能力的培养

增强创新能力，具备卓越的数字媒体艺术创新意识。一是将数字媒体技术交叉应用，善于融入当代媒体的产学研融合的创作中。二是将数字媒体观念交叉探索，善于将其置于当代文化的产学研汇集的交流中。三是将数字媒体艺术内涵与数字媒体艺术外延纳入主题创作与产学研理论的框架中。四是将构建人类命运共同体作为数字媒体艺术实践与理论研究的终极目标，使成果具有重要的社会价值与现实意义。

（五）恒久耐力与厚积薄发的培养具有持之以恒的数字媒体艺术研究后劲

一是善于将前人成果作为标杆，慢步前行并有所超越，耐得住寂寞，探索数字媒体艺术未被探索的广阔天地。二是善于将交叉学科的文、理、工知识作为探研的积蓄力量，形成多元、饱满、应景的成果，为数字媒体领域的艺术实践与理论研究添砖加瓦。三是善于将当下作为开阔视野的起点，驰骋数字媒体艺术疆场，为媒介技术和媒体艺术的未来慧眼识珠。

（六）研究成果转换能力的培养

立足自身研究成果，善于洞察先机，将研究成果作为产学研孵化器，泽被学科交叉领域。一是专业眼光犀利，聚焦交叉学科尖端领域与行业交叉热点，将研究成果与行业对接，为成果社会化转型奠定基础。二是将交叉学科体系下对应的学科交叉领域作为成熟研究成果的孵化地，发挥成果的学科价值、科技价值、人文价值、艺术价值、实践意义和理论意义。三是扬长避短，发挥个性化特长，立足交叉学科的特色与优势，将研究成果顺利转化为产学研利器，为产业繁荣、行业发展服务。

（七）完善拔尖创新人才培养的评价机制

培养评价机制的不断完善与深化将有助于推进拔尖创新人才培养质量的提升与反哺。一是促进创新计划的立项。研究生在入学前应有成熟、完整的研究计划，并在入学第一年提交研究生创新计划申报，力求获得省级以上课题立项，为后续的研修任务奠定基础。二是激励实践创新获奖与理论研究获奖。在整个研修阶段，激励人才不断产生实践创新意义强、理论创新价值高的实践与理论成果，在各类赛事中脱颖而出，建立自身有序的成果体系。三是建立高水平论文发表评估机制。促进人才在理论研修过程中，将实践创新经验提炼为理论成果，在业内重要领域的期刊上积极发表高水平、意义重大的论著，参与国内具有较高影响力的学术会议，实现"实践出真知""理论引导实践"的升华与学术交流。四是毕业论文评估机制提升。拔尖创新人才培养的水平高低着重体现在毕业论文的质量上。毕业论文是整个研修过程的提炼与总结，是所学知识的融会贯通，是所研课题的高度凝练，是所探行业的评价与展望，因而意义重大。它可以反哺学科、产业和科研，具有重要的辐射作用。五是论文盲审机制不断完善。毕业论文盲审机制可以促进拔尖创新人才培养的良性进阶，提高研究生的研修责任意识，推动交叉学科领域不断创新成果的原创性、实效性和引领性，为交叉学科的完善与进步提供源源不断的优质理论积淀。

（八）加强导师队伍建设

一是坚持立德树人、教书育人与优化师德师风相统一。导师应为人师表、以身作则，身体力行地对研究生进行道德、品行、研修等各个层面的引导，力求用优良的师德师风感染并化育研究生，使研究生在德、智、体、美、劳方面综合发展与自我完善，实现自我价值。二是坚持潜心问道与关注社会、学术自由与学术规范相统一。导师应避免闭门造车，应将个人研究兴趣、研究领域和研究成果与时代发展、社会进步、国家发展战略对接，形成对国家和民族有益的学术成果。注重思想自由和研究规范之间的平衡，用"自由"带动热情，用"规范"铸就水平。

四、结语

我国自主培养拔尖创新人才应基于教育强省的优势，在培养背景、目标与方案上不断完善；江苏自主培养拔尖创新人才则应立足当下、放眼全国，在国家战略、学科趋势、行业引领与产业驱动下身先士卒并身体力行，实现拔尖创新人才的化育与储备，为民族振兴与战略实施保驾护航。

拔尖创新人才自主培养的问题与路径探索

李新荣*

摘　要

　　培养高水平创新人才需要系统性、长远性的政策支持和实践指导，需要全社会与教育领域协同作战，形成合力，创设人才培养的有益土壤，建立有效的培养机制。要鼓励创新文化建设，倡导勇于探索、宽容失败的精神。要以政策改革创新为突破口，打通学段之间的壁垒，建立科学的大中小学拔尖创新人才双向贯通培养机制。要从义务教育阶段到高中、大学、科研院所整体联动，构建创新型课程体系；要改革人才评价体系，坚持过程性、动态性、专业性评价。要强化教练员队伍建设，在课程设置、考试选拔、个性化指导等方面加大力度，在一定程度上解决高水平教练人员不足、课程教学不能满足项目需求的问题。

　　瞄准科技前沿和关键领域培养拔尖创新人才，是国家发展的战略需求。教育部部长怀进鹏指出，在培养拔尖创新人才的自主培养能力上发力，是满足发展新质生产力、实现中国式现代化对人才需求的关键一招、破题之举。

　　培养高水平创新人才需要系统性、长远性的政策支持和实践指导，需要全社会与教育领域协同作战，形成合力，创设人才培养的有益土壤，建立有效的培养机制。

一、中小学拔尖创新人才自主培养存在的问题

（一）对拔尖创新后备人才培养的认识有待统一

　　认识的不统一主要体现在三个方面：一是大多数人认为小初高一体化培养

---

*　李新荣，泰州市政协常委，民盟泰州市委员会副主委，泰州市教育局副局长。

中，小学阶段无意义，应从初中开始贯通培养。二是不少人认为拔尖培养更多的是"掐尖"培养，而不是在指导下的自主培养。三是认为拔尖培养和教育教学质量整体提升是平行的两条线，相互促进作用甚微。

（二）竞赛课程建设过程中的"瓶颈"问题有待突破

当前，泰州市各地对拔尖创新人才培养工作都高度重视，但竞赛课程建设仍面临不少困难。比如，如何创生适合本区域拔尖创新人才培养的特色课程，如何针对小、初、高不同学段设计不同课程，竞赛课程建设中对实践能力、创新思维、综合素养的要求也需强化。

（三）竞赛教练队伍的人员配备和系统培训有待加强

部分学校对五科竞赛，尤其是化学、生物、信息学竞赛作用的认识与重视不够，尚未引进高层次竞赛教练，竞赛学科师资配备和系统训练不足的情况比较常见，竞赛教练系统培养机制尚处在建立阶段。

（四）拔尖创新后备人才培养保障激励机制有待优化

与苏州等设区市相比，我们的观念仍不够开放，拔尖创新后备人才培养的氛围不够浓、环境不够优，在拔尖创新后备人才培养的评价、激励和保障机制方面还需持续完善。

二、中小学拔尖创新人才自主培养的路径探索

（一）营造创新文化氛围

鼓励创新文化建设，倡导勇于探索、宽容失败的精神。教育部门和社会各界应共同努力，营造尊重知识、尊重创新的良好氛围，激发全社会的创新活力。一方面，学校通过举办创新创业大赛、科普活动等，增强学生的创新意识和实践能力。增加创新思维培养课程，学校可通过开展 STEAM 教育，将科学、技术、工程、艺术和数学融合教学，培养学生综合创新能力。积极鼓励和支持学生参加科研项目和创新创业活动。另一方面，社会要加强媒体传播，利用各种媒体广泛宣传创新故事和人物。经常举办科普讲座和创意工坊，提升全社会的创新意识和创新水平。在全社会宣传创新成功典型，弘扬容错精神，鼓励创新，包容失败。

（二）贯通人才培养体系

首先，要以政策改革创新为突破口，打通学段之间的壁垒，让各学段在招生制度、课程体系、教学方式、评价机制等方面能够衔接起来，建立科学的大中小学拔尖创新人才双向贯通培养机制，从而形成拔尖创新人才培养的良好生态。其次，要树立系统观念。拔尖创新人才的培养是系统工程，从义务教育阶段到高中、大学、科研院所应该下一盘棋，整体联动。小学阶段主要是奠定基础和思维启蒙，初中阶段主要是能力拓展和个性开掘，高中阶段主要是方向引导和素养提升，大学阶段则负责进行专业深化和创新推动。不同学段间应整体协调、有序推进。

（三）构建创新型课程体系

将"必备素养、学业基础、人格成长、智慧成长"融为一体，实施创新人才培养。这种新型课程体系，首先，要以"有利于创新人才的健康成长"作为基本导向，在课程建设中充分考虑到创新人才培养的需要，为创新人才的培养奠基。其次，要打破原有条框，创新课程建设思路，形成符合创新人才培养需要的课程体系。课程的具体结构应该包含指向学业基础的国家必修课程，指向人格成长的"社会类自主课程"，指向智慧成长的"学术类自主课程"，指向现代学生必备的"学校基本素质课程"四个课程类别。学生按由低到高的目标层次，接受四类课程的学习，实现"全面而自由"的成长。再次，要通过社团的建设和活动，为人才提供成长的平台和表现的舞台。社团设置力求多样化，涵盖科技、艺术、人文、学术等不同领域，以满足不同学生的兴趣和特长。社团内开展项目式学习，鼓励社团成员参与各类项目，如科研项目、创新设计项目等，培养实践能力和解决问题的能力。设立专门的社团研究课题，鼓励成员深入探究感兴趣的领域。积极组织参加相关领域的高水平竞赛，以赛促学、以赛促练。积极参与学术交流活动，通过举办学术讲座、研讨会等，让成员接触前沿知识和思想。鼓励跨社团合作，促进不同社团之间开展合作项目，培养团队协作和跨学科思维。同时要为社团提供必要的设备、材料、资金等资源支持。借助各种资源创建成果展示平台，定期举办社团成果展示活动，增强成员的成就感和自信心。根据成员的特点和发展方向，制订个性化的培养计划，形成百花齐放、全面成才的新型人才培养局面。

（四）改革人才评价体系

在评价机制方面，首先，要坚持过程性评价，关注学生在学习和项目实践过程中的成长和进步，而不仅仅是最终成果。其次，要坚持动态评价，定期评估和调整评价标准，以适应不同阶段和领域的需求。再次，要坚持同行评议，邀请相关领域专家参与评价，确保评价的专业性和准确性。还要坚持个性化评价，根据不同人才的特点和发展方向，制定针对性的评价体系。在激励机制方面，要注重物质奖励，提供奖学金、科研经费、特殊津贴等，激励其积极进取。要注重荣誉激励，授予荣誉称号、颁发证书等，增强其荣誉感和成就感。要创新环境营造，打造鼓励创新、容错纠错的氛围，鼓励其敢于尝试和突破。要注重长期跟踪激励，对拔尖创新人才持续关注和激励，促进其持续发展。

（五）强化教练员队伍建设

一是全域精选优秀教练。选拔具有高水平专业知识和丰富教学经验的教练，打牢培养出色竞赛教练的基础。二是提供专业培训。对教练进行竞赛规则、教学方法、团队管理等方面的专业培训，提高其专业素养和教学能力。三是加强团队建设。通过团队建设活动，增强教练之间的沟通和合作，提高团队的凝聚力和战斗力。四是强化激励保障。通过激励措施，如晋升、奖金、荣誉等，激发教练的工作积极性和创造力，让他们更有动力去培养杰出选手。五是鼓励创新和进步。鼓励教练创新教学方法和手段，提高教学质量，同时鼓励选手探索新的思路和方法，不断提升竞赛水平。六是适度考虑购买服务。借助第三方力量，系统设计培养方案，在课程设置、考试选拔、个性化指导等方面加大力度，在一定程度上解决高水平教练人员不足，课程教学不能满足项目需求的问题。

拔尖创新人才的培养是实现国家高质量发展的关键所在，也是一项长期而艰巨的任务。未来，我们应持续关注并不断优化拔尖创新人才培养政策和路径，以适应时代的发展和变化，在逐步实施和不断完善中迎来一个人才辈出的新时代。

全面提高创新人才自主培养 加快建设教育、科技、人才强国

苗 聪*

摘 要

随着全球化和知识经济的深入发展，创新人才成为国家竞争力的关键。本文探讨了全面提高创新人才自主培养的重要性，并提出了加快建设教育、科技、人才强国的策略。文章首先分析了人才体制改革的必要性，提出了通过深化人才发展体制机制改革，聚焦科技创新核心人才队伍建设的人才引进、培养和激励机制。接着，讨论了科技与教育的融合，指出科研项目和产学研合作对于培养学生科研能力的重要性。期望本文能对教育决策者、政策制定者以及教育工作者具有一定的参考价值，能为我国在新时代背景下加快建设教育、科技、人才强国提供理论支持和实践指导。

重视人才培养是党百年奋斗取得革命、建设和改革伟大成就的重要经验，习近平总书记在党的二十大报告中提出的"全面提高人才自主培养质量"重要指示，充分彰显了党对人才自主培养的坚定决心和强大自信。全面提高人才自主培养质量是推进科教兴国战略的本质要求，是推进人才强国战略的根本途径，也是推动创新驱动发展的重要保障。深刻认识全面提高人才自主培养质量的重大意义，对于整体性推进"三大战略"，全面建设社会主义现代化强国，以中国式现代化全面推进中华民族伟大复兴具有重要的指导作用。然而，需要清晰认识到，我国人才总量相对不足，结构不够合理，创新能力亟待提高，人才队

---

* 苗聪，九三学社徐州铜山区委员会组织委员，广州工商学院教师，一级人力资源管理师。

伍现状与新形势、新任务的要求尚有差距。因此，重视人才自主培养，提高人才培养质量，加快建设人才资源竞争优势，坚持自主创新和人才自主培养为主的道路，对于加速建设教育强国、科技强国、人才强国至关重要。

一、以"为党育人、为国育才"为使命，深化人才发展体制机制改革

要全面提升人才自主培养的质量，必须深化人才发展体制机制改革。我们需要消除思想观念和体制机制上的障碍，建立科学规范、开放包容、高效运行的人才发展治理体系，打造具有国际竞争力的人才制度优势。

（一）完善党管人才领导体制

坚持党对人才工作的全面领导，这是做好新时代人才工作的根本保证。一要发挥党的思想政治优势、组织优势和密切联系群众的优势，加强对人才工作的宏观管理和综合协调。二要正确引导和督促各用人单位认真贯彻执行党的人才工作方针政策，自觉做好本单位人才培养、引进和使用工作。三要破除"官本位"、行政化的传统思维，完善人才管理制度，做到以人才为本、信任人才、尊重人才、善待人才、包容人才。四要科学划分有关部门在人才工作和人才队伍建设中的职责，按照统一领导、分类管理的原则，各司其职、齐抓共管、通力合作，共同推动人才工作各项任务的落实。

（二）重视青年科技人才，建立科学的人才评价、流动、激励机制

重视青年科技人才，建立科学的人才评价和流动、激励机制，对于激发青年科技人才的创新活力、加快建设科技强国和社会发展具有重要意义。一是构建以创新价值、能力、贡献为导向的评价体系，根据不同科研活动的特点，分类制定科技人才评价准则，避免"唯论文、唯职称、唯学历、唯奖项"的倾向，确保评价的科学性和公平性。同时，应完善青年科技人才职业发展通道，为不同类型的青年科技人才设定科学评价标准，提供公平的发展机会。二是健全科技人才流动市场机制，建立人才流动改革试点，规范人才市场竞争，加强对人才市场不正当竞争的监管。三是优化青年科技人才的物质保障机制，创新人才激励机制，制定住房补贴、配偶安置、子女教育等政策，完善发展性激励，为青年科技人才提供更多信任、帮助和支持。通过政策倾斜、资源分配、科研评价、培养发展和物资保障等综合措施，全方位激励青年科技人才。

二、以重点科技领域与产业需求为导向，聚焦科技创新核心人才队伍建设

随着科学技术的不断拓展，科学研究的复杂性与系统性不断增强，高水平

的科技创新人才队伍在科研活动中的作用更加突出。因此，应当聚焦国家战略需求和前沿科学重大问题，围绕重点领域、重点产业，建立核心人才特殊调配机制，鼓励科学、技术、工程等各类人才组建攻坚团队或跨学科、跨领域的创新团队，加速集聚一流科技领军人才和创新团队，建设一批高端科技人才培养基地。

为营造有利于人才成长的良好环境。一是应制定并实施支持人才成长的政策，特别是有针对性的人才培养政策。二是以正确的人才发展理念和工作导向为引领，优化人才发展环境，加强公平和普惠环境的基础制度建设，构建具有全球竞争力的人才制度体系，营造风清气正的科研创新生态，包括知识产权保护、降低创业门槛、优化创新投资环境等，以吸引和激励更多科技人才投身科技创新。三是要加强科学精神培养和科研诚信教育，建立失信行为记录和惩戒制度，大力营造求真务实、见贤思齐、鼓励创新、宽容失败的工作环境。

三、以教育系统、科研院所、企事业单位为主体，搭建人才自主的教育培养体系

在全面提高人才自主培养质量的过程中，教育具有基础性、全局性、先导性作用。为了全面提高人才自主培养质量，必须加快建设具有中国特色、世界水平的高质量教育体系。

（一）强化基础教育阶段学生科学创新思维的培养

强化青少年的创新能力需要实施创新教育，激发学生的创新动力，传播科学知识，训练思维能力，培养创新意识。一是鼓励基础教育各个阶段的学校从立德树人的目标出发，整合各种社会资源，在政策和环境允许的条件下，开发具体的创新教育资源和平台。二是通过兴趣驱动、项目驱动和竞争驱动，强化以探究为重点的科学教学，使学生能够在开放民主的学习环境中主动建构、自主完成并理解科学探究的过程，从而让学生在实践中体会科学之美、培养科学精神，促进不同层次学生的个性化成长以及思维发展。三是鼓励教师创设能够引起学生兴趣的教学情境，利用信息技术推行场景式、体验式、沉浸式教学，提高科学教育的质量和效果。

（二）强化高等教育人才培养改革保障，加强产学研一体化

首先，提升高等教育人才自主培养质量并深化高校教育教学改革至关重要。

高校需深化综合改革，优化高校资源结构，激活人才创新活力，打破学科专业壁垒，优化学科布局。同时，需全面加强党对教师队伍的领导，严把教师选拔关，吸引校外专家、企业家、高级技工、工程师参与教育教学工作，致力于完善厚基础、宽口径、通专结合的人才培养模式，建立开放式、研讨式、互动式教学方式，并完善教学管理机制，加强教育教学监督和质量评估。其次，可建立高校与企业间长效共建共赢机制，施行校企"双导师"联合培养人才制度，促进学生实践能力和创新能力。积极探索产学研的深度融合模式，校企深度融合的联合研发中心，引入金融资本，孵化培育企业新的增长点。通过设立联合研究院、研发中心等形式，发挥企业在科技创新中的主体作用，同时利用高校的科研优势，实现资源共享和优势互补。

（三）发展职业教育，培养技术技能型人才

根据市场需求，明确职业教育的培养目标，强化职业教育与普通教育同等重要的地位。首先，必须坚持以技术技能和创业教育为重点，建设高质量的职业教育体系，为各类技术技能人才的发展奠定坚实的能力基础。应建立完整的职业教育体系，包括中等职业教育、高等职业教育和技术应用型本科教育。根据行业和技术发展趋势，定期更新职业教育课程内容，增加实训和实习环节，与企业合作建立实训基地，提升学生的职业技能和实际操作能力。开展职业资格认证，使学生在获得学历证书的同时也能获得相应的职业资格证书。其次，政府应制定相关政策，支持和激励职业教育发展，包括资金投入、税收优惠、人才培养和引进等措施。鼓励开展职业教育研究，引进国外先进的职业教育理念和教学方法，为职业教育的发展提供理论支持和决策指导。

优秀奖论文

双向思考我国培养拔尖创新人才的机制

李　建* 程　曙**

摘　要

党的二十届三中全会号召全面建成社会主义现代化强国、全面推进中华民族伟大复兴，而要实现这一目标必须培养并选拔出创新和拔尖人才。当前中国科研体系本身还存在一些问题，致使中国培养的一些顶尖人才流失海外。因此，国家应改革高校科研体系，在短期内发展出一批世界顶级大学，扶持中文期刊成为世界顶级期刊，在自然和社科领域将中国奖项发展为世界级奖项，不拘一格发现和使用人才，吸引全球拔尖创新人才为中国现代化服务。

一、西方科技战激发了中国人科研创新的潜能

（一）培养拔尖创新人才于我国具有紧迫性

众所周知，中美科技战早已打响，美国在半导体等领域对我国"卡脖子"，光刻机等设备成了行业内多年的痛。因此，自主培养各行业的拔尖和创新人才具备强烈的紧迫性。

（二）中国人具备拔尖创新能力

目前，我国在载人航天、北斗导航、遥感探测等众多领域居全球领先地位。一是中国通过努力，在众多科技领域实现了反超。二是在"卡脖子"的领域（如半导体），虽然美国依然处于技术相对领先的地位，但中美之间的差距越来越小。三是在这些"卡脖子"领域，在美国的华裔科学家也起到了至关重要的作用。华人的智慧世所瞩目，说明在科技创新领域，中国人有着先天的优势，

---

* 李建，民盟江苏教育委员会委员，江苏经贸职业技术学院副教授。

** 程曙，民盟江苏教育委员会副主任，民盟江苏经贸支部主委，江苏经贸职业技术学院副教授。

再加上中国人的勤奋与努力，就一定能创造出世界一流的成就。

二、国内培养的一些拔尖创新人才流失海外

2023 年美国突破 1 纳米芯片技术，引发全球关注。众所周知，芯片技术在一定程度上代表了一个国家或地区的科技水平和实力，并且在过去的几年中，一直是美国对中国"卡脖子"的重要技术。但是，美国突破这项技术的研发者却是一个地地道道的华人，他本科毕业于北京大学微电子专业，在北大读书期间就表现出卓越的研究能力，只不过，现时的青年才俊已经加入美国籍，以后再也不可能为母国服务了。据不完全统计，在美国硅谷约有 25 万华人芯片工程师，约 2 万人毕业于清华大学和北京大学，约 3 万人加入了美国籍。美国科学家总量约 12 万人，其中约 6 万为亚裔，约 3 万为中国人。他们之所以在美国工作，绝大多数不是不爱国，而是出于以下原因。

（一）国内默认出国留学是最佳人生路径之一

在各类国际高校排名中，美国以及西方高校均处于绝对优势，且长期霸榜前十的位置。以国内非常著名的高校南京大学为例，其全球排名在 150 名左右，而优秀学生想要在国内考进或者保送进南大这样的高校是非常困难的，但是申请国外院校时，通常可以申请到全球排名前 100 甚至是前 50 的高校。

（二）客观上国外直博和硕士项目更具优势

国外高校允许本科生直接读博，即使读硕士，其学制很短，相较于国内的二年半而言，英国一年期学制显然更具优势，且美国等西方国家的直博项目通常提供较丰厚的全奖，这就意味着个人不需要付出太多的金钱，就可以在国外完成博士期间的研究。

（三）国内知名高校非常看重教师的海外研修经历

某些国内知名高校在录用新进教师或者职称评定时，把海外研学经历作为一个硬指标，也就是说，如果没有海外经历，即便本事再大也不能作为人才引进或提拔。

（四）纯英文国际顶刊代表科研工作者最高成就

目前国内高校改革的风向标之一是全英文授课，其师资力量大部分有海外留学和工作经历。主要原因是全球最优质科研成果的呈现方式为英文，国际顶刊如《科学》《自然》《细胞》等全部为英文刊物。国内学者一旦在这些顶刊上发表了文章，不仅是个人在学术方面至高无上的荣誉，也有益于所在高校的国际国内排名。

（五）中介机构推波助澜

由于中外高等教育存在一些差距，因此在国内竞争激烈的今天，很多学子把目光瞄向海外高校。据初步调查，中学生出国留学全部通过中介机构，大学生出国留学一半以上通过中介。留学中介收费高昂，这些费用包括申请费、学习和职业生涯规划费（包括专业选择、实习项目选择、未来职业发展规划等）、包装费（学术成果展示、奖项获取、重要经历等）、文书撰写费用（专门针对海外高校的申请文书以及与教授套磁的信函等）、语言培训费用（SAT、托福、雅思、GRE、GMAT等）。值得注意的是，几乎所有中介在对孩子的规划中都特别强调，到了目标国家怎么留下来。换言之，这些优秀学子到了国外后不再回来，除了看到了国外的先进并习惯了那里的生活之外，在国内被洗脑最深的环节就是在与中介沟通的半年到三年当中。譬如一个高三的学生准备出国留学，他通常在高一开始阶段就选定了中介机构，通过三年的磨合洗脑，该生一旦出国，毕业后的主要目标就是留在国外就业了。这是因为对中介机构而言，能把学生送出国并且留在目标国才是他们的业绩。对于某些中学来说，他们通常把出国的学生等同于考进国内的 985 或者 211 大学，尤其是一些外国语学校更是如此。因此，学校也乐于与中介合作把学生送到国外，有些外国语学校出国比例达三成以上，与海外联办的双语学校出国比例更高，这是因为他们的教学体系是按照西方来的，根本不适应高考，出国成了唯一的选择。

（六）西方科研环境相对宽松

一方面，美国等西方发达国家科研环境相对比较宽松，年轻博士毕业后找到工作，可以按照自己的兴趣建立实验室，发展自己的科研，也可以选择融入到某个科研团队中去。以高校为例，美国高校招聘博士一般一个萝卜一个坑，没有特殊原因一般不会遭到辞退。国内很多高校招聘时很卷，进入高校后依然很卷，非升即走，年轻博士生存唯艰，遑论发展。国内高校对年轻人考核力度大，通常二至三年为考核期，要求发表若干论文，主持若干高级别课题，如果完不成则会有较严重的后果。而国外高校的考核力度相对宽松，虽然也有解聘，但相对较少，压力小多了。另一方面，国内高校目前还处于追赶西方的阶段，高校的治理结构、经费保障和使用效率、科研环境等方面与西方顶尖高校相比还存在一些差距。

三、我国对拔尖和创新人才缺乏科学的选拔机制

（一）以陆家羲为代表的一批天才曾被埋没

陆家羲的巨大成就已经为世人所知，死后追授他国家自然科学一等奖，但他生前一直是一个中学老师，除了沉重的上课压力，他还有更加沉重的生活压力，他生前为参加在武汉举办的一次学术会议竟然借了 500 元的路费。他的科研环境极其糟糕，甚至可以说他完全不具备任何科研环境，因为他连自己和家人的温饱问题都难以解决。但即便在如此恶劣的环境下，他依然取得了伟大的成就。说他被埋没，还因为他的投稿根本未被国内期刊采用，他的成就是在被国际数学界顶刊发表后才被世界所知，经外国人的介绍中国专家才知道了有陆家羲这样一号人物。中国有 14 亿人口，即便按照很低的比例来算，在中国出现一些天才级人物的可能性也是非常大的，但是这些人物怎样被发掘出来是我们必须要考虑的问题。

（二）我国曾经拥有不拘一格的用人机制

曾经，我国高校是可以不拘一格录用人才的，华罗庚的数学天赋被发现时其学历仅是初中毕业，被清华大学破格录用为图书管理员，后在清华大学任教。再比如，两弹一星功勋钱伟长、历史学家吴晗、著名作家钱钟书等都是在严重偏科的情况下被清华大学破格录取，但现在不可能了，按照目前的教育体系标准，上述名人几无一人可被清华大学录取。

四、建议

（一）建立一套数字化伯乐系统

千里马常有，而伯乐不常有。拔尖创新人才常有，但是不被世人赏识也常有。因此，国家应建立一个数字化伯乐系统，一是允许拔尖创新人才毛遂自荐，二是允许群众举荐。群众的眼睛是雪亮的，14 亿人绝对不会放过一个千里马。

（二）借鉴西方标准打造世界一流大学

中国顶尖人才外流的现象非常严重，但外流人才几乎都有一个共同点：那就是曾有留学经历，然后留在海外发展。如果在短期内把中国高校培育出一大批世界一流大学的模样，人才自然就留在国内发展，而无须出国了。要想打造世界一流学府，有三件事必做：一是打破国内高校的官僚体系，使之成为一个真正的科研象牙塔。二是改革目前国内低效的科研体系。三是培养中国自己的世界级大师。其实做到上述这些看起来很难，实际上并不难，在坚持党的领导

和社会主义道路的基础上，把西方一流大学成功的经验移植到中国，一大批世界一流高校会很快涌现出来。

（三）不拘一格使用人才

在尊重人才自身意愿的基础上，国家应为拔尖创新人才提供能施展其能力的舞台。比如，笔者曾发现有人可以在极短时间内完成各种类型的全地形车的发明创造，这种天赋如果用在军工领域，肯定能够前途无量。如果军方与其合作，可以采用以下几种形式。一是直接任命其为某车型开发的总工程师。二是帮助其申报各项专利，专利权归其本人，但使用权必须由军方支配。三是军方提供资金和各项实验器材，由他本人专事研发，成果由军方与他共享。

（四）努力打造中文世界顶级期刊

中国的学者发表论文应优先选择中文期刊，我国也应该从战略上思考，如何使中文期刊在十数年内发展成为世界级顶刊，当中文顶刊能替代 CNS 三项顶刊时，就说明中国已经名副其实地成为世界顶尖科研强国。

（五）将中国奖项发展成为世界顶级奖项

当中国颁发的某些奖项在荣誉上完全替代诺贝尔等奖项时，全世界的科学家都会以到中国工作为荣，那时国内的人才不会出去，全球最顶级的人才纷纷往中国来，中国的拔尖创新人才的工作自然完成。做到这些并不难，每年花费数千万美元即可做到，只要将某些已经具备影响力的大赛最高奖金调高到百万美元以上，或者重新开始在文学、数学、物理、化学等领域设计某些奖项，由中国科学院、中国社会科学院和中国工程院等统筹，评定标准客观，达成全球最高影响力可以在数年内完成，这是最廉价也是最快捷的方式。

（六）对高校和中介机构提出留学生回国报效的比例要求

无论对高校还是中介机构，均以若干年后留学生回国报效比例视同其工作成效，以此决定给予其多少拨款，或者作为中介是否继续开办的重要理由。相信华人学者回国的比例一定会有大幅提高。

厚植拔尖创新人才培养沃土
打造一流的育人生态

孙 洁* 刘 楠*

摘 要

当前，我国原始创新能力还相对较弱，一些关键核心技术受制于人，顶尖科技创新人才不足。进一步加大科技创新力度，培育一流科技人才，全面提升科技竞争力，成为我国日益紧迫的任务。本文建议，厚植拔尖创新人才培养沃土，构建拔尖创新人才自主培养体系，树立科学的教育发展观、选人用人观，坚决破除一切制约教育高质量发展的思想观念束缚和体制机制弊端，打造一流的育人生态。

党的二十大报告首次将教育、科技、人才"三位一体"部署，并提出"坚持为党育人、为国育才，全面提高人才自主培养质量，着力造就拔尖创新人才"。党的二十大三中全会提出，教育、科技、人才是中国式现代化的基础性、战略性支撑。必须深入实施科教兴国战略、人才强国战略、创新驱动发展战略，统筹推进教育科技人才体制机制一体改革，健全新型举国体制，提升国家创新体系整体效能。我们清醒地认识到，综合国力竞争说到底是人才竞争。人才自主培养的明确要求充分彰显了党对教育、科技、人才工作的坚定决心和坚强信心。当前，党和国家对科学知识和卓越人才的渴求比以往任何时候都更加强烈，拔尖创新人才自主培养的重要性和紧迫性日益凸显。

---

* 孙洁，九三学社社员，九三学社徐州市委会组宣部部长。
* 刘楠，九三学社徐州市委会社员。

人才是经济社会发展的第一资源，是社会文明进步、人民富裕幸福、国家繁荣昌盛的重要推动力量，是决定各项事业发展的关键因素。以徐州为例，徐州市始终坚持"人才是第一资源"发展理念，深入实施人才强市战略，统筹各类资源，围绕产业发展和科技创新，坚持"相马"和"赛马"相结合，大力推行"拨投结合""揭榜挂帅"工作机制，加快引育"顶天立地"的高层次人才，培育壮大"铺天盖地"的高技能人才，积极引导高校围绕徐州产业发展方向培养人才，切实提高人才供给匹配度。不仅是徐州，全国各地都在不断重视人才工作。要想建成人才强国，除了增强"输血"能力，更要增强自主"造血"能力。必须高举中国特色社会主义伟大旗帜，大力实施科教兴国和人才强国战略，坚持党管人才原则，贯彻服务发展、人才优先、以用为本、整合各类创新资源，推动创新链、产业链、人才链、政策链、资金链五链融合，形成覆盖创新创业全生命周期的生态系统。通过做强人才链，引领并支撑创新链和产业链深度融合，跨越基础研究与产业转化之间的壁垒。要不断提升人才自主培养能力，为地方发展提供源源不绝的人才和智力支撑。用"干货满满"的硬核举措集聚人才，形成"万马奔腾"之势。

一、党委和政府应高度重视人才工作

（一）以政策突破带动体制机制创新

建立党委、政府抓人才工作目标责任制，建立健全抓落实的工作机制。形成完善的监测、评估和考核机制，促进人才规划各项任务落到实处。创新是民族进步的动力，是时代发展的源泉。坚持用创新的思路和办法做好人才工作，就要着眼于实际，面向长远。一要坚持深化改革。坚决破除不适应发展要求的体制机制障碍，为人才营造宽松健康的成长环境。二要坚持大胆创新。鼓励创造，宽容失败，使一切创新想法得到尊重、一切创新举措得到支持、一切创新才能得到发挥、一切创新成果得到肯定。三要将人才工作纳入本地区经济社会发展的总体布局，把党管人才原则体现到人才工作的各个方面。四要建立衔接配套的全国人才规划体系，各地都应制定本地人才发展规划，实施急需紧缺人才支持计划、产业链人才攻坚计划，大力引进高层次人才和创新团队。五要创新人才发展体制机制，不断完善各类人才培养、评价、选拔、使用、流动、激励机制和育才、引才、聚才、用才的政策体系。六要建立健全工作机构，构建服务能力强、监督机制全、体现公平正义的人力资源管理和服务体系。七要加大人才建设投入力度，逐步建立多元人才投入结构体系。全社会都要关心爱护人才，努力营造有利于各类优秀人才脱颖而出的良好环境。

（二）大力建设高能级平台载体，悉心育才

深入实施人才强国战略关键在于培育和造就各类人才，发挥好人才的基础性、战略性支撑作用，以源源不断的人才供给为经济社会高质量发展注入澎湃动能。聚焦创新产业集群和数字经济、双碳等重点领域，整合职业教育资源，深化职业教育改革，推进产教融合、校企合作，开展订单式培养、套餐式培训，提升培训质效。大力引进国际国内顶级证书和一流资质培训项目，与企业合作共建数字技能人才培训中心，因地制宜地探索技能人才培养"地方模式"。打造地方职业技能大赛品牌，形成学技术、练技术、用技术的良好氛围。

（三）建立长效机制，做好服务，真心爱才

人才是国家的战略资源，各级党委和政府要把人才工作摆在突出位置，为人才的成长做好服务。抓引育结合，精准链接全球一流人才。一要大胆使用和吸引人才。加强对拔尖创新人才、急需紧缺人才、战略性后备人才培养的支持力度。大胆引进和使用海外高水平拔尖人才，鼓励海外留学人员回国工作、创业或以多种方式为国家发展服务。充分发挥国内人才的作用，调动他们的积极性。二要加大人才发展资金投入。建立健全政府、用人单位、个人和社会多元化的人才发展投入机制，大幅增加人力资本投资比重。三要关心和爱护人才。努力营造尊重知识、尊重人才、尊重劳动、尊重创造的氛围。鼓励创新、探索和超越，提倡"百花齐放、百家争鸣"，倡导独立思考、追求真理，宽容失败。关心和改善人才的生活条件，解决好他们在住房、医疗、就业、子女教育、社保等方面的实际问题。

二、学校应重视教育阶段的基础育才工作

（一）积极构建有利于拔尖创新人才脱颖而出的选拔机制

在中学阶段早发掘、善遴选、优培育创新人才的种子是培养拔尖创新人才的基础。学校要善于保护学生对科学的好奇心和科技创新的探究心。加强学科知识链条储备建设，重视发散思维、创新意识的培养和锻造。同时，充分发挥高等教育的龙头作用，实施高等教育综合改革试点。高校需要对专业和学科建设前瞻谋划，优化设置学科专业，持续加强基础学科、新兴学科、交叉学科人才培养。职业教育也要提升劳动者的就业能力，培育适合新质生产力发展的技能型人才。高等院校要统筹推进国家和地方拔尖创新人才自主培养政策，形成政策效能的协同性。各类院校要更好地发挥人才"蓄水池"的功能，瞄准国家高精尖缺领域，尤其是人工智能、先进制造、集成电路、空天科技等方向，加快培育国家战略人才力量，提高人力资源总量，优化结构和质量，更好地适应新质生产力的发展要求。

（二）作好拔尖创新人才的需求预测

对拔尖学生的选拔、培养、评价实行一体化管理。合理设计"小范围、精细化、高匹配"的针对性培养方案与招生方案，做好拔尖创新人才的本研贯通培养。针对培养国家高层次紧缺人才的相关专业，适当扩大具有本研贯通培养权限的高校范围，强化高校培养拔尖创新人才的主体责任。学校要积极改革拔尖创新人才的学业评价体系，不断推进人才培养机制和人才评价机制的优化，探索多元综合创新评价，让部分学业成绩一般但学术潜能突出的学生也能得到深造的机会。

（三）构建引领性顶尖师资队伍

教育部门出台相关从业教师的专业标准，由国家重点院校、师范类院校具体实施拔尖创新人才教育的师资储备和能力提升。为有潜力的学生或青年研究人员提供学术发展指导和生涯辅导，给予长期稳定的资源保障和社会支持。

三、鼓励社会各界积极参与，形成支撑拔尖创新人才培养的全社会组织体系

（一）抓体系建设，强化科创平台支撑

依托地方科教资源和产业基础禀赋，发挥高校人才培养主阵地作用、企业承载创新人才主体作用、重大人才工程牵引作用，以学科融合培养研究型人才、以产教融合培养应用型人才，全面提升人才供给自主可控能力。一要给予科研人员更大的技术路线决定权、更大的经费支配权、更大的资源调度权；二要充分利用社会优质公共教育资源，从课程、师资等方面为特长学生发展特殊潜能提供更加丰富的教育资源。比如，鼓励少年宫、博物馆、图书馆等公共服务机构开设"创新班"，进行各学科以及领导力、艺术等领域的深度学习体验。

（二）加强行业育人功能

充分利用科技企业的研发团队、实验室、博士后工作站的育人功能，通过深化产教研融合、加强校企合作等培养模式，为拔尖创新人才培养提供更多的学术资源和实践平台。

（三）做好研究保障

通过加强拔尖创新人才培养的学术研究，为拔尖创新人才培养的政策制定、生源选拔、教学设计等教育实践提供理论指导，保障拔尖创新教育的蓬勃发展。

地方要想加快形成站在国际科技前沿、引领科技自主创新、支撑高水平科技自立自强的优秀青年科技人才队伍，必须使其各成员单位牢固树立"一盘棋"意识，努力形成高效协同的工作局面。要锚定科技、教育、人才"三位一体"主轴主线，精准施策、靶向发力，为培育发展新质生产力提供人才支撑。厚植拔尖创新人才培养沃土，打造一流的育人生态。

大力发展职业教育　促进高技能人才自主培养

关　蕙*

摘　要

高技能人才是我国人才队伍的重要组成部分，是企业竞争力和国家竞争力的重要体现。大力发展职业技能教育，无疑是加速高技能人才培养的有效途径。这需要政府、企业和社会的共同努力。政府应加大对职业技能教育的投入力度，完善职业技能教育的政策法规，为职业技能教育的发展创造良好的环境。企业应积极参与职业技能教育，提供实习岗位和技术支持，与职业院校共同培养高技能人才。社会应树立正确的人才观，尊重技能人才，提高技能人才的社会地位和待遇。

近年来，根据《国家中长期人才发展规划纲要》提出的"开发和利用国内两种人才资源，以高层次人才、高技能人才为重点统筹推进各类人才队伍建设"的要求，对江苏省部分国有及国有控股企业、外商投资企业和民营企业的高技能人才需求情况，以及职业院校、社会培训机构开展高技能人才培训情况进行了调研。调研结果显示，江苏省高技能人才的供需矛盾十分突出。一方面，随着传统产业改造升级和新产业迅速发展，大批低技能就业岗位日益转化为高技术含量的岗位，急需造就一大批能够解决生产实践中关键工艺的操作技术和难题的高技能人才，以满足推进技术创新和实现科技成果转化的客观需求。另一方面，高技能人才结构不合理，总量严重不足，培养速度缓慢，难以满足企业

---

* 关蕙，南京市政协委员，民盟南京市委会委员、民盟南京市教育专委会副主任，南京技师学院智能制造系副主任、教授级高级讲师。

的需求。

一、高技能人才现状、需求与分析

（一）高技能人才在企业技术创新过程中发挥的不可替代的作用已经显现，越来越多的企业呼唤高技能人才

高技能人才是我国人才队伍的重要组成部分，也是企业竞争力和国家竞争力的重要体现。在调研中企业一致认为，企业面临的竞争很大程度上就是技术的竞争，而高技能人才在生产第一线，具有高超的操作技能，能够解决生产实践中关键工艺的操作技术和难题，是促进企业技术创新和可持续发展的重要支撑，是推动企业实现科技成果向生产力转化不可缺少的重要力量。如南钢集团王金荣和夏方顺两位技师凭着多年积累的焊工、钳工、铆工等丰富经验，为集团公司解决了许多技术难题，攻破了许多技术难关，提出了许多技改方案，避免了生产中的许多安全隐患，不仅保障了企业的安全生产，而且每年为集团公司增加了百万元的经济效益。

许多企业经营者反映，要生产出一流的产品，仅有一流的设计是不够的，还要有一流的高技能人才，这样才能完美实现先进的设计方案。因此，各大中型企业均注重发挥高技能人才技术带头人作用，鼓励高技能人才在实践中勇于开拓、改革创新。如熊猫集团成立了技师俱乐部，定期带领大家开展技术交流、技术攻关、技能培训、技能比武、技师考核、技师评定、技师带徒等工作。从实际的效果来看，技师团队发挥的作用并不亚于高级管理人员团队和高级工程技术与设计人员团队。

（二）高技能人才总量不足、结构不合理，培养通道不畅、培训进程缓慢，与企业的需求有相当的距离

高技能人才总量严重不足，制造业技能人才结构严重失调。高技能人才培养的任务严重依赖技工院校，而其他培养通道不畅，培训进程过于缓慢。目前江苏高技能人才培养渠道主要依托以下四个方面。

1. 企业职工培训中心

企业职工培训中心并非专门的教育机构，其职能仅针对本企业的产业特征，对某一专业工种开展高技能人才培训或"名师带徒"培训。这一形式的培训特点是：培训层次高、培训质量好、专业特色鲜明，但只服务于本企业，不对社会开展培训服务，培训规模相对较小。

2. 职业技能院校

职业技能院校是培养以大专学历为起点、以传统教学模式为手段的高等院校。近几年随着办学模式的改革，部分高等院校的专业结构逐步向制造业方向调整，参与了高技能人才的培养，但数量极少，根本无法满足市场对高技能人才培养的要求。

3. 社会培训机构

社会培训机构由于办学规模小、专业单一、设备简陋、师资力量不足，无法达到开展高技能人才培养的要求。

二、大力发展职业技能教育是加速高技能人才培养的最直接、最有效的途径

职业技能教育以培养实用型、技能型人才为目标，具有针对性强、实践性突出的特点。它能够紧密结合市场需求，为高技能人才提供专业的技能培训和实践机会。一方面，职业技能教育拥有先进的教学设施和实训基地。学生可以在真实的工作环境中进行实践操作，提高自己的动手能力和解决问题的能力。同时，职业技能教育注重与企业的合作，邀请企业技术骨干担任兼职教师，为学生传授最新的行业知识和技能。这种校企合作的模式，不仅为学生提供了实习和就业的机会，也为企业培养了符合需求的高技能人才。另一方面，职业技能教育注重课程设置的实用性和针对性。根据不同的专业领域和市场需求，设置相应的课程体系。课程内容涵盖专业理论知识、实践技能训练、职业素养培养等方面，全面提升学生的综合素质。此外，职业技能教育还积极开展创新创业教育，培养学生的创新意识和创业能力，为学生的未来发展提供更多的可能性。调研数据显示，江苏每年培养的高技能人才有近80%来自职业技能院校，巩固和发展职业技能教育，是推进高技能人才队伍建设的明智选择。

（一）建立多功能办学体系

积极拓展培训功能，广泛开展退役士兵、高校大学生、失业人员等各类人员的培训。同时，职业技能院校要不断强化社会服务功能，完善培训、鉴定、评价和就业指导服务体系与综合性办学功能，建立高技能人才培训基地、职业技能鉴定机构、就业指导机构、社会化培训机构。

（二）优化专业结构

围绕江苏省汽车、城轨、制造业、信息技术和重化工等支柱产业，加大传统专业的更新和支柱产业专业的建设，促进培养目标与产业发展对高技能人才的需求相衔接。

（三）强化校企合作

坚持"服务企业、服务就业"的办学特色，促进职业技能院校的专业设置、教学内容、办学成果回归企业。充分体现职业技能院校保障毕业生充分就业和稳定就业的办学宗旨和办学特色。

三、推进职业技能教育快速发展的主要措施

（一）把职业技能教育放在重要位置加以重视

巩固和发展职业技能院校在高技能人才培养中的重要地位，在政策上、经费上给予全方位的扶持，促进职业技能教育快速发展。同时，提高社会认可度加强宣传引导，通过各种媒体渠道，广泛宣传职业技能教育的重要性和优势，改变社会对职业技能教育的偏见。制定相关政策，提高职业技能人才的工资待遇、社会地位和职业发展空间，吸引更多的人选择职业技能教育。组织开展各类职业技能竞赛，展示职业技能人才的风采和实力，提高职业技能教育的社会影响力。

（二）完善职业技能院校监管办法，保障职业技能院校持续、稳定发展

依法治教，规范职业技能教育办学行为。一是要强化教学质量监管。建立严格的课程评估体系，定期对教学内容、教学方法和教学效果进行考核，确保学生真正学到实用技能。二是加强师资队伍建设的监管，要求教师不仅要具备专业知识，更要有丰富的实践经验和良好的教学能力。三是要制定规范的学生行为准则，加强对学生学习和生活的日常管理。关注学生的心理健康，提供必要的心理辅导服务。四是要严格监管院校设备设施的维护与更新情况。确保实训场地、教学设备等满足教学需求，为学生提供良好的学习环境。五是要加强对职业技能院校财务状况的监管。确保资金使用合理、透明，防止出现财务风险。通过完善职业技能院校监管办法，为职业技能院校的持续稳定发展保驾护航，为社会培养更多的高素质技能型人才。

（三）保障职业教育的公平性

职业技能教育在高技能人才培养过程中发挥了其他教育形式所无法替代的作用。因此，政府及相关部门应把包括技工教育在内的职业技能院校纳入国民职业教育体系，在落实教师待遇、办学用地、校办产业以及税收等方面给予同等待遇。

（四）加大职业技能院校办学经费投入

统筹或部分统筹职工教育培训经费，专项用于校企合作、师资培养、专业建设及办学环境建设，改善办学条件，提高办学能力，鼓励职业技能院校为企业培养更多的高技能人才，鼓励企业积极开展职工技能提升培训。《国家中长期人才发展规划》规定了高技能人才的结构要求，仅依赖于现有的培训资源是不够的，因此，加快推进职业技能教育发展是实现江苏人才发展规划的必要举措，更是创新型高技能人才自主培养的重要保障。

瞄准新质生产力，以产学研深度融合为抓手，培养自主创新人才的几点建议

刘建新*　王孝勇**

摘　要

新质生产力能否加快形成的关键在于高校能否培养大批具备自主技术创新精神和实践能力的高素质人才。高校应打破校内外壁垒，以国家产业发展方向为基点，市场为导向，找准产学研融合点；应打破校内学科壁垒，创新专业方向，建立前沿新兴学科、交叉学科研究平台；应打破校企之间的壁垒，深化人才培养模式改革，教学直面生产实践中的"真问题"，突出培养学生实践创新精神和能力。

2023年9月8日，习近平总书记在黑龙江考察时第一次明确提出了"新质生产力"这一概念，强调"整合科技创新资源，引领发展战略性新兴产业和未来产业，加快形成新质生产力"。新质生产力能否加快形成，关键在于能否自主技术创新。而高校是国家技术创新的主阵地。党的十八大以来（数据截至2022年），高校获得了60%以上的国家科技三大奖项，其中国家科技进步特等奖2项，国家技术发明一等奖10项（总共11项）；承担了全国60%以上的基础研究、80%以上的国家自然科学基金项目；专利授权量增幅达到346.4%，授权率从65.1%提高到83.9%，专利转化金额增幅接近10倍。同时高校也是高素质人才培养的主阵地。而自主创新必须紧紧依靠高素质人才。党的二十届三中

---

　*　刘建新，江苏省政协委员，民盟南京工程学院委员会主委，南京工程学院图书馆馆长，教授。
　**　王孝勇，民盟南京工程学院委员会副主委，南京工程学院教授。

全会审议通过的《中共中央关于进一步全面深化改革 推进中国式现代化的决定》（以下简称《决定》）明确指出：优化高等教育布局，加快建设中国特色、世界一流大学和优势学科，分类推进高校改革，建立科技发展、国家战略需求牵引的学科设置调整机制和人才培养模式，超常布局急需学科专业，加强基础学科、新兴学科、交叉学科建设和拔尖人才培养，着力加强创新能力培养。而产学研合作是实现科技自主创新和培养自主创新人才的重要平台和途径。因此，习近平总书记强调，要"加快实施创新驱动发展战略，推动产学研深度合作"。对于高校而言，当前以及今后一段时期，瞄准新质生产力，以产学研深度融合为抓手，培养自主创新人才应从以下几个方面着手。

一、打破校内校外壁垒，以国家产业发展方向为基点，市场为导向，找准产学研融合点

高校要紧抓国家重大战略机遇，以学校相关优势学科资源为基础，国家产业发展方向为基点，市场为导向，找准产学研融合点，把教育优势与产业发展方向紧密结合起来，积极打造服务国家重大战略的先行区、新兴交叉学科的先试区和拔尖创新人才培养的示范区。企业是创新主体，高校应紧紧围绕企业现实需求和潜在需求，主动开展技术创新，开展高素质人才的培养。习近平总书记强调，要"强化企业主体地位，推进创新链、产业链、资金链、人才链深度融合"。《决定》明确指出，强化企业科技创新主体地位，建立培育并壮大科技领军企业机制，加强企业主导的产学研深度融合，建立企业研发准备金制度，支持企业主动牵头或参与国家科技攻关任务。之所以强调"强化企业主体地位"，是因为企业对国家产业发展方向、市场技术需求，最敏感、最渴望，对需要什么样的高素质人才也最清楚。目前，企业对研发的投入越来越重视，技术设备往往也较先进。作为高校，应与企业技术需求紧密对接，和企业共同展开技术合作，联合产业教授、产业导师，结合新问题、新情境、新发展要求共同制定创新人才培养方案。政府应出台如金融优惠、税收减免等政策积极支持高校和企业产学研深度融合。《决定》指出，鼓励科技型中小企业加大研发投入，提高研发费用加计扣除比例。鼓励和引导高校、科研院所按照先使用后付费方式把科技成果许可给中小微企业使用。政府应支持相关中介组织建设信息共享服务平台、技术交易平台，提供政策咨询、技术转让、专业评估、风险投资等方面的服务。

二、打破高校内部学科壁垒，创新专业方向，建立前沿新兴学科、交叉学科研究平台

一方面，高校应按照新技术、新经济、新业态的发展要求，突破原有学科壁垒设置相关专业，按照新质生产力发展要求，创新专业方向，优化课程体系，更新教学内容，同时积极建立前沿新兴学科、交叉学科研究平台。一是按照企业对创新型人才的需求，整体优化课程体系，加强教师对相关知识、技能的培训，突出对"AI"等课程的设置，教会学生如何持续学习、终身学习，如何持续获得新知识，掌握新方法。二是通过产学研的深度融合，使教学内容紧跟经济社会发展大势和技术与产业新动态，保持前沿性，使教授的知识内容快速更新。三是建立前沿新兴学科、跨学科科研平台，打破学科壁垒，促进知识的交叉融合，培养具备前沿新兴学科、多学科背景和创新思维的复合型人才，为社会的可持续发展提供强有力的智力支撑。另一方面，高校应打破传统的学科界限和思维模式，根据新质生产力发展要求，以国家战略支点、科技前沿、行业产业变革等需求为导向，自主寻求结合点，调整学科布局，优化资源配置，为前沿新兴学科、跨学科研究提供有力的支持和保障。一要组建前沿新兴学科、跨学科综合集成的国家（省级）实验室研究团队。这些团队和机构不但可以汇聚本校不同学科领域的优秀人才，而且可以把外校乃至科研院所、企业的优秀人才吸引进来，甚至可以采用灵活多样的形式引进海外相关人才加盟团队，共同开展新兴学科、跨学科研究。二要建立以创新能力、质量、实效、贡献为导向的人才评价体系。打通高校、科研院所和企业人才交流通道。当前力求在人工智能、大数据、医药生物、新材料、航天工程等领域取得重大突破。三要创设跨学科研究平台及跨学科教育平台。高校可选拔一批优秀本科生、研究生进入这些平台从事科研辅助工作，将人才培养与科技创新有机结合，将最新科技成果迅速转化为教学内容，第一时间带进课堂，为学生接触学科和产业前沿、开展科研实践创造条件，有力促进拔尖创新人才培养。四要不断完善前沿新兴学科、跨学科平台的运行机制和管理制度，按照《决定》要求，保障科研人员专心科研，加强跨学科研究的指导和支持，为跨学科研究提供良好的环境和条件。

三、打破校企之间的壁垒，深化产学研人才培养模式改革，教学直面生产实践中的"真问题"，突出实践创新素养提升

高校、企业和科研机构应积极合作搭建高水平实习实训基地，共同打造创新型人才培养的实践平台。高校在高素质人才培养中发挥着基础性作用，在打好大学生综合素质基础上，应着力提升其创新素养。而大学生需要什么样的创新素养是由企业的创新需求决定的。通过实践技能训练培养学生创新能力与创新精神是高水平大学的共同特点。一是高校要充分发挥产业教授、产业导师在人才培养中的作用，通过聘请产业教授、产业导师走进课堂，激发学生参与实践教学的热情。二是高校应实行学生实习教学双导师制。在校内老师担任实习指导老师的同时，聘请产业教授、产业导师担任学生实习指导教师。校内导师要深入生产实践一线，了解生产实践中的"真问题"，校外导师要走入高校课堂，了解实际教学过程、学生的知识掌握情况及其思维方法。三是建立校内导师和校外导师密切联系机制，两者共同制订实践教学大纲、教学计划以及教学方案。实践教学着力培养学生创新精神和技术创新能力以及解决复杂工程问题的能力，实践过程中将学生置身于真实生产过程中或模拟仿真的情境之中，直面生产实践中的"真问题"。校内实习指导老师在指导实践教学过程中，力求将科学家精神、企业家精神、工匠精神等融入指导过程中，主要培养学生自我学习的态度、问题意识以及独立思辨的能力。产业教授、产业导师等企业指导教师主要培养学生直接解决具体问题的能力。在此基础上，建立完善适应产业发展需求、企业发展需要的教育学习体系与技术技能培训体系，按照《决定》要求，着力培养造就战略科学家、一流科技领军人才和创新团队，着力培养造就卓越工程师、大国工匠、高技能人才，提高各类人才素质。

　　总之，高校只有瞄准新质生产力，努力推进产学研深度融合，才能不断完善自主创新人才培养机制，不断培养出既掌握新技术又了解行业产业实际运作及发展方向的高科技自主复合型人才。

关于职业教育为发展新质生产力培养创新型技术技能人才的建议

缪朝东[*]

摘　　要

加速推动中国式现代化建设，要大力发展新质生产力，必须有创新型技术技能人才支撑，才能有效解决新质生产力在不同区域的落地转化问题，直接为新质生产力贡献来自一线的成果和智慧，满足新质生产力对数字化生产的需求。职业教育培养创新型技术技能人才的关键点在于，以制度创新构筑人才成长的外部环境，以产教融合推进人才培养模式改革，以课程改革夯实人才培养的内容根基。

2023 年 9 月，习近平总书记在黑龙江考察调研期间首次提到发展新质生产力。中共二十大三中全会明确指出："当前和今后一个时期是以中国式现代化全面推进强国建设、民族复兴伟业的关键时期。"新时代新征程中，必须大力发展新质生产力，才能加速推动中国式现代化建设。发展新质生产力，除了需要原创性科研成果的突破，更需要科学向技术的转化及其产业化，以及来自生产服务一线的实用性创新。作为支撑我国产业转型和高质量发展的重要人才类型，具有创新能力的技术技能人才应是未来我国职业教育人才培养的重要目标。

一、创新型技术技能人才是发展新质生产力的重要人才支撑

新质生产力，"是以科技创新为主的生产力，是摆脱了传统增长路径、符合高质量发展要求的生产力，是数字时代更具融合性、更体现新内涵的生产力"。

---

* 缪朝东，宜兴市政协常务委员，民盟宜兴第三支部主委，宜兴高等职业技术学校三级教授。

新质生产力的特点是创新，具有创新思维和能力的技术技能人才，不仅能解决新质生产力的落地转化问题，更能凭借自身的智慧为生产力的飞跃式提升贡献力量。

（一）创新型技术技能人才能有效解决新质生产力在不同区域的落地转化问题

科技创新成果向生产服务和消费环节的转化，并不是一个从研究到应用的线性过程。在生产服务过程中，存在大量科学原理创新无法解决的区域性实践问题。相对于传统的技术技能人才，创新型技术技能人才的优势在于能够创造性地解决科研创新成果在落地转化中的特殊问题（原理性技术和外界环境的匹配与调试、复杂设备运行疑难故障的排除、先进工具与技术工人使用方法的优化组合等）。这些问题的解决方案，构成了新质生产力从构想—落地—普及的重要支撑。

（二）创新型技术技能人才能直接为新质生产力贡献来自一线的成果和智慧

除创造性地解决问题之外，创新型技术技能人才基于生产服务优化而形成的发明创造，同样也是新质生产力的重要组成部分。一方面，很多科技创新成果源于一线技术技能人才的灵感转化和启发。例如："抓斗大王"包起帆发明的"单索抓斗"技术、具有国际领先水平的"集装箱电子标签系统"等，都源于技术工人在码头卸货现场对生产安全问题和其他场景机械装置的观察与思考。另一方面，技术技能创新成果也可以转化为新质生产力。例如：变电设备高寒运行诊断技术、轨道客车钛合金转向架焊接技术均大幅提高了相应领域的生产效率和安全系数，这充分体现了新质生产力的创新性、先进性和高质量。

（三）创新型技术技能人才满足了新质生产力对数字化生产的需求

数字技术革命引发的生产力跃迁，是新质生产力的核心特征。随着数字技术的普及应用，传统生产模式正经历从低质低效、劳动密集型向高效率、低成本和技术密集型的转变。在数字化驱动的生产和服务流程中，劳动者需面对复杂的生产组织方式和技术组合，这对能处理复杂需求和问题情境的高素质技术技能人才提出了迫切需求。劳动者只有具备创新意识和能力，才能有效承载新质生产力所包含的前沿性与先进性要素，才能在激烈的国际竞争中长期保持自身的技术优势和市场转化优势，为企业和自身创造价值。

二、职业教育培养创新型技术技能人才的关键点

(一) 如何激发技术技能人才的创新意识和意愿

创新并不是与生俱来的能力，而是一种思考问题的方式和解决问题的独特方法论体系。对于职业教育而言，培养创新型技术技能人才，最重要的是如何转变学生固有的重复性思维，勇于对现实生产和服务中的疑难问题提出独创性见解、破坏性解决思路，并将其转化为创新行动。目前，职业教育专业人才培养的设计思路，缺少对学生创新意识和意愿的考量，创新创业课程的设置和去情境化实施，不能激发技术技能人才的创新意识和意愿。要从体验入手、从问题出发，让学生在认知层面感知创新的魅力和价值。

(二) 如何发挥产教融合促进技术创新的优势

技术技能人才的创新能力，源自个体在学校学习和工作场所学习的交替中形成的对问题的思考和实践行动的反思，创新灵感和要素会在不同情境的知识碰撞中螺旋上升，最终形成创造性解决实践问题、创造发明的能力。这就需要职业院校依靠产教融合、校企合作，通过挑战性问题的设计，以及反思性教学的实施，为学生的创新能力培养提供多元学习环境。但现有的校企合作人才培养，更强调学生对基础技能、成熟技术和操作方案的训练与掌握，学生缺乏对操作效果的反馈和对问题的深度思考，也难以获得对先进技术的感知。这意味着未来职业教育的校企合作更应在人才培养的理念上做出革新。

(三) 如何构建创新能力提升的课程体系

新质生产力要求的新型劳动者队伍，需要产业工人尽快转型升级为具有多维度知识结构、熟练掌握先进生产技术的新型劳动者。而知识结构和能力结构的革新，客观上需要职业院校课程体系在结构和内容方面的革新。这里的革新包括三个方面：一是建立课程内容的动态更新机制，让新技术、新工艺、新方法、新工具等及时进入课程；二是创新创业课程与专业课程的高质量融通，让学生在专业能力培养的基础上，形成基于职业情境的创新能力；三是要把创新能力作为学生的核心素养之一，构建以核心素养为核心的"同心圆式"课程体系，避免"模块堆积式"课程体系的低效率教学。

三、职业教育培养创新型技术技能人才的建议

(一) 以制度创新构筑支持创新型技术技能人才成长的外部环境

构筑创新型技术技能人才成长的制度环境，应从三类制度改革入手：一是

学制创新。很多大国工匠的成长历程都有一个鲜明的特点，即学习和工作是相互穿插和互动的。这种交替和互动的模式，非常有利于学习者带着问题学、有目地学习，从而提升学习的效果和动力。因此，可以尝试通过学校学习和企业工作穿插融合的方式，促进从固定学制到灵活学制的转变。二是激励制度创新。通过强化各级各类双创大赛中职业教育赛道的技术性，以及建立稳定的创新成果孵化制度等，形成鼓励学生从事技术技能型创新的展示平台和激励机制。三是提升专业目录制度的灵活性。建立"国家层面宽口径设置、地方层面灵活调整"的两级专业目录制度，允许地方层面及时将新技术、新工作纳入专业设置的范畴，提升专业目录适应新质生产力快速发展的适应力。

（二）以产教融合推进创新型技术技能人才培养的模式改革

创新型技术技能人才的培养需要高质量工学交替，因此应从以下两个方面推动以产教融合为保障、以工学交替为特色、以师徒学习为方法的创新人才培养模式改革。一是创新中国特色学徒制人才培养模式，重点开发和应用体现工作场所学习需求的企业师傅教学法，提高反思性教学在工作场所学习中的使用率。二是校企合作提炼和设计具有挑战性的学习项目。鼓励学校建立企业项目教育案例库，在引入企业真实项目的基础上，通过对项目的结构化改造，提升项目完成对学生创新思维的要求，引导学生用更多元的路径解决同一问题。

（三）以课程改革夯实创新型技术技能人才培养的内容根基

职业院校应通过课程体系和内容改革，为学生提供创新能力培养的内容库。一是学校应将大数据、人工智能等新质生产力核心技术转化为通识类课程，纳入学校公共选修课范畴，帮助学生了解新质生产力的内涵、形态和应用场景。二是教育行政部门应及时更新相关教学标准，将与新质生产力相关的技术、工艺等纳入内容标准之中，引导职业院校及时更新课程门类和内容。三是将独立设置的创新创业课程改造为专业双创课程，由专业教师和双创教师联合开发并承担教学，提升创新创业能力培养的专业性和情境性。

面向新文科建设
优化高校实践育人体系培养创新人才

曹　明[*]

摘　要

实践育人是思想政治教育体系的一个重要环节。受社会环境和教育理念的影响，高校文科专业实践育人的发展有待提高。本文认为高校文科专业实践育人存在实践教学制度体系不完善、实践育人师资队伍建设不足、学生参与和教师指导不充分以及缺乏与实践单位深度合作这四个方面的问题。本文提出从转变实践育人理念、构建高水平实验实践平台、推进研究型实践教学模式改革、优化实践教学评价制度、加强学生国际交流与合作、完善实践育人保障制度六个方面优化高校文科专业实践育人体系。

实践出真知，实践是创新的根本，培养拔尖创新人才必须通过"真刀实枪"的实践解决关键问题，从而为国家提供高水平的人才支撑。党的二十大报告强调，要着力培养拔尖创新人才。在高校新文科建设中，实践育人是一条关键路径，能够让学生提升解决复杂问题的能力、培养创新思维和探索精神、增强动手能力和实战经验、促进跨学科融合和综合素质提升以及形成良好的品德和职业素养。由于受到社会大环境以及一些教育理念的影响，高校存在不重视文科专业实践育人的现象。在新文科建设的背景下，高校亟须全面优化实践育人体系，切实提升创新人才培养。

---

　* 曹明，徐州市泉山区政协委员，民盟中国矿业大学委员会宣传委员，中国矿业大学公共管理学院系主任、副教授。

一、高校文科专业实践育人存在的不足

(一) 实践教学制度体系不完善

尽管高校在课程体系中安排了各种形式的实践教学课程，但因为缺乏完善的制度，导致实践教学随意性较大，难以保障实践教学的有效性和持续性。一是实践教学课程设置常缺乏统一规划和明确目标，难以形成有机整体。二是实施过程中缺乏标准化和规范化，各院系和专业在内容、形式和评价标准上差异显著，影响教学质量和教学管理。三是评估体系不健全、标准不明确、方式单一，评估结果缺乏反馈，难以准确评价和提升学生的实践能力和创新能力。四是资源配置不足，由于投入不足，设施、设备和经费等方面难以满足需求，影响评估工作的正常开展和持续改进。

(二) 实践育人师资队伍建设不足

实践教学指导教师是核心资源，但当前高校文科实践教学的师资队伍建设跟不上需要，教师培训和资金支持不足，影响了实践教学的质量。一是师资数量不足，尤其是具备实践教学经验的教师稀缺，导致许多高校无法为每门实践课程配备专门的指导教师，影响了教学质量。二是培训与发展机制不完善。高校在师资培训和职业发展方面投入不足，文科教师缺乏系统的培训和支持，难以有效开展实践教学活动。即使有意愿参与实践教学的教师，由于缺乏专业培训，也难以提高教学水平。三是激励机制缺乏，高校在教师考核和奖励机制上未给予实践教学足够重视，导致教师缺乏积极性和动力。实践教学工作量大且复杂，但没有科学合理的激励机制，影响教师的参与热情，整体教学效果受到影响。

(三) 学生参与和教师指导不充分

实践活动往往流于表面，学生缺乏深度参与和反思，教师的评价反馈和指导不足，影响实践育人效果。一是学生在实践活动中往往只是为了完成学分或任务而参与，缺乏实际的投入和主动性。这种形式化的参与不仅浪费了教育资源，也无法真正提高学生的实践能力和创新思维。二是学生在实践过程中缺乏深度的自我反思和总结，实践活动结束后，缺少对自身经历的系统回顾和思考，导致实践经验无法内化为能力。三是实践活动通常是阶段性的，学生在实践过程中缺乏持续的指导和支持。教师多重视事前和事后的指导，而在实践过程的跟进和支持较少，导致学生在遇到问题时无法及时得到帮助和指导，从而影响

了实践活动的深入开展和学生能力的全面提升。

（四）缺乏与实践单位的深度合作

实践教学需要依托社会组织或机构，但目前高校往往只是派出实习生，缺乏与实践单位的深度合作和互动，影响了实践教学的后续开展。一是合作深度有限。高校与社会实践单位的合作通常较为表面化，缺乏持续的合作机制，仅限于简单的"供需关系"，缺乏互动和反馈，难以实现多方共赢。二是资源共享不足。高校和实践单位之间未能充分共享资源，限制了合作的深度和效果，无法将理论知识和实践经验有效结合。三是双方需求不对等。高校更关注学生的学习与成长，而实践单位则更注重自身需求和效益，导致合作过程中容易出现目标偏离和资源分配不合理的问题。

二、优化高校文科专业实践育人体系的建议

（一）转变实践育人理念

新文科建设内涵要求高校文科专业实践育人应贯彻以学生为中心、理论与实践相结合、跨学科合作、服务社会的实践教学理念，助力培养具有创新能力、综合素质和社会责任感的优秀人才，适应新时代的发展需求。一是实践教学应以学生为主体，注重个性化发展，尊重学生的兴趣和需求，培养学生的自主学习能力和创新能力。二是强调理论与实践相结合，理论知识在实践中应用，通过实践活动加深对理论知识的理解和掌握。三是鼓励跨学科合作，培养学生的综合素质和跨领域解决问题的能力。四是实践教学应紧密结合社会需求，培养学生的社会责任感和服务意识，使他们在实践中更好地服务社会。

（二）构建高水平实验实践平台

高校应构建多层次的实验实践教学平台，注重硬件和软件的同步建设，建立以创新能力培养为主线的实验实践教学体系，提供丰富的实验课程和项目。一是建设校级、院系级、研究所级三个层次的大学生创新实践基地，提供开放式创新实践平台，注重学科交叉与融合，鼓励学生自主进行创新实验和项目研究。二是丰富实践项目，涵盖社会实践、专业实习、科研项目等方面，项目要具有挑战性和实践性，能锻炼学生的问题解决能力和创新思维。三是依托学科实验室优质资源，为学生开设学科体验课，让学生了解所学学科的研究内容和前沿问题，感受高水平教授的科学研究成果。四是与企业合作共建校内实训基地，使学生在模拟公司化的环境中进行实训，掌握完整的项目开发流程，提升职业意识和综合素质。

（三）推进研究型实践教学模式改革

优化高校文科专业实践育人体系的关键之一是推进研究型实践教学模式改革。一是推行探究式教学，以实践环节为纽带，融合科研与教学，构建探究型课堂教学平台，激励学生主动思考、发现问题、解决问题，通过探究式学习获取知识、训练思维、培养能力。二是鼓励项目化教学，推动跨学科整合，推动跨学科研究型实践项目，打破学科壁垒，促进不同专业学生间的合作，培养综合素质和跨领域解决问题的能力，鼓励文科专业与工程、科学、商业等学科合作，促进其创新思维和跨领域合作能力。三是建立导学模式，由学术导师和行业专家组成的多学科指导团队，提供全方位支持，提升研究深度和应用能力。四是完善目标导向，鼓励学生将研究成果应用于社会实践，推动科研成果转化，通过与企业和社会组织的合作，在实际项目中验证研究成果，提高应用能力和社会责任感。

（四）优化实践教学评价制度

实践教学评价制度是优化文科专业实践育人体系的动力机制。一是强化实践过程评价，采用多维度评估方式，结合学生的参与度、学习态度、创新思维和团队合作等方面进行综合评价，通过平时观察、定期检查和阶段性报告等方式动态掌握学生的实践表现，并建立及时反馈沟通机制，提供有针对性的指导和建议。二是建立科学的实践成果评价，采用多元化标准，不仅关注成果的完成度和质量，还应重视创新性和实际应用价值，成果应包括研究报告、项目展示、实物产品和应用效果等形式，同时引入同行评议机制，必要时邀请学术界和行业专家对学生的实践成果进行评审。三是完善激励机制，将指导教师成绩纳入岗位考核体系，对表现优异的学生给予奖学金、荣誉证书、推荐参加学术会议或行业竞赛等奖励。

（五）加强学生国际交流与合作

加强学生国际交流与合作对培养创新人才具有重要作用，也是新文科建设的内在要求。一是建立国际合作项目，与国际知名高校和研究机构建立合作关系，共同开展学术交流和科研项目，使学生接触到前沿的研究课题和方法，提升学术视野和研究能力。二是提供更多海外学习和实习的机会，如交换生项目、暑期学校和海外实习，通过国际化环境中的学习和实践，学生能够体验不同的文化和教育模式，培养全球视野和跨文化沟通能力。三是引进国际师资，邀请国际知名学者和行业专家来校讲学、授课或共同指导学生的研究项目，通过直接交流，学生可以学习到国际前沿知识和创新方法，提升学术水平和实践能力。四是鼓励和支持学生参加国际学术会议、工作坊和研讨会，展示自己的研究成果，与国际同行交流互动，通过国际学术交流活动，获取宝贵的反馈和建议，开拓研究视野，增强创新意识。

（六）完善实践育人的保障制度

保障制度建设是优化高校文科专业实践育人体系的基础。一是制定和完善实践教学的政策和制度，包括总体规划、项目审批流程和管理规范，明确各级管理部门和人员职责，确保实践教学有序开展。二是设立专项经费支持，用于购买设备和材料、支付导师和指导教师报酬、提供学生实习津贴，并积极争取政府、企业和社会组织的资金支持。三是合理配置和共享资源，优化利用实验室、实习基地和合作企业资源，建立资源共享机制，加强政校企合作，共同建设实践教学平台。四是制定完善的风险管理制度和安全保障措施，建立应急预案，定期进行安全教育和演练，确保学生在实践教学过程中的安全。五是建设信息化管理平台，包括项目申报与审批、学生选课与考勤、导师指导与反馈、项目评估与总结等功能，实现全过程信息化管理，提高管理透明度和效率。

三同三共理念下
职教拔尖创新人才自主培养的建议

王维婷*

摘 要

职业教育肩负着培养多样化人才、传承技术技能、促进就业创业的重要职责，是国民教育体系和人力资源开发的重要组成部分。随着新兴行业（如人工智能、物联网、生物技术等）的崛起，对高技能、创新型人才的需求越来越多。本文立足于同源共流、同轴共转、同频共振三个方面，探讨职教拔尖创新人才培养的主要模式，提出全方位、链接式、多元化的对策建议，旨在培养更多高技能人才、能工巧匠、大国工匠，进而提升职业教育的质量和社会声誉，吸引更多优秀学生选择职业教育路径，促进职业教育可持续发展和整体水平提升。

职业教育肩负着培养多样化人才、传承技术技能、促进就业创业的重要职责，是国民教育体系和人力资源开发的重要组成部分。教育部职业教育与成人教育司 2023 年提出的"推动创新型拔尖技术人才培养"政策给职业教育提出了新挑战和新要求。在全球化背景下，国家间的竞争越来越依赖于高水平的人才储备。特别是随着新兴行业（如人工智能、物联网、生物技术等）的崛起，对高技能、创新型人才的需求越来越多。职业教育是与经济社会发展紧密相连的，我们要深入贯彻党的二十大和二十届三中全会精神，创新职业教育人才培养模式，培养更多高技能人才、能工巧匠、大国工匠，提升教育质量和社会声誉，

* 王维婷，江苏省政协委员，徐州市政协常委，民盟徐州市委会常委，江苏省徐州财经高等职业技术学校教授。

吸引更多优秀学生选择职业教育路径，促进职业教育可持续发展和整体水平提升。

一、职教拔尖创新人才的内涵界定

英国心理学家斯皮尔曼根据双因素理论，将拔尖人才分为应用型人才和研究型人才。职业院校培养的重点应是技能技术型拔尖创新人才，其特征体现在：具有扎实的职业素养、精湛的职业技能、高超的技术工艺水平和较强的创新应用能力。湖南铁道职业技术学院党委书记方小斌认为"创新型拔尖技术人才"应具备深度学习的能力、创新思维的能力与实践创造的能力，兼具工匠精神，具体表现为"精操作、懂工艺、会管理、善协作、能创新"，能适应新技术、新业态、新模式的高素质技术技能要求。对此，我的理解是，拔尖创新人才要能在所学专业领域具有深厚的专业知识和精湛的操作技能，能够胜任高难度的工作任务；具备较强的创新意识和创新能力，能够在实践中发现问题、解决问题，并能够推动技术和管理方面的创新；具备良好的道德品质和社会责任感，能够理解社会需求，注重个人行为对社会的影响，愿意为社会做出积极贡献；擅长团队合作，能够与其他人合作完成复杂任务，善于沟通、协调和解决团队内部问题；具有持续学习的意愿和能力，能够不断接受新知识、新技术，保持对行业发展的敏锐感知，并且能够适应快速变化的社会环境。

二、职教拔尖创新人才培养应立足三同三共理念

（一）职业教育与区域经济同源共流，强调德技并修，人才支撑

育人为本，德育为先。有德无才会误事，有才无德会坏事，有德有才方能干成事。每个行业都有行规，每个职业都有职业道德。职业道德作为职业活动的价值准则，对规范职业行为、提升职业认同具有关键作用。职业教育是技能人才培养的主阵地，是大国工匠的"蓄水池"。职业教育培养的人不仅要具备一定的专业技能，更要用技能成才、技能报国，成长为能工巧匠、大国工匠，为国家进步、民族复兴提供技能支撑。

（二）职业教育与区域经济同轴共转，强调知行合一，学以致用

职业教育是类型教育，但在门槛上还是处于层次教育的范畴。中（高）考失败者进入职教的根本问题仍没有破解。进入职教的学生，更加缺乏职业规划，对职业的认知、态度、价值观相当模糊，看不到未来的发展方向。要改变"低头族"，让他们明白，有更多的事情比玩游戏和看电视重要，让他们抬头挺胸，

关闭电视、手机，走出去看看世界，就必须找到对事物探究的引力。人培、课程、师资、实训等都有航标的作用。把教育链和生产链更紧密连接起来，使受教育者把知识和技术直接应用于生产实践，在实践中学习，带着兴趣去探索，在挫折中成长，重新塑造自我，超越自我。

（三）职业教育与区域经济同频共振，强调市场导向，供需对接

创新是推动区域经济发展的第一动力。职业教育要顺应市场变化，只有快速融入区域环境，才能实现同频共振。产教融合是实现教育链、产业链、供应链、人才链与价值链有机衔接的重要举措。顺势而为，乘势而上，只有让教学内容由偏离到校准，校企合作由温差到融合，才能真正实现供需适配率和产教融合度双提升。

三、目前职教拔尖创新人才培养主要模式

模式一：产教融合培养模式。由学校与企业之间建立紧密合作关系，共同参与人才培养、科研创新和社会服务的一种教育模式。这种模式旨在通过学校与企业的深度合作，使教育更贴近实际需求，培养出更适应市场和社会发展需要的专业人才。如深圳信息职业技术学院构建了六位一体的"产教科"融合互促指标体系，用"行企资源投入、生产服务效益、技术服务能力、课程项目转化能力、教师岗位胜任力、人才培养质量"六大指标动态监测协同育人成果。

模式二：项目驱动培养模式。一种以项目为核心的教学方法，通过让学生参与实际项目来推动学习和知识应用。该模式强调学生在真实情境中解决问题、进行探究和合作，提升其综合素质和实践能力。例如：建筑设计工作坊、社会创业项目、创新实验室和工作坊等。目前项目＋大赛驱动的人才培养模式正如火如荼地在职教迅速蔓延。

模式三：个性化培养模式。一种以学生为中心，根据每个学生的兴趣、需求、能力和学习风格量身定制教学方案的教育方法。该模式旨在充分挖掘每个学生的潜力，促进其全面发展和个性化成长。每一个学生都有着无限的可能性，教育不止100种可能。例如：德国的双元制职业教育、美国的职业技术教育学院等，不仅注重学术知识的传授，更强调对学生个体差异和职业目标的尊重，通过灵活的课程设置和实践经验的积累，帮助学生在职业生涯中找到最适合自己的发展路径，为他们的职业生涯成功打下坚实的基础。

四、对策建议

（一）教育需要从思想理念、模式方法、教育管理等方面进行全方位思考，实现战略性的深刻变革

首先，要更新教育理念。要将社会责任感、创新精神、团队合作和领导能力等综合素质作为人才培养的重要目标。在教育理念中强调个人与社会的关系，鼓励学生关注社会问题，参与社会实践。其次，要注重模式方法变更。萨尔曼·可汗在《勇敢的新词汇：AI 怎样让教育革命》中明确提出 AI 将会给人类的教育带来革命性变化。原来主要靠逻辑、靠实验、靠观察，通过逻辑分析得到知识。现在靠数据就可以产生知识。教育由前向的学习传授评价转向金字塔层次模型的后台引导调准。最后，要加强教育管理与引导。要倡导终身学习，培养学生自主学习和持续学习的能力，使其在快速变化的职业环境中保持竞争力。提供在线学习资源和平台，支持学生随时随地进行学习和提升。

（二）教育需要从专业学习、职业规划、就业引导进行链接式培养，实现战术性的驱动调整

党的二十届三中全会提出，加快构建职普融通、产教融合的职业教育体系。随着产教融合不断深化，学业、专业、就业、创业与职业之间的关联度持续增强。建议拓展与行业龙头企业和创新型企业的合作，与企业联合制定培养方案、课程设置和教学大纲，要在"教师、教材、教法"上下功夫，确保教学内容与行业需求高度契合，使学生所学知识和技能更具实用性。可以设立校企合作基地，使学生在真实工作环境中接受培训，提升实践能力。聘请具有丰富行业经验的专家担任兼职教师，鼓励专职教师到企业进行实践锻炼，增强教学的实用性和前瞻性。学校与企业可以开展联合科研项目，鼓励学生参与创新实验和产品开发，培养学生的实践能力和创新意识。通过校企深度融合合作，资源共享和信息交流，使学校更好地了解企业用工需求，为毕业生提供更多的就业机会，也为企业输送更适应其需求的人才。与此同时，学校要围绕产业链对拔尖创新技术人才的要求，及时调整专业办学方向，调整相关专业，形成与产业链、创新链紧密对接的专业体系，构建产教融合生态圈、共同体。

（三）教育需要从政策支持、资源整合、国际交流等方面进行多元化培育，实现整体性的协同推动

学校可根据专业发展的需要，设立创新创业专项资金，支持学生创新项目

和创业活动。通过校内外资源整合，为学生提供资金、场地、设备等全方位支持。学校应建立创业导师团队，邀请成功企业家和创业专家为学生提供专业指导，开设创业课程和讲座，帮助学生掌握创业所需的知识和技能，助推学生由校出发，鼎立社会，独当一面，成为专业佼佼者。学校可开展国际合作办学，引进国外先进的教育理念和教学方法，以便教师和学生开阔视野，了解国际前沿科技和产业动态，可在课程中融入多元文化教育，提升学生的跨文化沟通和合作能力，鼓励学生参加国际竞赛和展示活动，提升其自信心和竞争力。

构建全面有效的初高中生拔尖创新
人才培养机制

吴　静*

摘　要

本文讨论了构建全面有效的初高中生拔尖创新人才培养机制的重要性和策略。科技创新已成为国家发展的关键力量，而初高中阶段是学生形成思维方式和学习习惯的关键时期，因此培养创新人才至关重要。本文分析了当前的教育理念、资源配置和评价机制存在的问题，并提出了政策建议，包括拓展科技创新竞赛的范畴、建立全面的创新评价体系、设立科技创新导师制度、加强教师队伍建设和优化课程设置等。政府应主导多部门协作，解决资源配置不均的问题，鼓励社会各界参与，形成合力，共同推动初高中生拔尖创新人才的培养，为国家科技创新事业提供坚实的人才基础。

党的二十大三中全会的最新精神对深化教育科技人才体制机制一体化改革作出了重要部署。该部署指出，应着眼拔尖创新人才培养，分类推进高校改革，建立科技发展、国家战略需求牵引的学科调整机制和人才培养模式。同时，政府工作报告提出，要加快建设国家战略人才力量，努力培养造就更多一流科技领军人才和创新团队，完善拔尖创新人才发现和培养机制，建设基础研究人才培养平台，打造卓越工程师和高技能人才队伍，加大对青年科技人才的支持力度。"拔尖创新人才"已然成为全社会的一个热词。

在当今社会，科技创新已成为推动国家发展的关键力量，而拔尖创新人才

---

* 吴静，民盟张家港市沙中支部盟员，张家港市梁丰初级中学高级教师。

的培养则是科技创新的基石。初高中阶段是学生形成思维方式和学习习惯的关键时期，是未来科技领军人才的萌芽期。因此，在初高中时期确立全面有效的拔尖创新人才发现和培养机制也至关重要。本文将从政策角度出发，探讨如何构建完善的初高中生拔尖创新人才培养机制，以期为国家的科技创新事业培养更多人才。

一、背景与现状分析

中国正处于转型升级、科技创新驱动发展的关键时期，创新人才的培养已成为国家战略的迫切需求。然而，在初高中阶段，学生创新能力的培养面临着诸多挑战。

（一）教育理念的转变在当今社会变革中具有至关重要的意义

当前，传统的教育模式和教学理念在一定程度上仍然占据主导地位。传统教育模式主要以教师为中心，注重知识的传授和学生的被动接受。在传统教育模式下的教学方式往往局限于传统教材的范围，强调的是学生对所学知识的记忆和重复，而较少关注学生的思维方式和创新能力的培养。学生更多地被视为知识的接收者，而非知识的创造者和应用者。学校教育往往侧重于对学科知识的灌输，而忽视了对学生的创新能力、实践能力和综合素质的培养。

（二）资源配置不均是解决拔尖创新人才发现与培养问题的根本性阻碍

一线城市和重点学校往往拥有丰富的教育资源，包括先进的教学设施、丰富的教学内容、优质的师资队伍等，这些资源为学生的全面发展提供了良好的条件。然而，在基层学校，由于经济水平、地域差异等因素的影响，教学设施落后，师资力量不足，教育教学条件相对较差。

（三）学生评价机制在初高中阶段存在着诸多单一和片面的现象

首先，学校对学生的评价过度依赖考试成绩，而忽视了对学生创新能力和实践能力的评价。在当前的教育体系中，对学生的评价主要以考试成绩为主要指标，高分即被视为学生学习成绩好、综合素质高的标志。这种评价机制导致学生过分追求分数，忽视了对其他方面能力的培养。其次，对学生创新能力和实践能力的评价不够全面。传统的考试评价往往只能评价学生的知识掌握程度和解题能力，而无法全面评价学生的创新思维、实践能力和团队合作能力。这种评价机制容易使学生产生厌学情绪并逐渐丧失创新动力，限制了学生创新能力的发展。

二、政策建议

为了解决上述问题，需要制定一系列政策来构建全面有效的初高中生拔尖创新人才发现和培养机制。

（一）拓展科技创新竞赛是发掘初高中生拔尖创新人才的有效途径

政府应加大对科技创新竞赛的支持力度，鼓励学校组织更多的科技创新竞赛，为学生提供展示和交流的平台。一是增加对科技创新竞赛的财政拨款，设立专项资金，用于奖励优秀的科技创新项目和团队。这样可以提高学生参与竞赛的积极性和热情，激发他们的科技创新潜能。二是建立统一的科技创新竞赛平台，集中发布竞赛信息、组织竞赛活动，为学生提供便捷的参赛渠道和交流平台，促进科技创新资源的共享与合作。通过科技创新竞赛，学生可以与其他学校的学生展开学术交流和合作，分享科技创新成果和经验，拓宽学术视野，激发创新灵感，提高科技创新能力和竞争力。

（二）建立全面的创新评价体系对于发掘和推动初高中生拔尖创新人才培养至关重要

政府应该建立更加全面的创新评价体系，包括对学生科技创新项目成果的评价、创新能力的评价等。创新评价体系可以引入综合评价机制，综合考虑学生的科技创新项目成果、创新能力表现、学术素养、实践经验等方面的情况，综合评价学生的创新能力。一是建立专门的评审机构或委员会，负责对学生的科技创新项目进行评审和评价，保证评价的公平、客观和权威性。二是鼓励学校和教师参与创新评价工作，通过学校内部评审、教师评价等形式，全面了解学生的科技创新活动和成果，为学生的创新发展提供更多的支持和指导。三是建立评价结果反馈机制，及时向学生和教师反馈评价结果，指导学生针对评价结果进行改进。针对优秀的项目成果，也应以加分等形式反馈在学生评价中，促进学生科技创新能力的持续提高。

（三）建立科技创新导师制度是构建完善的初高中生拔尖创新人才培养机制的上层举措

政府可以出台相关政策，并鼓励企业、科研机构等单位积极参与，为学生科技创新导师制度提供相应的政策支持和激励措施，如提供导师津贴、科研项目支持等，以吸引更多专业人士参与进来。学校可以建立科技创新导师库，吸纳具有丰富科研经验和专业知识的专业人士，包括企业技术人员、科研院所研究人员、行业专家等，作为科技创新导师，为学生提供专业指导和支持。学校应根据学生的科技创新项目需求，将学生与适合的科技创新导师进行组合，建立起师生之间的良好合作关系。导师可以根据学生的兴趣和能力，为其提供科技创新项目的选题、研究方向和实践指导，引导学生进行科技创新活动，帮助学生解决在科技创新过程中遇到的问题和困难，促进学生科技创新能力的提升。

（四）加强教师队伍建设是构建完善的初高中生拔尖创新人才培养机制的重要举措

教师作为教育的主体和学生的引路人，其专业水平和创新意识直接影响着学生的学习效果和创新能力的培养。因此，可以采取以下措施来加强教师队伍建设。首先，要提高教师的专业水平。要定期为其提供的专业培训和进修课程，不断提升教师的学科知识水平和教学能力。培训内容应包括最新的学科知识、教学方法、创新教育理念等，以满足教师在教学实践中的需求。其次，要强化教师的创新意识。组织教师参加创新教育理念的培训和研讨会，引导教师转变教育理念，注重培养学生的创新能力和实践能力。鼓励教师开展科研项目、撰写教育论文，提高其创新意识和科研能力。在此基础上，还应提供教师专业发展支持。学校和政府应提供更多的专业发展支持，如提供教师进修、培训、科研经费等，激励教师不断提升自身的专业素养和创新能力。

（五）优化课程设置是构建初高中生拔尖创新人才培养机制的重要一环

通过引入更多与科技创新相关的选修课程（如科技创新实践、创客课程等），培养学生的创新思维和实践能力。首先是科技创新实践课程的再挖掘。引入针对不同年级学生的科技创新实践课程，通过课程设置和实践活动，引导学生了解科技创新的基本理念和方法，培养他们的创新意识和实践能力。这些课程可以包括科学实验、工程设计、编程开发等内容，让学生从实践中掌握知识和技能，激发他们的创新潜能。其次是创客课程的开发。提供创客空间和设备，让学生动手实践、动脑思考，通过自主设计和制作项目，培养学生的创新能力和解决问题的能力。创客课程可以涵盖机械制作、电子编程、3D打印等内容，让学生在实践中体验创新的乐趣，激发他们的创造力和创新潜能。再次是跨学科课程的融合培养。将科学、技术、工程、数学、人文等学科知识有机融合在一起，让学生在跨学科的学习中培养创新思维和解决问题的能力。通过跨学科的学习和实践，拓宽学生的知识视野，培养他们的综合素养和创新意识。

三、实施路径与措施

（一）政府主导多部门协作是推动初高中生拔尖创新人才培养工作的关键

政府在这一过程中应扮演组织领导者的角色，各相关部门则需加强协作，形成合力，以促进工作的顺利开展。政府作为主导者，应该明确拔尖创新人才培养的战略定位和发展方向，制定相应的政策和规划，指导和推动这项工作的开展。政府主管部门要牵头组织相关单位和专家学者，建立统一的工作协调机制，确保工作目标的实现。初高中拔尖创新人才的培养工作涉及教育、科技、人力资源等部门，这些部门要明确分工，共同推动工作的开展，充分发挥各自的优势和资源，提高工作的效率和质量。政府可以建立跨部门的合作机制，设立联席会议、工作小组等组织形式，定期召开会议，交流工作进展情况，研究解决工作中的问题和困难，推动工作的顺利开展。

（二）解决资源配置不均的问题是扩大拔尖创新人才发现与培养工作范围的有效措施

一是政府应该加大对教育资源的投入，并确保资源分配的公平合理。针对基层学校资源匮乏的情况，可以通过增加财政拨款、优化资源配置、加强基础设施建设等方式，逐步缩小不同地区、不同学校之间的资源差距。二是政府应该建立资源共享机制，将优质教育资源向基层学校和农村地区共享。可以通过建立线上资源共享平台、组织师资交流、开展线上线下培训等方式，实现资源的共享和优化利用，提高基层学校的教育质量和科技创新能力。三是政府应推动产学研合作，引导企业和科研机构向基层学校和农村地区输送优质教育资源和科技创新资源。可以建立产学研合作基地、开展科技创新项目等形式，促进教育资源和科技创新资源的下沉，推动基层学校和农村地区的教育发展和科技创新。

（三）鼓励社会参与是推动初高中生拔尖创新人才培养工作的重要举措

政府应该积极鼓励企业、科研院所等社会力量参与到拔尖创新人才的培养工作中来，形成多方合力，以提升拔尖创新人才的培养水平和质量。政府可以建立与企业、科研院所等社会力量的合作机制，明确各方的合作方式、责任分工和利益分配机制，促进资源共享和协同创新，可以通过签订合作协议、设立合作基金等方式，落实合作意向，形成长期稳定的合作关系。政府可以出台相关政策，为企业、科研院所等社会力量参与初高中生拔尖创新人才培养工作提供支持和激励，可以采取税收优惠、科研项目资助、人才培训补贴等政策措施，为社会力量提供参与的政策保障和政策支持。

在上述措施的基础上，政府要加大对初高中生拔尖创新人才培养政策的宣传力度，提高社会对该政策的认知度和支持度，通过举办宣传活动、发布宣传材料、开展媒体宣传等方式，宣传政府政策和举措，鼓励更多的企业、科研院所等社会力量参与到培养工作中来。

四、结语

初高中拔尖创新人才的培养关乎国家的未来发展，是推动创新驱动发展战略的重要举措。政府、学校、社会各方应共同努力，制定并落实相关政策措施，为初高中生拔尖创新人才的培养搭建更加坚实的平台，助力中国科技创新事业蓬勃发展。

深耕基础教育建设　优化创新人才培养

陈　娟[*]

摘　要

在基础教育阶段拔尖创新人才的发现与培养是一个复杂且艰难的任务。本文结合基础教育阶段的教学实际，提出如下建议：一是优化培养路径，实施贯通一体化、分层个性化、跟踪进阶性培养。二是优化课程设置，设置基础衔接性、融合拓展性、自主实践性课程。三是优化教育资源配置。优化硬件资源，盘活校内资源，共建共享校外资源；优化软件资源，整合校内师资，利用好校外师资。四是优化选评体系。实施"三结合"评价，即量化评价与质性评价相结合、过程评价与结果评价相结合、个体发展与整体表现相结合，实现"多渠道"评价，采取强有力的激励。

习近平总书记在党的二十大报告中指出，教育、科技、人才是全面建设社会主义现代化国家的基础性、战略性支撑，强调"着力造就拔尖创新人才"。2024年7月18日，中国共产党第二十届中央委员会第三次全体会议通过《中共中央关于进一步全面深化改革　推进中国式现代化的决定》，决定提出深化教育综合改革，加快建设高质量教育体系，统筹推进育人方式、办学模式、管理体制、保障机制改革。持续推进教育综合改革的关键环节在基础教育，而基础教育阶段发现与培养拔尖创新人才，则是发展新质生产力的关键点。在基础教育阶段拔尖创新人才的发现与培养是一个复杂且艰难的任务，因为这涉及政府和学校、社会和家庭等多方面因素；但它又是一项极其重要的任务，因为它关

＊ 陈娟，张家港市政协委员，民盟张家港市沙中支部组织委员，张家港市中等专业学校高级讲师。

系到学生的潜能、兴趣、天赋的发掘和未来的发展方向，关系到国家的人才大计。为此，我想结合基础教育阶段的教学实际，从以下四个方面提出如下建议：

一、优化培养路径

（一）贯通一体化培养

借助教育行政力量，创新选拔机制，打通教育学段壁垒，建立衔接贯通培养拔尖创新人才的"绿色通道"，实现基础教育阶段的贯通式培养。这样不仅能让家长、学生、学校教师不再受传统应试教育的制约，敢于为人才"苗子"量身定制教育成长路径，也能真正落实拔尖创新人才的早发现、早培养的政策。

（二）分层个性化培养

个性化培养是基础教育阶段拔尖创新人才培养的重要途径，其核心在于针对每个学生的独特才能和兴趣进行精准施教。我们可以通过问卷调查、活动观察、知识技能竞赛等方法，了解学生的兴趣爱好、学习风格和思维能力，寻找适合他们的学习资源和路径，以此制订个性化的培养方案。在此基础上，再配以适合的学业导师和生涯导师指导，实施个性化教学。此外，还可通过"走班制""小班化"、社团、兴趣班等形式实现个性化教学。

（三）跟踪进阶性培养

建立人才数据库，系统地收集和整理学生在各个学科领域的表现、兴趣、特长以及创新潜力等信息，记录他们的基本信息、学习成绩、获奖情况、实践经历等，对他们进行长期的跟踪和评估，以便更精准地识别出具有拔尖创新潜质的学生。对于已经选拔进入数据库的学生，建立持续的跟踪与评估机制，为他们提供必要的进阶性的支持和指导，确保创新人才培养的可持续性和高质量。前期没有入选人才库的学生，如果表现突出的，也可以补入人才库。

二、优化课程设置

在课程设置上，除国家规定的基础教育课程之外，学校还可根据自身特点制定符合本校实际的基础衔接性、融合拓展性、自主实践性等课程，以满足学生的"个性发展需要"。

（一）基础衔接性课程

基础衔接性课程指在教育部规定的基础课程上的延伸课程。此类课程在突出全面整体性的同时，也兼顾个体差异性。在面向全体学生夯实基础的同时，结合学生的实际对相关课程进行拓展和深化，从而培养学生的创新意识、思维能力和实践能力，为创新人才培养夯实基础。

（二）融合拓展性课程

融合拓展性课程指在课程设计上，注重跨学科的融合，鼓励学生跨学科学习，帮助学生拓宽和开阔视野，构建全面的知识体系，从而培养他们的人文、科技素养，提高学科综合能力、科学实验能力、社会实践能力，为创新人才培养蓄能。此类课程可以通过微讲座、做实验、建社团、艺术节、科技节等形式进行。

（三）自主实践性课程

自主实践性课程主要是让资质好的学生走出家校，在更广阔的天地间去实践，以此促进学生在实践活动中自主发展。此类课程安排学生到企业、社区等进行走访、调查；或在高校科研基地集中观摩、动手操作，深化拓展已有学科的知识，从多维度去感知体验、掌握基本理论框架，进一步提高学科素养，为创新人才培养进阶奠定基础。

三、优化教育资源

学校要着力建设"拔尖创新人才孵化器"，不仅要优化硬件资源，而且要优化软件资源。

（一）优化硬件资源

不仅要充分利用各种可用校内硬件资源，更要开发整合校外创新教育资源，拓展创新人才培养的学习、实践空间，来培育学生的科创素养。

1. 盘活校内资源

对学校已有的物、化、生等学科实验室，要进行盘点整合，为学生科研活动提供空间和装备，搭好实践平台。同时整合信息技术、通用技术专用教室和科技创新教育硬件资源，进一步迭代升级，建成高标准数字化、交互式的科创平台，为培养创新拔尖人才服务。

2. 共建共享校外资源

可以充分利用和开发学生的实践活动基地，加强校际合作，校企联动，充分利用他们的优质特色资源，发挥他们的育人作用，促进学生科学素养、创新素质的发展。例如：可以利用生态植物园这样的教育实践基地，开展生物知识、观察研究等方面的活动，激发学生对生物探索研究的兴趣和热情。

（二）优化软件资源

优化软件资源主要是指优化师资资源。

1. 整合好校内师资

挑选有学科专长或创新理念的优秀骨干教师组建创新师资团队，根据创新人才培养的特点和规律，实施学业导师和生涯导师机制。学业导师主要负责学生的学业指导，指导学生制订合理的学业计划；加强对各学科的学法指导，突出创新能力、素质的养成；同时学业导师要加强与高层级学校的衔接与交流，确立先修课程，开展早期培养，加强学科竞赛辅导。生涯导师主要负责学生生涯教育，包括生涯课程的研发和开设、生涯规划个案指导、以及生涯活动策划、组织和落实等，同时生涯导师要对接高层级学校多元招生录取方案，重视升学指导，以促成高水平人才的培育。在整合校内优质师资的同时，根据创新人才培养的需要，还可以引进或外聘优秀科技人才作为专业导师。

2. 利用好校外师资

采用"走出去、请进来"方法，让学生利用寒暑假走进大学校园进行培训，也可以聘请专家、学者做讲座，跟学生面对面交流，从而开阔学生的专业学科的视野，激发学生的研究探索热情。总之，可以通过多种渠道，充分发挥校外优质师资的作用。

四、优化选评体系

在拔尖创新人才选拔方面，建议优化现有的选拔机制，采用中考成绩与综合素质评价相结合的选拔方式。除传统的学科成绩外，也要重视学生的综合素质和创新潜质，即关注学生在课外活动、竞赛、社会实践等方面的表现。在拔尖创新人才的评价方面，要构建"三结合""多渠道"的科学评价机制。

（一）"三结合"评价

"三结合"指的是量化评价与质性评价相结合、过程评价与结果评价相结合、个体发展与整体表现相结合。"三结合"的评价机制，既注重学生的全面可持续发展，又注重学生个性化潜能的培养和挖掘，真正落实了以学生的成长为本，侧重特长生及尖子生的培养。

（二）"多渠道"评价

"多渠道"的评价体系，就是指我们的评价要从学生的科研精神和品质、综合素质和特长、专业知识和能力等方面，通过专业团队、导师、学生自我、生生互评相结合的综合评价方式，定期为学生评价及反馈，让他们了解自己的优点和不足，从而有针对性地进行改进和提高。

（三）强有力激励

对于表现优秀的学生，设立奖学金、助学金等奖励措施，鼓励学生在创新领域取得优异成绩。对于偏科但有学科特长的学生，如果特别优秀，可以破格录取。引入第三方监督机构，负责监督选拔全过程，确保选拔的公正、公平和公开。

总之，在基础教育阶段发现拔尖创新人才需要多方面的努力和配合。教师、家长、学校和社会都应该关注学生的兴趣和天赋，提供多样化的课程和活动，实施个性化教育。加强与家长的沟通，鼓励跨学科学习以及举办创新竞赛等方式来发现和培养拔尖创新人才。学校应为学生提供良好的成长环境和发展平台，帮助他们发现自己的潜力和才能，为未来的发展打下坚实的基础。

拔尖创新人才自主培养视域下的大学通识美育教改策略进言

马建高*

摘　要

　　与美国高校相比，我国大学通识美育教学有特色，也有差距和不足。问题主要存在于：教育理念模糊、课程设置不足、教学模式单一、教学评价浅隘。本文针对深化大学通识美育教学改革提出一些策略及建议，以期多方因大学通识美育的实施而共蒙其利。

　　2018 年 8 月 30 日，习近平总书记在给中央美术学院老教授的回信中说："加强美育工作，很有必要。做好美育工作，要坚持立德树人，扎根时代生活，遵循美育特点，弘扬中华美育精神，让祖国青年一代身心都健康成长。"2020年 10 月 15 日，中共中央办公厅、国务院办公厅印发的《关于全面加强和改进新时代学校美育工作的意见》指出："美是纯洁道德、丰富精神的重要源泉。美育是审美教育、情操教育、心灵教育，也是丰富想象力和培养创新意识的教育，能提升审美素养、陶冶情操、温润心灵、激发创新创造活力。"2024 年习近平总书记在《求是》杂志发表重要文章《培养德智体美劳全面发展的社会主义建设者和接班人》，指出"美是纯洁道德、丰富精神的重要源泉。""要全面加强和改进学校美育，配齐配好美育教师，坚持以美育人、以文化人，提高学生审美和人文素养"。正是在全面贯彻习近平总书记关于美育的重要论述以及上述文件精神的背景下，国内各高校通过各种形式开设美育通识课程。有的高

---

　　* 马建高，民盟盟员，盐城师范学院副教授。

校其美育教育深受哈佛大学影响，直接采纳并学习他们的博雅教育，例如北京大学的博雅学院；也有高校采用类似书院性质的美育教育，其精神理念亦师法博雅教育，例如北京理工大学的"书院"制育人方式；其余多数高校则以通识教育的形式呈现。

一、大学通识美育教学现状审视

大学美育通识课程开设已有数年，其教学现状究竟如何？各高校普遍有至少 3 个学分也就是至少一门课程的要求，通识美育开课数量则各校略有差异，除各校学生人数多寡不同之重要因素外，依开课数可以看出该校对人文美学养成的重视程度。为学生提供多样性的选择，各大学也提供了多元的通识（核心）美育课程，例如：

（1）智慧树等线上远程教学课程；

（2）慕课、云班课、雨课堂、学习通等校内线上课程；

（3）跨校学习承认学分；

（4）画廊、展览、校内音乐会、社团展演等。

大学通识美育课程设计的取胜点，除开课数量之外还应该考虑开课的包容性，也就是将广义的审美主题或意象包含在课程当中；事实上，各大学课程设计与大学资源有关，例如：香港理工大学有餐旅管理相关科系，因此提供了餐饮及葡萄酒类别的课程，而北京大学有音乐系，因而可提供乐器合奏课程。各大学可以考虑自身的优势与劣势，除校内资源共享开放给外院生选修之外，还可以考虑如何在自身没有相关科系的情况下补强。例如：西南科技大学的微学分就采用一种多元授课方式，可以面向社会、面向其他高校，这是在资源相对缺乏情况下的一种变通方式。

各大学虽提供学生跨系跨部门多元弹性选课，仍可能因诸多因素导致学生面临"隐形门槛"。此外，若为理工导向科系，可跨选的美学艺术相关课程就较少。跨选科目可能对外系学生设有门坎，例如音乐表演相关科系。对外开放人数较少，或需要遴选等。学生虽提出跨系乃至跨校的选课请求，仍须等候该系裁决。

国内通识美育博雅教育的定位与地位渐不显著，甚至已回归至一般通识教育。这或许是因为不管是对学校还是对学生本身，这样的人力、资源或时间的付出都是沉重的负担，导致很难持续经营。例如北京大学、香港理工大学目前皆有转型趋势，或是以通识教育中心涵盖（北京大学），或是以学程模式维持（香港理工大学），其原有博雅课程开课数量已明显下降。

与美国高校相比，我国大学通识美育教学的主要问题在于：教育理念模糊、课程设置不足、教学模式单一、教学评价浅隘。本文将有针对性地提出深化大学通识美育教学改革的具体策略及建议。

二、大学通识美育教学改革的策略及建议

本文基于对现阶段我国大学通识美育现实的思考，提出如下深化教学改革策略及建议：

（一）厘清通识美育在大学阶段的定位及功能，加强通识美育学理基础的研究

通识美育系属大学教育之重要一环，决策者应从过去、现在、未来三个方面来综合考虑，促使大学生正确体认"人之所以为人"的价值与意义，学会"冷眼温心"，培养关乎社会、文化、历史、人生的哲学思考的能力。有关大学通识美育的学理研究，至今仍属贫乏。整理相关文献不难发现，多数学者偏向从哲学观点来探讨通识美育的理论。然而，通识美育牵涉的层面甚广，除哲学、心理学与社会学的学理层面外，我们还可从人类学、文化学甚至是跨学科的理论来探讨，如此才能使通识美育的学理基础更趋坚实、完备。

（二）鼓励各校建立独特的通识美育理念，避免对他校盲目的移植与模仿

早期由于体制的局限或是经验的不足，我国大学实施通识美育多是参酌美国模式，随着教育体制的多元自主以及探索经验的累积，我国大学各校的通识美育多已具备本身之特色。本文认为：首先，各校可以根据自身的办学宗旨、师资阵容、院系结构及师生需求，制定一套适合自身的通识美育理念及目标。其次，我国固有的儒、释、道经典美学思想是值得进一步阐述和发扬的通识美育理念。

（三）成立跨院系、跨校区、跨职业的"通识美育论坛"

放眼海内外，对通识美育有独特见解及卓越贡献的鸿儒硕彦实在不少，他们有的出身于美学专业背景，有的拥有人文社会学科背景，有的则是文艺界的杰出人士。借由跨区域"通识美育论坛"的举办，不但可以让不同背景的人齐聚一堂，互相交流经验、激荡思想、分享所学，也能让莘莘学子感受通识美育的生命能量，从中体会"通情识美"的安身立命之道。

（四）创新通识美育的教学模式

本文以为，擅长美学专业的教师并不是必然能教好通识课程，通识美育课程也不必只限定由条件优秀的教授来执教，凡是有能力提供学生通盘思考观点的教师皆可担任。各校负责通识美育的主管单位可尝试举办"通识美育教师研学营""跨学科整合教学""通识美育读书会""通识美育与多媒体教学"等活动，以创新通识美育课程的教学；并设计多元、活泼、有深度的教学活动，使师生在求知的过程中得到审美的感动与情趣的提升。

（五）建立合理长效的课程评价机制

在参照专业课程评价机制的基础上，学校可于每学期结束前二周至三周进行通识教育课程的评价工作，可采用教师互评及学生评价两种方式，其评价结果为教学改进、教师升档、续聘与否的重要依据；可透过学生意见反映调查及授课教师心得交换来进行评价工作。评价工作应着重师生之间的互动及教师教学的态度与方法；亦可由学生填写开放性的问卷，以供各级教学主管及任课教师检视、改进之用，且任课教师亦需填写心得报告书。

（六）综合政府、社区、企业、高校等多重力量共同办理大学通识美育

要教授好通识美育光靠大学本身的力量并不够，要让政府的决策管理、社区的服务参与及企业的人才培养融入"通识美育"，也要让"通识美育"的内涵及素养进入政府、社区与企业。如此，政府、社区、企业与大学四者将因"通识美育"的实施而共蒙其利。

着力完善共育机制，贯通培养拔尖人才

宋爱娟*

摘　　要

当今世界正经历"百年未有之大变局"，科技发展突飞猛进，经济竞争愈加激烈，国际环境日趋复杂。在这样的大时代、大背景下，正处于实现中华民族伟大复兴关键时期的中国，既面临着大有可为的历史机遇，也必须接受前所未有的风险挑战。科技的竞争就是人才的竞争，党的二十大报告也将"全面提高人才自主培养质量，着力造就拔尖创新人才"放在了突出位置，如何培养拔尖创新人才已经成为当下的重要课题。

近日，教育部部长怀进鹏在国新办举行的"权威部门话开局"系列主题新闻发布会上表示：教育部要坚持将人才培养规律、教育教学规律与国家发展需求紧密结合，着力培养拔尖创新人才。那么，如何强化基础教育阶段对高素质拔尖人才的培养？如何完善高等院校对创新人才的选拔机制？又如何将高中与高校密切联合，实现"双高"共育、双赢呢？

下面以丹阳市为例，对从高中到高校的拔尖创新人才贯通"强衔接"教育的调查情况和思考作一总结。

一、普通高中拔尖人才培养现状概述

（一）普通高中教育发展概况

丹阳市现有普通高中五所，其中江苏省丹阳高级中学（以下简称"省丹中"）是首批国家级示范高中、江苏省首批四星级高中，城区其他三所学校

---

* 宋爱娟，民盟镇江丹阳市正则中学支部副主委，丹阳市正则高中高级教师。

——吕叔湘中学、马相伯高中、正则高中均于 2006 年被认定为江苏省四星级高中，农村珥陵高中于 1998 年发展为 8 轨制高级中学，是江苏省三星级高中。这五所普通高中形成了省丹中一马当先，吕叔湘中学、马相伯高中和正则高中齐头并进，珥陵高中自成一格的发展态势。

为了更好地推进普通高中教育多元特色发展，《丹阳市教育局二〇二四年工作意见》（以下简称《工作意见》）指出：要指导普通高中主动对接新高考改革，加强课程方案和课程标准研究，积极探索基于学科核心素养的教学策略和评价方式，推动普通高中变革学校管理方式，提升育人品质。《工作意见》还特别强调，要推进省丹中高品质示范高中的深入建设，发挥其示范、引领作用；依据学生特长优势和发展需要，构建分层分类、丰富多样的选修课程，彰显办学特色。

（二）"双高"培养模式成绩显著

省丹中作为丹阳市高中教育的龙头老大，一直致力于探索高校、高中"双高"合作办学新模式，于 2011 年被评为江苏省普通高中创新拔尖人才培养试点学校；2019 年入围江苏省高品质示范高中首批建设立项学校（俗称"五星级高中"）；2022 年成为南京大学创新人才培养战略合作伙伴并增挂校名"南京大学附属丹阳中学"；2024 年成为首批"北京大学博雅人才共育基地"。省丹中还是清华大学、中国科学技术大学、浙江大学、东南大学、南京师范大学、苏州大学等众多 985、211 高校的"优质生源基地"和"战略合作伙伴"，向社会培养输送了数万名优秀毕业生，先后培养出周俊（中国科学院院士）、钱清泉（中国工程院院士）等英杰，获得了"全国实践教育活动先进单位"等一百多项国家级和省市级荣誉。

作为新四星高中，吕叔湘中学、马相伯高中和正则高中在拔尖人才培养上各具特色，成为南京邮电大学、南京信息工程大学、南京财经大学、扬州大学等江苏省知名高校的优质生源基地学校，并达成了"双高"合作培养意向。其中，正则高中的新疆内高班是党中央、国务院为加快新疆各族人民高层次人才培养而作出的重要战略部署，自 2005 年开办以来，先后为清华大学、浙江大学、武汉大学、南京大学、中山大学、西安交大、哈工大、北二外等国内知名高校输送了大批优秀毕业生。

二、普通高中拔尖人才培养问题剖析

拔尖创新人才的培养其实是一种特殊的教育，可能需要贯穿于大中小幼所有学段，但拔尖创新人才能否真正踏上科学研究之路，关键还在高中与高校之间能否紧密衔接这一边界性条件。而高中与高校在选拔制度、教育模式等方面存在着不可避免的差异，这也成了普通高中拔尖人才培养亟待突破的"瓶颈"。

（一）社会评价机制影响系统研究

虽然教育部在 2022 年就印发了《普通高中学校办学质量评价指南》，明确了评价内容主要包括办学方向、课程教学、教师发展、学校管理、学生发展等5 个方面，但是绝大多数老百姓已经习惯了把学校的本科升学率作为评价学校办学质量的唯一标准。同时，从地方教育行政部门到普通高中校级管理者，都不自觉地将高考本科升学率与教师的评优评先密切挂钩，直接导致一线教师只关注"人头"，不追求"人才"。这种"唯分数论"不仅激化了全社会的教育焦虑，影响了拔尖人才培养氛围的形成，更阻碍了对拔尖创新人才成长发展的系统性研究。

（二）资优课程缺乏导致目标偏差

高校培养高素质的拔尖创新人才是为了实现我国各领域的关键技术"从 0到 1"的突破，抢占科学技术文化经济等各领域的制高点，从而赢得在国际竞争中的主动权。高中教育阶段是学生科学精神和创新能力发展的黄金时期，这就需要在课程设计、素质培养和评价标准等方面形成科学的体系。然而，在高考指挥棒下，荣誉课程和综合课程的开发、基础教学和特长培养、综合素质和能力评价等都面临着诸多困境，不利于学生天赋发展和拔尖素养的培育。

（三）卓越师资匮乏妨碍人才培养

调研显示，我国青少年从小学到初中期间科学兴趣显著下降 50% 以上，对科学有较高兴趣的学生占比不到 1/5。反过来，实证研究发现，进入"拔尖计划""强基计划"等基础理科基地的竞赛生，专业志趣、知识基础、学习能力普遍很强，个体成长与项目目标也能高度匹配。而这样天赋异禀的孩子就需要有更优秀的教师来培养。但现实中，超水平的专业要求、高强度的工作节律，以及强大的社会舆论压力让很多优秀教师对任教"拔尖"班级望而却步，从而导致基础教育阶段严重缺少有能力、有意愿教授拔尖学生的卓越师资。

（四）保障体系薄弱阻断深度发展

首先是各层次选拔制度窄化。拔尖学生是一个特殊的群体，有其特殊的成长规律，这也就决定了其选拔须遵循"效率原则"。然而，中考选拔几乎就是通过超前学习和变态刷题进入重点高中，而高考选拔主要是以促进学生的全面均衡发展为宗旨，这就可能会造成高校专项计划选材的不匹配或遗漏。

其次是培养专项资金短缺。普通高中定期投入的建设资金只够改善学校的硬件设施和软件条件，但针对拔尖创新人才培养的专项资金却远远不足。究其原因，一方面是财政拨款有限，另一方面是投入的专项资金效期无法预计。

三、普通高中拔尖人才培养对策的建议

全国政协委员、湖南师范大学副校长谢资清认为："人才的成长需要一个过程，科学思维的形成具有递进性，应强化人才培养的连续性和系统性。"所以，科学的定位、体系的完善、师资的优化、制度的保障等对于拔尖人才的贯通培养都是至关重要的。

（一）明确定位，完善体系

基础教育阶段拔尖创新人才的发现和成长的机会并不均衡，这就需要构建科学合理、特色鲜明的培养目标和体系。比如，启动实施国家基础学科拔尖人才培养战略行动，重点依托江苏省内高水平大学的基础学科拔尖学生培养基地，吸引优秀学生投身基础学科，形成基础学科拔尖人才"梯队网络"。还可以通过高考之外的制度安排，精心设计小范围、精细化、高匹配度的针对性招生与培养方案，真正实现"高中—高校"的贯通式培养。

当然，教育的根本任务是立德树人，这就要求基础教育阶段坚持五育并举，让优秀的学生群体在理想信念、道德品质、知识智力、身体和心理素质等方面得到全面发展，才能持续提升"实现中华民族伟大复兴中国梦的未来主力军"的育人质量。

（二）提高素质，壮大优师

基础学科教育对于拔尖人才的早期发掘、选拔、培养有着重大意义。好马也需要伯乐识，一批优质师资能根据拔尖人才的成长规律和教育教学规律，创新人才教育理念和培养模式，推进拔尖创新人才培养的实践和研究，并建立其专业发展的长期跟踪体系。

因此，应该在普通高中形成拔尖人才教研的磁吸效应，鼓励并吸引学校最优秀的教师从事拔尖人才的培养和研究，从职前、职中和职后等不同阶段，构建适应拔尖人才培养要求的教师专业发展模式，打造培养拔尖人才的卓越师资，并将其教研成果反哺优质师资的培养。

（三）制度支撑，促进发展

各级政府要为拔尖创新人才培养提供坚实的政策、财力和智力支持，通过系统的制度建设保障拔尖创新人才的培养；教育主管部门要积极引导社会舆论，加强公众对拔尖创新人才选拔的正确认识；高校要为天赋发掘与人才选拔留出灵活的制度空间，拓宽拔尖学生从基础教育走向高等教育的贯通路径。针对拔尖创新人才选拔机制的不健全、不完备，国家已从政策层面做了改革与完善，采取了"强基计划"或"拔尖计划"来选拔和培养更多的拔尖创新人才。

（四）架设通道，合作共赢

贯通基础教育与高等院校之间的基础学科拔尖创新人才培养工作，通过建立省级基础学科拔尖创新人才培养基地，完善"双高合作"协同培养机制。强化整合基础教育、高等院校和社会资源，通过互联网和人工智能等技术，线上线下教学平台相结合，开发特色精品课程，共享优质师资和教学资源，共建各类选修课程，以丰富学生的社团活动和科技创新活动，为学生的特长发展提供舞台，更为学生具有持续的创新意识和创新能力打下坚实的基础。

总而言之，拔尖创新人才对强国、强教的重大意义是毋庸置疑的，而"早发现、早培养"确实又是拔尖创新人才培养的特殊规律，但是还要防止打着"因材施教"幌子的"掐尖行为"，否则不仅会滋生各种腐败行为，激化社会矛盾，更会破坏教育生态。我们更期待在完善的共育机制下，通过贯通培养，拔尖人才应出尽出，人才强国、科教兴国战略指日可待！

筑牢基础教育底基，厚植人才成长沃土

——基础教育视角谈拔尖创新人才培养

徐田田*

摘　　要

一个国家综合实力的竞争归根结底就是人才的竞争。面对百年未有之大变局，拔尖创新人才自主培养工作的重要性和紧迫性日益凸显。从"珠峰计划""英才计划"到"强基计划""101 计划"，我国一直非常注重拔尖创新人才的培养和选拔。作为教育强省，江苏省虽已在拔尖创新人才自主培养的道路上先行作了许多尝试和探索，但要更好地服务国家重大战略需求、进一步提升自主创新能力，仍有许多难题需要攻克。

一、现状与困境

（一）基础教育功利化倾向依然严重

2024 年，在教育部重点工作中，整治教育功利化、短视化办学行为受到社会各界的广泛关注。短视功利、教育内卷、违背教育规律等情况在基础教育领域屡禁不止。近年来，部分地区借着拔尖创新人才培养的旗号，掐尖招生，选拔学习成绩优异的学生开设"实验班"，通过批量化、同质化的流水线培养模式，开展以各种学科竞赛为标志的"素质教育活动"。这样的培养模式容易将拔尖创新人才的培养与成长演变成家长、学校资源投入的比拼，助推教育内卷和焦虑，不符合拔尖创新人才宽口径、厚基础的早期培养定位。

---

* 徐田田，镇江丹阳市人大常委会委员，民盟丹阳市委员会副主委，丹阳市人民政府教育督导室副主任，高级教师。

（二）基础教育阶段力量分散，缺少合力

拔尖创新人才的培养需要教育、科技、产业等各方面要素共同参与，需要各个教育阶段上下联动和高度互通。然而，江苏省拔尖创新人才培养的体制机制还不够健全，缺少系统性、整体性、协同性的省级层面的顶层设计。各学段之间的衔接贯通还不够，教育、科技、产业三方面融合融通还不到位，社会力量、科研力量参与少。各地教育资源的共建共享、合作意识还不够，缺少合力。拔尖创新人才培养仍处于自发性、割据式的模式，各级学校在培养目标、课程内容、培养方法、评价机制等方面缺少一致性、衔接性和贯通性。

（三）拔尖创新人才教育资源配置不均衡

拔尖创新人才的培养需要相应的师资、课程、科研平台等资源条件，但现实中，这些优质教育资源大都集中在大中城市。一方面，对于农村学生，甚至是县城、中小城市的学生来说，很难在当地接触到高水平的科普馆、科技大篷车、创新课程、科学实验室等拔尖创新人才成长所需的线下优质教育资源。另一方面，国家、省级层面优质线上课程资源分布比较分散，缺少体系化，很难弥补地方优质教育教学资源配置不均衡的不足。

二、建议与对策

（一）统筹推进机制

一是加强组织保障。高质量推动拔尖创新人才培养是新时代教育工作的重要使命，要加强省级层面整体谋划和系统设计，多维布局，搭建顶层架构。政府、高校、各级教育行政部门、科技企业等要有效协同，形成拔尖创新人才培养的最大合力。建议成立省级拔尖创新人才培养指导委员会，指导委员会由省政府、教育厅、科技厅、财政厅、省科协等相关部门负责同志组成，负责政策、措施的制定和决策，指导全省拔尖创新人才培养工作的组织与实施。建议成立由知名学者和教学名师组成的基础教育阶段拔尖创新人才培养专家委员会，充分发挥专家委员会的咨询指导、课程开发、评价督导作用。

二是加强政策支持。加强省级层面课程建设、智慧实验平台、师资培养、试点项目申报等与拔尖人才培养相关的顶层政策设计，建议以"分散＋集中""线上＋线下""普及＋试点"相结合的形式，统筹推进全省拔尖创新人才培养工作。统筹设立拔尖创新人才培养项目、科普资源建设等专项经费，支持薄弱地区改善教育资源配置，推动学生科研训练、创新实践、学术交流和社会实践活动，促进教师合作交流、能力提升等工作的开展。出台拔尖创新人才培养的教师考核激励办法、学生激励办法等，以人才培养为中心推进制度创新，打造江苏省拔尖创新人才培养的绿色通道。

（二）课程共建机制

拔尖创新人才培养的关键是高质量的课程供给。建议由省教育厅牵头，依托省拔尖创新人才培养专家委员会，协调各级各类教育资源，开发设计跨学科融合、上下学段贯通、科教普职融通的省级拔尖创新人才培养课程体系，不断优化提升拔尖创新人才培养的线上、线下课程供给体系。

从课程开发主体来看，要以高校、省教科院开发设计为主，以地方教育行政和教科研部门招标遴选为辅，线上建设资源，线下科学布点，丰富拔尖创新人才课程资源，推进教育公平。一方面，充分利用 AI 技术、虚拟实验室等技术，在江苏省名师空中课堂平台上，开辟拔尖创新人才培养课程专栏，让不同地区的学生都能体验到高质量的教学服务，使学生能根据需求与兴趣开展个性化、多样性的自主学习，并开展"群师一生""一人一策"的培养模式探索。另一方面，加大对优质教育资源的投入，建设一批省级高质量教育科普科研基地、拔尖创新人才培育项目，资助一批地方科普实验室、自主学习空间项目。

（三）贯通培养机制

义务教育阶段是拔尖创新人才的"孕育期"。重点应是面向全体学生，树立宽口径培养目标，让每一个有探索志趣又学有余力的学生都有机会接受个性化培育，激发潜能、拓展特长。一是持续推进"双减"要求，重拳整治不规范办学现象，深化教育教学评价改革，从源头上为师生减负；二是持续推进课堂教学改革，给学生提供情境化、实践性的教育教学条件，让学生在广泛接触和亲身体验中培养兴趣爱好；三是持续提升基层因材施教管理水平，倡导基层学校提供丰富的社团、综合实践、研学课程，对于兴趣特长明显、学习成绩优异的学生，提供灵活的教学管理和学习条件支持。

高中阶段是拔尖创新人才的萌芽期。要重点关注不同类别学生群体的个性化教育教学需求，开展好生涯规划教育，提供丰富多样、高质量、可选择的校本课程，让有能力的学生从多样化和有难度进阶的课程学习中"冒出来""长出来"。一是强化实践教学，改变"满堂灌"和死记硬背的教学与学习方式，激发学生的学习兴趣与探究欲望，着力提升学生的学习迁移能力；二是推进跨学科综合课程以及项目式学习，强化学生的数理化基础，夯实其人文社科和艺术领域通用知识，增强其组织协调和表达沟通能力；三是加大与高校、科普基地合作开发课程的力度，丰厚学生知识厚度、拓展其知识广度，完善其知识和能力素质图谱。

（四）师资培养机制

首先要解决"有没有"的问题。拔尖创新人才培养，师资队伍是关键。基础教育阶段，专业人才匮乏，从事拔尖创新人才培养的教师，大多都是半路出家，跨学科融合、科研融通能力较弱。一要加强省级统筹，鼓励高水平综合性大学参与科学类课程教师培养，倡导师范类院校科学教育专业提质扩容，从源头上加强高素质专业化科学类课程教师的供给；二要加强地方配备，各校要配齐科学教师，各地教研部门要配齐科学学科教研员，带领区域科学教师开展深入的学习培训、课堂观摩、交流研讨等活动，提高一线科学教育质量。

其次要解决"好不好"的问题。要深入推进基础教育阶段教师科学素养提升行动计划，培养一批高水平、复合型的科学类课程教师、科技辅导员。一要在省级层面成立拔尖创新教师培养工作室，在全省高校、科技企业、基础教育领域遴选优质教师和导师队伍，带领各地拔尖创新人才培养教师开展线上教研与研讨、线下集中培训提升；二要探索建立省级科技辅导员专业体系，研究制定科技辅导员专业标准，建立专门的科技辅导员职称系列，建立健全青少年科技辅导员队伍评价、保障和督导机制；三要健全教师激励政策、评价机制和管理制度，整合汇聚优质资源力量，激发高校学者、科技人才、基层教师参与科学教育的积极性和创造性，共同服务拔尖创新人才自主培养事业。

拔尖创新人才的自主培养是新时代教育发展的重要使命，基础教育是拔尖创新人才成长的摇篮，只有筑牢基础教育底基，才能为拔尖创新人才成长厚植沃土，增强"造血"能力。

借力学科交叉融合提升地方应用型高校拔尖创新人才的培养能力

王成强*

摘　　要

在新形势下，提升拔尖创新人才的自主培养能力显得尤为重要与迫切。在我国，地方应用型高校数量众多、分布广泛、功能重要，其拔尖创新人才的自主培养功能备受关注。笔者基于所在高校的实践经验，剖析了学科交叉融合对地方应用型高校拔尖创新人才培养能力提升的推动作用，并提出了一系列保障措施。

近年来，在国内外多因素耦合影响下，我国社会对提升拔尖创新人才自主培养能力的需求越发迫切。多项研究指出，拔尖创新人才需要具备完整的人格、宽阔的学术视野及创新性的思维品质。高校是拔尖创新人才自主培养的主阵地。在我国，地方应用型高校数量众多，在教育教学、科学研究、社会服务等方面具备重要的功能，承担着艰巨的职责，是故，它们应创造条件激发学生自主探索知识的兴趣，帮助其积累创新探究经验，提高创新实践能力，培养创新意识；使学生在完成本科阶段教育时，人格得到较充分发展、学术得到充分浸润，形成终身学习的意识和习惯，具备继续学习或攻关专业方向的能力，具有高质量完成下阶段工作或学习任务的潜能。综上，笔者建议，促进学科交叉融合，提升地方应用型高校拔尖创新人才的培养能力，进而加快实现"造就大量拔尖创新人才"这一战略目标。

---

* 王成强，民盟盟员，宿迁学院副教授。

一、学科交叉融合对地方应用型高校拔尖创新人才培养能力提升的驱动影响分析

（一）促进学科交叉融合，助力优化地方应用型高校的师资配置

科学合理的师资配置是大学生形成完整人格、拓宽学术视野以及养成创新性思维品质的先决条件。地方应用型高校往往因建校历史不长、办学资金不充裕、办学定位曾多次变更或对优秀人才吸引力不足等原因造成师资配置不合理，甚至形成较为明显的短板。在学科交叉融合下，形成课程群、专业群，甚至学科群，同一批教师可以服务多个专业，同一专业的学生能得到不同专业特长的教师的指导，这相当于优化了地方应用型高校的师资配置。

（二）促进学科交叉融合，助力改善地方应用型高校的实践教学条件

为成为拔尖创新人才，大学生需要理解理论知识、进行创新探索、积累学术研究经验等。高校应创造条件确保大学生完成此类实践教学环节。但地方应用型高校因在教学、科研、管理服务等方面积淀尚不厚实，往往会出现实践教学条件不足或者实践教学资源错配的情况。在学科交叉融合下，多专业的大学生错开时间，可能使实践教学条件不足的专业顺利完成各实践教学环节，改善实践教学资源错配问题，使得实践教学资源配置更为合理，减少了资源浪费。

（三）促进学科交叉融合，助力改善地方应用型高校的创新环境

创新性的思维品质是拔尖创新人才的关键要素之一。为提高大学生思维中的创新性，高校需要营造良好的创新环境。地方应用型高校往往因教学软硬件资源不充裕、优秀师资相对稀少、生源条件欠佳、教师教学任务相对繁重等原因使教学内容充分但深度不够，知识和思维拓展不够，设置的开放性作业的数量较少，评价方式略显单一保守，并进而表现出创新环境相对欠佳。在学科交叉融合下，多个专业共享优秀的教师资源和其他软硬件教学资源，加大教学内容深度，基于不同专业视角设置更多开放性作业，构建多元的评价方式，进而改善了地方应用型高校的创新环境。

（四）促进学科交叉融合，助力提高地方应用型高校的学术研究水平

作为拔尖创新人才的另一关键要素，宽阔的学术视野只有在老师的影响和引导下开展充分的学术研究实践才能形成。为拓宽大学生的学术视野，高校自身需要有较高的学术研究水平，并能向学生提供开展学术研究的平台和展示科研才能的机会。地方应用型高校往往因实验条件相对不足、优秀师资相对稀缺、

教师教学任务相对繁重、缺少学术研究时间等原因，造成其学术研究水平相对较低。在学科交叉融合下，不同专业面临不同的行业难题，在具体问题的驱动下，多个专业的优秀教师可以集中在一起，相互取长补短，开展有组织的学术研究，对关键难题进行集体攻关，积累研究成果和经验，这在一定程度上促进了地方应用型高校学术研究水平的提高。

二、借力学科交叉融合提升地方应用型高校拔尖创新人才培养能力的若干保障措施

（一）对学科交叉融合、拔尖创新人才培养要作好顶层设计

借力学科交叉融合提升地方应用型高校拔尖创新人才培养能力的实施者可以是专业负责人甚至是课程教师，但是其谋划者、推动者、成效评价鉴定者必须是高校本身。为确保培养出真正的拔尖创新人才，高校必须主动挑起推动、监督、评价等重担，做好顶层设计，担好领航掌舵之职责。地方应用型高校因为积淀不够深厚，反而转向调头阻力相对较小，在各类教育教学改革中具有相对优势。地方应用型高校应建好章、立好制、掌好舵，以确保下属部门和课程教师具备明晰的目标、奋发有为的动机、可参考的行动指南等，切实有效促进学科交叉融合，提升拔尖创新人才的培养能力。

（二）学科交叉融合、拔尖创新人才培养中要做好政策的协同与优化

进入新时代以来，外有诡谲的国际形势逼迫，内有我国自身发展内生需求驱动，为整体提高我国高等教育质量，政府部门陆续出台了多项政策，我国高校也随即响应，制定了相应的措施。这些政策的目标定位、颁发机构、政策受众、实施流程、效果外溢强度等虽实质目标相近，但是形式上相差甚远。这些政策间的关系错综复杂，政策颁发机构和结果鉴定评价机构各异。这导致在不少地方应用型高校中，政策贯彻执行的效率较低、成效不彰。地方应用型高校师资、经费及其他软硬件教学资源本来就相对匮乏，因此需要借助顶层设计做好政策的协同与优化，减少甚至杜绝各类教学资源的浪费，切实有效促进学科交叉融合，提升拔尖创新人才的培养能力。

（三）学科交叉融合、拔尖创新人才培养中要锚定目标、突出重点、注重实效

人类文明发展到现在，可供高校开设的学科专业门类繁多，漫无目的地进行学科交叉融合和培养拔尖创新人才毫无意义，也根本不现实、不可行。近年来，受国外无理由限制，我国在芯片的设计和生产等方面急需突破重要难关。

此外，我国在大数据、人工智能、新材料等领域还需要取得更多开创性的成果。因此，高校所开设的专业虽然是繁多的、动态的，但应该是有所侧重的。地方应用型高校师资、经费及其他软硬件教学资源相对短缺，因此在学科交叉融合、拔尖创新人才培养中要锚定目标、突出重点、注重实效。

（四）学科交叉融合、拔尖创新人才培养中要紧密依托教师所擅长的专业

教师的专业特长是学科交叉融合的源头，学科交叉融合为教师发挥其专业特长搭建了舞台。在通过学科交叉融合培养拔尖创新人才的过程中，高校应该在充分论证的基础之上，聚焦与教师的专业特长相近的专业，将相近学科进行交叉融合，将专业特长相近的高校教师聚集在一起，鼓励教师守好自己的根本，从所擅长的专业出发进行学科交叉融合，进而提升拔尖创新人才的培养能力。

（五）学科交叉融合、拔尖创新人才培养中要站稳专业人才培养定位、高校办学定位

和其他类型的教育教学改革一样，借力学科交叉融合提升地方应用型高校拔尖创新人才培养能力的教改探索，最终需要服务于专业人才的培养目标和高校的办学目标。因此，在学科交叉融合下提升拔尖创新人才培养能力的教改探索中，地方应用型高校要站稳专业人才培养定位和高校办学定位。

（六）学科交叉融合、拔尖创新人才培养中要充分利用高校所在地方的优势资源

地方性本身就是地方应用型高校的优势之一。地方应用型高校得益于其所处的地方，也将尽力回馈其所处的地方，应和其所处的地方相互成就。因此，地方应用型高校应充分发挥其地方优势，切实有效促进学科交叉融合，提升拔尖创新人才的培养能力。

三、展望

江苏集经济重地、教育高地、创新先锋等多项荣誉于一身，在拔尖创新人才的自主培养中已辛勤耕耘多年。习近平总书记在党的二十大报告中强调，要"全面提高人才自主培养质量，着力造就拔尖创新人才"，2024 年政府工作报告提出要"完善拔尖创新人才发现和培养机制"。由此可见，当下我国对拔尖创新人才自主培养的迫切需求。置身于江苏的众多地方应用型高校，应和江苏省众多重点高校一道，充分利用江苏省在经济、教育、创新等方面的优势，在拔尖创新人才自主培养中大胆进行探索，并争取在全国范围内起到示范带头作用。

笔者所在的宿迁学院，近年来拔高了政治站位、抢占了历史主动、瞄准了战略方向、聚焦了重点任务，充分利用了宿迁本地的优势资源，大力促进学科交叉融合，对提升拔尖创新人才培养能力进行了探索，取得了一系列可喜的成果。笔者相信，我国众多地方应用型高校在学科交叉融合措施的助力下，必能自主培养出大量高质量的拔尖创新人才。

做好科学教育加法，助力拔尖创新人才培养

李红玲*　　张令臣**

摘　　要

为助力拔尖创新人才培养，要着力做好科学教育加法。本文通过分析江苏省科学教育实施中存在的问题，提出统筹动员相关部门积极参与科学实践服务项目、构建丰富合理的科学教育课程体系、建构年轻化、专业化、多样化的科学教育师资团队等解决策略。

一、研究背景

培养创新人才是世界各国关注的焦点，习近平总书记指出应"着力造就拔尖创新人才，聚天下英才而用之"。创新人才的核心特征是具有创新创造能力，基础教育阶段是培养学生科学精神、创新素质的决定性阶段，而科学教育正是相关素质培养的重要载体。经济合作与发展组织指出"中小学生的创造力是特定情境下被教师认可为独创且适切的成果的思考和行动过程"，而当前我国中小学教育在尊重并支持个体发展好奇心、求知欲，培养探索能力等方面存在不足。因此，江苏省应关注科学教育实施存在的不足，着力做好科学教育加法，使学校培养创新人才的工作真正落地，从而提升中小学生的科学素养和创新能力，一体化推进教育、科技、人才高质量发展，促进拔尖创新人才培养。

---

　* 李红玲，宿迁市第六届政协委员，民盟宿迁市高教总支主委，宿迁学院文理学院副教授。
　** 张令臣，政协沭阳县第十三届委员会委员，江苏省金钥匙科技竞赛人工智能仿生机器人专家库成员、宿迁市科协全委会委员。

二、江苏省科学教育实施现状

（一）丰富资源供给

资源建设和供给是学校科学教育的重要支撑和保障，通过顶层设计可以完善校内资源建设并综合统筹区域优质资源进行针对性配给。例如：苏州相城区校内创客教室、科普长廊、地震馆、未来教室等科技教育场馆设施一应俱全；南通如皋建立了全市协同的中小学科学教育工作体系，围绕教师培训、资源建设、场馆开放等方面进行科学教育资源供给，有效提升了全市中小学生科学素养。

（二）优化课程体系

针对性的课程安排有助于教学目标的达成，通过课程体系的优化可以为科学教育提供重要载体。例如：南京很多中小学分别设立了机器人社团、无人机社团、创意编程社、飞天航模社等；又如扬州市很多中小学自主开发了适合小学生操作的科学工具教材，开设激光切割达人等课程，开展智能灌溉、太阳能自动控温等科学项目，丰富多样的科学活动充分激发了学生科学探索的热情。

（三）加强师资建设

师资建设是教育建设的重要环节，通过高级研修班、观摩研讨会、区域教研活动等可以提高教师教学质量。例如：苏州市举行的小学科学名师导航活动，让科学教师齐聚一堂，通过优秀课堂观摩、名师分析指点、同伴交流研讨实现从实践到理论的提升，夯实了科学教育的师资基石。

三、江苏省科学教育实施存在的问题

（一）科学实践服务项目动员不足

由于社会对学校的评价仍具有较强的功利性导向，导致学校的关注点更多放在学生的专业课成绩和升学率上，而对科学实践服务项目关注不足。部分城市虽有顶层设计，但落实不足，缺少指导动员，导致"馆校衔接"等活动难以常态化运行，基层实践展开存在困难。

（二）科学教育课程体系不够完善

经调研和走访，发现江苏各市县的"双减"工作落实程度不同，科学教育课程体系差异较大。南京、苏州等苏南城市对学生的培养较为全面，而苏北很多地区课程体系较单一，主要体现在重视体育、美育，而忽略了科学教育，特别是一些乡镇学校没有真正落实"双减"，采用"阴阳课表"应付检查。

（三）专业科学教育师资严重匮乏

《义务教育科学课程标准（2022 年版）》指出，科学教育教师应分为能够理论联系实际的专职教师和理解科学知识具备动手操作能力的兼职教师，科学教学要以促进学生核心素养发展为宗旨，精心设计教学活动，因此教师的专业性非常重要。但调查显示：很多中小学专业科学教育教师太少，有的学校只有一个科学教师，因此科学实践类课程大部分由缺乏系统科学教育知识的其他学科教师兼任（比如美术教师等）。

四、江苏省科学教育实施完善的建议

（一）统筹动员相关部门积极参与科学实践服务项目

苏南学校的科学设备配置比较全面，考虑到苏南、苏北的经济差异，不能用同样的标准要求所有学校的科学教育配置。因此需要充分开发和利用已有的社会资源，发挥各类博物馆、天文馆等科普场所和高等院校、高新技术企业的作用，实现"基础教育—高等院校—科研院所—科技企业"的科教协同。而想要建立常态化"馆校衔接"活动，就必须有顶层设计与全局规划，因此建议省级层面强化部门协作，统筹动员相关部门向学生开放平台与资源，为广泛实施科学实践教育提供物质基础。

首先，应对已有的相关机构提出科普任务要求。例如：博物馆、天文馆等应充分利用周末，采用个人参观与团队参观相结合的方式，给中小学生提供服务；高校应在寒暑假开放，采取夏令营冬令营等方式，给中小学生进行前沿知识的科学普及；高新技术企业应有接待参观任务要求，通过网络预约方式，为中小学生团队提供观摩学习机会。

其次，应从政府层面不断完善科普设施和内容。例如：积极推动各地建设具备科普、体验等多功能的教育基地；深化应急环保设施开放，丰富环境科普内容形式，打造生态文明教育基地；鼓励各有关部门、单位建立"科学教育社会课堂"专家团队，遴选科学教育、科技教育专家充实"科学教育社会课堂"专家团队，开发适合中小学生的科学教育课程和项目。

（二）构建丰富合理的科学教育课程体系

建议省级层面对各市县（区）进行系统化指导，强化过程考核，突出科学素养的培养。首先，多样化是创新的基础和前提，要建构出科学合理、内容丰富的科学课程方案，能够涵盖人工智能、创客、编程、无人机、"三模一电"

等课程，并提供政策鼓励开展科技社团活动、开展优秀科技社团评选等，兼顾体验性与竞赛性，为学生搭建展示创新能力的平台。其次，科学教育应该积极参与到各个基础学科中，构建跨学科开放式课题，培养学生综合运用所学知识解决问题的能力。

这里需要警惕的是两个极端：第一个极端是否定学科竞赛的作用，认为学科竞赛只会浪费学生的时间影响升学率；第二个极端是把学科竞赛功利化，从天赋兴趣导向变成了升学导向，不仅未能激发出学生的学术志趣，反而将天赋和志趣的竞争演变成资源投入的比拼。因此，价值导向问题必须被重视、被规范。

（三）构建年轻化、专业化、多样化的科学教育师资团队

强教必先强师，提升科学教师队伍要从已有师资和补充师资两方面入手。首先，应该加强统一的中小学科学教育教师专业培训，以点带面打造一批能够"识千里马"的"伯乐"。从创新人才发展的目标、活动过程和评价三要素出发，为教师改进和重构教学设计提供系统化支持，让教师有理论的指导、有工具的支撑、有范例的借鉴、有专业的培训。其次，"双减"成效很大程度得益于专业化的师资团队，建议省级部门遴选科学素养高、专业程度好、年富力强的科学教育专家团、监督员等。针对大多数学校课程资源不足的问题，建议市县（区）教育主管部门积极吸收在编在岗的青年教师参与。要鼓励多学科教师加入，积极开展跨学科科技活动，建立以人大代表、政协委员、退休教师、学生家长、高校优秀师生以及社会专业人员为主体的志愿者队伍，支撑学校科学教育课后服务，做好科学教育加法。

关于培养跨学科能力和解决复杂问题能力的思考与建议

张常亮*

摘　要

发展新质生产力的时代背景提出了对拔尖人才培养方法的创新需求。科学技术视域下的拔尖创新人才培养必须调整教育与科研系统，以培养能够驾驭未来技术潮流的创新领军人才。高等教育及科研机构突破既有的学科壁垒，采取更为灵活和综合的教学策略，提升学生的跨学科能力和解决复杂问题的能力。与此同时，社会治理机构和教育界应继续实施"党管人才"战略，确保创新拔尖人才的政治素质和意识形态安全。

今年3月5日，习近平总书记在参加他所在的十四届全国人大二次会议江苏代表团审议时强调，要牢牢把握高质量发展这个首要任务，因地制宜发展新质生产力。他指出："新质生产力是创新起主导作用，摆脱传统经济增长方式、生产力发展路径，具有高科技、高效能、高质量特征，符合新发展理念的先进生产力质态。"习近平总书记为发展新质生产力指明了方向、廓清了概念、给出了路径，点出了高科技在新质生产力中的重要意义，同时为科学技术视域下的拔尖创新人才培养提出了更高的要求和目标。

一、在发展新质生产力的时代命题下重新审视拔尖人才的培养

长期以来，关于拔尖创新人才的培养存在各式各样的观点和理念，从产学

---

* 张常亮，民盟江阴市高新区支部盟员，江苏佰澳达生物科技有限公司总经理、董事，江苏省产业教授。

研学用结合进行的探讨不胜枚举，这些在发展过程中即时即景的讨论给解决当下问题带来了广阔的视野和多元的方法。本文旨在结合部分前述讨论的基础上，紧密结合习近平总书记提出的发展新质生产力的时代命题，提出培养拔尖创新人才的方案。

笔者认为，"拔尖创新人才"这一定义不是一成不变的，而会随着经济社会发展的不同阶段而主动或被动地发生观念变迁，与之因应的必须是方法维度的调适。党的二十大以来，国际形势波谲云诡，产生了诸多印证习近平总书记"百年未有之大变局"判断的重大变化。在这个关键的历史时期，中国共产党的人才策略不仅需要在治理维度上进行高效的落地和实现，更需要全社会结合自身行业发展特质积极响应，在党的引领下全面实现习近平总书记擘画的高质量发展战略。

（一）培养拔尖创新人才是发展新质生产力的重要组成部分

习近平总书记在 2020 年 9 月 11 日的科学家座谈会上曾指出："科技创新特别是原始创新要有创造性思辨的能力、严格求证的方法，不迷信学术权威，不盲从既有学说，敢于大胆质疑，认真实证，不断试验。"习近平总书记的论断强调了科技创新中创造性思辨和求证方法的重要性，究其根本，就是要在新的时代背景下把握历史发展给出的机遇周期，树立因应时势发展的新型人才观念，为全面实现中国式现代化提供可靠的智力资源和人才资源保障。习近平总书记反复强调的"实证"与"试验"彰显了他严谨务实、实事求是的工作作风，同时为拔尖创新人才的遴选标准提供了切实可行的现实依据。

（二）发展新质生产力所需拔尖创新人才的人群画像

结合习近平总书记以上的论述，我们可以定义发展新质生产力所需的拔尖人才为具备高度创新思维和实践能力，能够在科技创新、数字经济、智能制造、产业升级等领域发挥引领作用的专业人才。这类人才应具备以下特质：

一是要具备创新思维。拔尖人才应具备强烈的创新意识和创造性思辨的能力，能够不迷信权威，敢于质疑和挑战现有学说，创造性地提出新的理论和方法。

二是要有极高的科技素养。他们应具备深厚的科技理论功底，包括但不限于掌握前沿科技知识，熟悉科技发展趋势，能够通过抽象思维创造性地擘画创新研究路径。

三是要有与认知匹配的实践能力。拔尖人才需要有严谨的科学态度和求证方法，在拥有卓越的认知和创造性能力之外，必须能通过不断试验和实证来推动科技创新和成果转化。

四是要有跨学科融合的视野。在新质生产力的背景下，拔尖人才还需具备跨学科的知识融合能力，能够将不同领域的知识和技术进行整合，创造出新的价值和增长点。

五是要有领导力与团队协作能力。除了专业技能，拔尖人才还应有良好的领导力和团队协作能力，能够带领团队应对复杂挑战，推动项目的成功实施。

六是要有道德素养与社会责任感。拔尖人才应具备高尚的道德素养和强烈的社会责任感，更要对中国式现代化过程中的国情有深刻清醒的认知，且同时具有较高的政治站位，能确保科技发展更好地为人类福祉以及中国国家利益服务。

二、发展新质生产力的时代命题下拔尖人才培养存在的问题

（一）中国的教育体制（特别是与科技创新相关的自然科学学科）存在较大局限性，应试压力较大

当前，我国的教育模式强调记忆和重复练习，不利于培养学生的创新思维和解决问题的能力。课程内容僵化，现有课程设计难以快速适应科技行业的新变化，限制了学生接触和学习前沿科技与思想的机会。在发展速度日趋加快的人工智能领域，更多的发展动因来自产业化应用的驱动，学术科研领域的进展在某种程度上注定是滞后的，这就要求产业与学术科研必须高度互动以形成合力。

（二）社会文化环境对创新人才的培养也存在一定制约作用

中国传统文化里普遍存在的风险规避意识可能抑制学生和研究者进行高风险、高回报的创新尝试。此外，虽然跨学科和跨机构的合作模式已有所改善，但这种合作仍不够普及，这限制了知识的交流和创新思想的碰撞，亦不符合前文所述通过学科跨界实现突破创新的路径。

（三）资源和资金的不均衡分配亦是影响创新人才培养的重要因素

顶尖学府和发达地区的资源集中，而其他地区则相对较差。尽管我国总体研发投入近年来持续增加，但相比于经济总量，研发投资的比例仍有待提高，尤其是在基础研究领域（许多跨学科合作受制于基础科研进展缓慢）。

（四）政策和法规方面的挑战也不容忽视

知识产权保护不足是制约创新的重要风险，它影响了研究人员和企业的创新积极性。此外，政策的不确定性和频繁变动可能导致创新环境的不稳定，从而影响长期研发投资和人才培养计划。

综上，我们需要进一步改革科创领域拔尖创新人才的教育培养模式，加强课程内容的前瞻性和实用性，培育创新文化，合理配置资源，强化知识产权保护，营造开放包容的国际合作环境。

三、发展新质生产力时代命题下拔尖人才培养的建议

（一）调整教育策略和资源配置，以培育能够适应未来市场和技术要求的创新人才

在当代中国的技术创新和科研实践中，习近平总书记为我们提供了重要的指导原则和行动框架。他尤其强调思想解放以及打破旧有的产学研常规，这对于挖掘和实现创新型突破性技术解决方案的潜力至关重要。正如习近平总书记在多个场合所强调的，"创新是引领发展的第一动力"，我们必须从根本上解放思想，把握和利用科技创新的机遇。要敢于挑战现有的知识体系和技术路径，不拘泥于传统的学术界限和产业实践。思想解放不仅仅是理论上的更新，更要在实践中进行具体行动的回应。我们应构建更为开放和协同的创新生态，通过跨学科、跨行业的合作，促进知识的深度融合和创新思维的激发。打破传统的产学研常规是实现技术突破的必要条件。传统模式下，产业界、学术界和研究机构往往各自为战，缺乏有效的互动和资源共享。习近平总书记在强调构建创新型国家的过程中，特别提出要加强产学研用的结合，通过政策引导和制度创新，搭建多元化的技术创新平台。这种平台不仅能够整合各方资源，优化创新环境，还能在实际操作中检验和快速迭代新技术，加速从理论到实践的转化过程。

（二）在发展科技创新的同时加强政治引导确保政治安全和意识形态安全

在实际教育过程中，强调科技专业技能的同时，可能会忽略对政治教育和社会责任感的培养，导致创新人才在科技领域的专业能力与在政治和社会层面的理解能力不成比例。这种差距可能会造成技术人员在面对伦理和社会问题时的决策短视，从而影响科技创新的广泛应用和社会接受度。在当前全球化和技术快速发展的背景下，科技创新成为推动国家竞争力提升的关键因素。然而，

科技创新不仅是技术问题，也深深嵌入政治和意识形态层面。因此，坚持"党管人才"方针，在推动科技创新的同时加强政治引导，是确保国家政治安全和意识形态安全的重要策略。这一方针的核心在于通过党的领导来统筹人才发展和科技进步，以确保这些进步符合国家的长远利益和社会主义核心价值观的要求。

（三）构建新型劳资关系全面增强拔尖创新人才的获得感和参与感

这种政策旨在通过将创新人才的智力劳动与其经济利益紧密联系起来，从而提高科技人才的积极性和创新效率。笔者认为，这将是破题拔尖创新人才培养的关键制度创新。一要确立明确的智力成果评估机制。国有企业和投资机构可以建立一个由专家组成的评审委员会，负责对创新成果的商业潜力和技术价值进行评估。这一机制应包括多维度的评价标准，如技术创新程度、市场应用前景及其在行业中的领先性等。二要制定合理的成果分配政策。基于评审委员会的评估结果，将创新成果的经济价值转化为对创新人才的直接经济奖励。三要实施持续的政策优化和反馈机制。通过定期回顾激励政策的实施效果，并收集创新人才的反馈，对政策进行必要的调整和优化，确保激励机制能够持续有效地促进科技创新与成果转化。

（四）进行人才管理政策创新

引入更多绩效和成果导向的评估标准，以及调整人才流动政策，提供更多激励与支持措施（如签证便利化、人才引进补贴等），促进国际人才的自由流动。政府可以建立更加智能的政务服务平台，简化行政程序，提高服务效率，同时利用大数据和人工智能技术优化公共资源配置，增强社会治理的科学性和精准性。通过这些具体的措施，可以有效应对新质生产力发展带来的挑战，促进经济结构的优化升级，同时激发市场活力和创新动力，在发展新质生产力的大背景下最终实现社会和经济的全面发展。

高中教育阶段拔尖创新人才培养策略研究

单林云[*]

摘　要

　　现阶段拔尖创新人才培养是我国教育强国建设的核心任务。高中教育阶段是人才成长的关键时期，对于拔尖创新人才的培养具有重要意义，要立足国情，加强人才成长与培养相关研究，构建系统全面的制度体系，建立多样化评价机制，强化价值塑造、模式创新、体系建构、治理保障，为现代化强国建设提供坚实的人才支撑。

　　拔尖创新人才是当前教育的重要研究课题。党的二十大报告首次将教育、科技、人才进行统筹部署和整体规划，强调全面提高人才自主培养质量，着力造就拔尖创新人才。党的二十届三中全会再次提出，提升国家创新体系整体效能，必须加强自主培养，造就一支规模宏大、结构合理、素质优良的创新型人才队伍。拔尖创新人才是指具有良好的创造性思维和创造性人格特质，具备健全的人格、良好的品德、丰富的知识积累、活跃的创造性思维、浓厚的合作精神以及冒险精神等健全优秀的综合素质，能够在某个领域持续发现和创造，具备国际化视野和竞争力，对社会发展具有价值与贡献的优质人才。我国关于拔尖创新人才培养的相关研究始于20世纪九十年代，现有的研究成果包括理论研究、政策研究和实践研究三大方面，对于什么是拔尖创新人才已有清晰定义，但对于如何培养的问题，研究多偏重高等教育和基础教育，如实施的"珠峰计划""英才计划""强基计划"等。高中阶段作为基础教育和高等教育的衔接时

---

　　* 单林云，民盟盟员，无锡宜兴市张渚高级中学工会主席，高级教师。

期，对于拔尖创新人才一体化培养意义重大，有关研究策略相对受到忽视，缺乏深入系统研究。随着人才培养相关政策与服务国家重大战略需求结合度越来越高，高中教育阶段拔尖创新人才培养既要有系统化的发展思维，也要有前瞻性的改革探索。现阶段高中教育中拔尖创新人才的培养主要存在以下三大方面的问题：

第一，人才成长理论研究不够，相关培养制度尚不健全。国内关于创造性人才的研究较少，以自然科学、科技研究领域为主，人文社科领域关注度相对较低，十分缺乏对高中阶段具备成为拔尖人才潜能的优秀学生成长规律的相关研究。虽然我国在人才培养方面制定了一些制度，但仍有不足之处，如在"强基计划"实施初期，因部分学生家长短视功利导致大量入围学生放弃校测，使得部分高校未能足额录取。目前出台的政策缺乏人才培养相关政策与法律保障体系，也未出台资优教育教师标准和培养体系。当前高中教育虽然提供了人才培养的良好制度框架，但仍然存在升学压力大、教育资源不均衡、心理问题频发等诸多问题。

第二，现行高中教育的人才选拔模式较为单一。拔尖创新人才培养的重点是发现、培养具有学科潜质的优秀学生，建立系统全面的多样化评价体系。当前，我国的招生制度已形成分类考试、综合评价、多元录取的模式。但是，当前高中教育人才选拔模式仍偏单一，高中尤其是重点高中招生名额的限制和招生的"掐尖儿"方式使得进入重点高中就读的注定只能是少数学生。学科竞赛教学和竞争模式趋向功利化，一些学校把拔尖创新人才的培养等同于竞赛获奖。升学导向的过度强调将天赋和志趣的竞争演变为资源投入的比拼，导致一些优秀人才被忽略，人才培养渠道尚待进一步拓宽。

第三，人才培养举措缺乏科学性、专业性，教学管理的系统性、创新性不足。高中教育阶段培养拔尖创新人才的对象是处于成长期、具备较好的综合素养和潜能的优秀学生。课程建设是学习资源和学习机会供给的主要体现形式。信息化、智能化时代更加强调教育的质量和学生综合素质的培养。目前高中教育还做不到因材施教和个性化教育。高考这一升学"主干道"竞争越来越激烈，超级中学"流水线式"的培养方式严重挤压了普通中学生的发展空间，不利于人才"冒尖"，使得拔尖创新学生逐渐平庸化，创新性不足。当前，高中教育聚焦于课内知识的学习，课程架构在兼顾广度、深度和连通度上科学性不强。教学管理偏重结果性检测，忽略实践应用，在教学管理操作上不够专业、系统化，与大学阶段的学习及未来职业规划衔接度较低。

习近平总书记在 2023 年"两会"参加江苏代表团审议时强调："要深化科技体制改革，大力培育创新文化，健全科技评价体系和激励机制，为创新人才脱颖而出、尽展才华创造良好环境"。江苏科教资源优势突出，且有良好的产业创新和科技创新基础，在创新拔尖人才培养方面极具资源条件和发展优势。因此，江苏应立足国家发展战略，以树德立人为根本标准，创新育人模式。本文针对相关问题策略，提出如下建议：

一、开展人才成长规律研究，加强培养制度体系建设

政府要积极发挥拔尖创新人才教育的主导作用，将拔尖创新人才培养纳入教育组织体系，高度重视理想信念、道德修养和健全人格的正确价值引导，加强顶层设计的整体性，从多个角度整体设计、全面规划政策体系。联合专业教育研究机构，依托现有教育资源，开展人才成长相关调查研究，梳理总结相关规律，形成完整的拔尖创新人才培养理论体系。在推进高考综合改革的基础上，研究并制定拔尖创新人才教育标准（如办学资质标准、优质学生识别标准、学校硬件建设标准、各类型机构管理标准等），建立起拔尖创新人才教育管理体系，探索具有地区特色的创新生态体系，以服务国家重大战略需求和解决重点难点科研课题，建立具有地域风格的拔尖创新人才培养路径。

二、实施多元化、个性化的课程设计，建立灵活弹性的教学体系

充分利用社会层面的优质资源，积极构建超越现有"标准化"的课程框架和评价框架。创新个性化课程设计，实施弹性教学管理，构建核心知识和实践能力并重的高质量课程。依托地方政府、一流院校、头部企业、科研平台、产业化基地等，从课程、师资、社会资源等方面着力，建立常态化、系统化的人才培养机制，推进跨学科综合课程及项目式学习、生活，强化实践教学，激发学生学习和探究的兴趣。推动大数据、人工智能等高新技术方面人才的培养，积极探索利用学术夏令营、"院士课堂"、跨地域的网络人才社区等方式，突破教育资源分布的不平衡及时空限制，开展因材施教的专门性培养等，实现教育理念、体系、制度、内容、方法和治理的全方位创新，为特殊人才的发展提供特殊通道。

三、优化现行评价选拔机制，加强学生人生发展规划指导

　　高中是基础教育的高级阶段，在多样化发展的理念引领下，要尽快推进高中考试制度变革，优化高中人才选拔方式，更新选拔标准，探索特色高中建设。要根据高中阶段学生的特点和成长规律，建立更具针对性、适配于人才特征的评价选拔机制，扩大人才识别的范围。充分考虑拔尖创新人才的独特性和差异性，为"怪才""偏才"开辟多元选拔通道，让更多具有潜质的创造性人才被发现。按照"宽口径、厚基础"的培养理念，培养复合型人才，积极开展拔尖创新后备人才培养的实践探索，形成更加科学、系统的识别体系。开展生涯规划教育，指导学生选择适合自己的大学和专业，甚至是未来的职业。积极引导优秀高中生理性规划人生，营造宽松、包容的教育环境，建立全面的生涯指导服务体系。

披沙拣金当伯乐　循序渐进育人才

——普通高中阶段创新人才甄选和培养建议

胡莹芳*

摘　要

创新人才培养是关乎全社会的系统工程，学校和教育职能部门担负着重要的责任。一是要甄选创新人才培养对象。要重视选拔对象的道德品质和思想动态，多元评价，综合筛选，特生特选，包容学科发展欠均衡的创新后备人才。二是要确定导师，为创新人才培养确定引路人。要在明确创新人才发展对象的需求和目标的基础上，评估和确定候选导师。三是要制定个性化的创新人才培养方案。四是要循序渐进，培养创新人才。要设置研究型课程，引入项目式学习方式，加快创新实验室建设，建立全国统一的创新学习平台，打通从高中到大学的课程壁垒。

功以才成，业由才兴。建设创新型国家的关键在于创新型人才。《中共中央关于进一步全面深化改革、推进中国式现代化的决定》提到"教育、科技、人才是中国式现代化的基础性、战略性支撑。必须深入实施科教兴国战略、人才强国战略、创新驱动发展战略，统筹推进教育科技人才体制机制一体改革，健全新型举国体制，提升国家创新体系整体效能"。由此可见创新人才培养是关乎全社会的系统工程，学校和教育职能部门担负着重要的责任。《国家中长期教育改革和发展规划纲要（2010—2020年）》明确强调：高中教育要"推进培养模

---

* 胡莹芳，民盟苏州市张家港教研支部盟员，张家港市外国语学校中学高级教师。

式多样化，满足不同潜质学生的发展需要"，要"探索发现和培养创新人才的途径"。因此，高中阶段发现和培养创新人才是尊重学生的个性发展和发掘学生潜力、适应新时代新形势下国家和社会发展的需要。

一、甄选创新人才培养对象

创新人才不同于传统的"偏才"和"怪才"。创新人才不仅要有强烈的社会责任感，而且要在特定领域有丰富的知识储备，在知识应用和实践上有求新求异的思路和做法，并能通过引入新的理念、技术、产品、技能、服务来创造新的价值。创新人才是具备特定知识、技能和经验的个人，能通过发挥自己的创造力和智慧来推动创新的实现。创新人才的甄选要遵循以下三个原则。

（一）重视道德品质和思想动态

创新人才要有为报效祖国、服务社会而勤奋学习的社会责任感，并具有积极为科学研究而奉献的远大志向。思想是行动的前提，道德是行动的准绳。在思想方面，学校要有明确的选拔标准，各高中学校要从高一入学前的军训开始，观察评测学生的道德品质和思想动态，并定期开展思想政治教育，固思想之元，以确保创新人才的思想动力。

（二）多元评价，综合筛选

创新人才的选拔要采用以学科竞赛为主、多元评价为辅的综合甄选方式。当下普遍的重知识轻能力、重理论轻实践、重共性教育轻个性发展的现象，不利于创新人才的培养。学科竞赛是促进教学改革、加强实践教学、培养创新能力和实践能力的途径。学科竞赛结果也是衡量学生是否具有创新能力的重要指标之一。在各级学科竞赛中成绩优异、表现出色的学生，或在各级发明创新大赛中成绩优异、具备优秀的发明创新能力的学生是创新人才选拔的重要指标之一。但是，创新人才的甄选不能仅仅靠单一的学科竞赛成绩，也要结合个人陈述、面试交流和社会参与等方面的测评。

（三）特生特选，包容学科发展不均衡的创新后备人才

在甄选创新人才的培养对象时，学科全面发展、学习成绩优异是基本指标。但是对于在某个领域有突出表现的学生，在符合其他条件的前提下，如果本人和其家长也有强烈的意愿专注于该领域的发展，那么可不考虑其学科发展欠均衡的状况，将其纳入创新人才培养对象。

二、确定导师，为创新人才培养确定引路人

导师在创新人才培养中发挥着至关重要的作用，他们担负着培养学生学术能力和促进其品德发展的责任。为创新人才配备一名合适的导师需要遵循以下步骤：

（一）明确创新人才发展对象的需求和目标

导师不仅是学生学术领域的引路人，也是个人成长道路上的引导者。根据创新人才对象的需求和目标确定导师，首先要明确创新人才对象的专业领域、技能需求以及发展目标。然后评估具备哪些专业知识、经验和能力的导师才能支持该创新人才对象在创新领域的发展。

（二）评估和确定候选导师

明确发展对象的需求和目标后，在学校、相关的研究机构甚至相关的企事业单位中搜寻能支持该对象发展的潜在导师。然后综合评估备选导师在相关领域的学术成就、研究成果、行业经验以及对创新的理解和支持程度。与此同时，也要考虑备选导师的指导风格是否适合该发展对象，该备选导师是否有足够的时间和精力来指导该发展对象等。

三、制定个性化的创新人才培养方案

在确定创新人才的培养对象和导师后，要制订个性化的培养方案。制定培养方案时，既要考虑培养对象的学科发展能力及其他学科发展状况，也要考虑其个人意愿和需求。

在制定个性化培养方案之前，要通过问卷调查、心理测试等多种方式，对培养对象的特性进行深入分析，包括性格、兴趣、能力、价值观等。了解其个性特点和发展能力，为后续的培养计划提供有力支持。然后导师根据实施方案分别在高中课程和学科竞赛方面开展培养工作。基于以上的结论，导师要分析创新人才培养对象的特性并给予定位，为其制定具体可行的培养方案。培养方案既要关注短期的技能提升，也要考虑长远的学业发展。方案中应包括详细的培养目标、培养进度表、培养效果评估方法。

四、循序渐进的培养创新人才

（一）设置研究型课程

目前我国的传统教育过于注重知识的灌输，而忽视了对学生的创新思维和实践能力的培养。因此，学校要引入更多具有探索性、实践性和创新性的研究型课程（如科学研究方法、创新设计、跨学科融合课程等），以激发学生的探索欲望和创新精神。比如，本着培养科技精英的要旨，突出科技教育。学校可以推出"数学、科学和技术特色中学联合课程"，为具有相关优势的学生提供专业发展和交流机会。

（二）引入项目式学习方式

项目式学习是创新人才培养的重要途径。通过设定具有挑战性的学习项目，让学生在解决实际问题的过程中，学会独立思考、团队协作和创造性地解决问题。项目学习不仅可以提升学生的实践能力，也有助于培养学生的创新思维和解决问题的能力。比如，在实施"数学、科学和技术特色中学联合课程"时，导师引导学生自主设定项目目标、制订项目计划、进行项目研究、展示项目成果并进行多维评价。

（三）加快创新实验室建设

创新实验室是进行创新实践和科学研究的重要场所。有条件的高中要加大对创新实验室的建设投入，配备先进的实验设备和仪器，为学生创造良好的创新研究和实践环境。实验室的创建会促进学生的技能学习和项目研究相结合、验证学习与探究学习相结合。创新实验室能满足学生对技能的学习需求、对科学技术实验的验证需求及对研究型学习的需要。

（四）建立全国统一的创新学习平台

建立全国统一的创新学习平台需要各级教育机构、企业和社会各界的共同努力和协作。建立全国统一的创新人才培养平台能整合全国范围内的教育资源，形成协同创新网络，以发挥各地区、各行业的优势，共同推动创新人才培养。在平台上，不仅有学生间、师生间的互动，也有全国范围内有成功经验的企业家、教育家等各行业精英的相关讲座。这样，创新人才就可以实现点和面的双重突破。比如，在全国统一的以数学、科学和技术为特色的平台上，使用者不仅可以进行理念传播、资源共享，也可以进行究诘辩难，鼓励学生进行独立探究、独立思考得出结论，进而形成批判思维能力。

（五）倡导学研结合的培养模式

在高中阶段培养创新人才时，学校要将国家实施的重大高新技术研发计划、项目资助计划以及政府资助的各类高新技术研究和创新人才培养项目相结合，带动相关领域的人才培养。学校应研究各级研发计划涉及的课程，聚焦优势学科，构建交叉课程体系，整合学校优势资源，设置学科交叉课程组，利用顶尖科研资源，打造学研融汇的创新培养模式。

（六）打通从高中到大学的课程壁垒

打通高中和大学的课程壁垒是创新人才培养持续发展的保证。大学课程与高中课程的壁垒往往涉及人的逻辑、知识的逻辑和环境的逻辑三个方面，这三方面共同构成了教育衔接的根本框架。其中，知识的逻辑是课程壁垒的中枢环节，也是教育管理部门尤其要解决的问题。大学课程的设置者要充分考虑高中课程以及高中学生的特点，厘清教育的脉络，设置能顺应学生成长特点、促进创新人才能力有序增长的课程体系，让大学成为创新人才在高中之后的又一个崇尚真理探究学问之所、助飞梦想推动创新之所。

"产学研"

——自主人才培养可行性分析

王学芳[*]

摘　　要

聚焦完善拔尖创新人才发现和培养机制的重大战略需求，首先，基于当前的教育现状，本文提出要着力发展"产学研"项目，从其前瞻性、专业性和深入性来定位人才自主培养的着力点；其次，从提供可能性、指向专业性、形成梯队性、锤炼社会性的四个"产学研"的优势和教育发展的趋势，打开人才自主培养的切入点；最后，提出"产学研"共建研究中心和基地使人才培养更专业、共同开发课程与教材使方向调整更及时、共同挖掘资源与信息让导师指导更多元、共同制订计划与方向让人才输出更定向四种模式作为助推人才自主培养的突破点。

习近平总书记在党的二十大报告中强调，要"全面提高人才自主培养质量，着力造就拔尖创新人才"，2024 年政府工作报告也重点提出要"完善拔尖创新人才发现和培养机制"。聚焦国家重大战略需求，增强自主培养拔尖创新人才的自觉与自信是当下教育发展的重中之重。本文主要从学校教育倡导的"产学研"出发，论述了"产学研"的起因、意义以及如何开展"产学研"。

一、"产学研"起点，定位人才自主培养的着力点

纵观历史，拥有大量优秀创新人才的国家，在国际合作与交流中更具话语

---

* 王学芳，民盟苏州市吴江区委员会文化一支部盟员，江苏省苏州市吴江区江村实验学校高级教师。

权和影响力，也能够更好地传播国家文化、价值观和发展理念，树立国家的国际形象。首先，创新拔尖人才是推动科技进步和产业升级的核心力量。其次，创新拔尖人才对于解决国家重大战略需求具有关键作用。最后，创新拔尖人才是国家软实力的重要体现。

目前，学校仍然约定俗成地将拔尖创新人才等同于学业成绩优秀的学生，注重理论知识的传授而忽视了实践能力的培养。课程设置缺乏社会属性、前瞻性和国际视野。传统的教师队伍构成和培养模式也制约了拔尖创新人才的发现和培养。这就影响了学生解决实际问题的能力、创新潜力、综合素质和个性发展。

秉承教育的最终目的是为社会输送人才这一宗旨，笔者建议着力发展"产学研"项目，即在高等院校设立"产学研"项目或者在中等教育、基础教育学校院渗透"产学研"项目。一方面，"产学研"项目的实施有利于根据国家的战略需求和社会的实际情况，有针对性地培养专业人才，为国家的长远发展提供有力的人才保障。另一方面，有利于人才培养和经济、社会发展深度融合，让受教育者更好地了解社会的需求和产业的发展趋势，并有针对性地提前认知、提前学习、提前实践，保障专业人才的可持续输出。更重要的是在"产学研"项目的实施中，因为这种学习的前瞻性、专业性和深入性能更有效地发现拔尖人才、培养拔尖人才。

二、"产学研"特点，打开人才自主培养的切入点

笔者所述的"产学研"项目主要指在高等院校或中等学校、基础教育学校设立产业、学术、研究相融合的项目，产业界作为技术需求方与高等院校或中等学校、基础教育学校建立联系，让学生直接参与到企业的实际项目中。学院通过理论研究、实践操作推动知识和技术之间的转化，在促进产业创新和发展的同时，孕育、培养出社会各领域所需的拔尖人才、创新人才、稀缺人才。

"产学研"项目在高等院校或中等学校、基础教育学校的设立，对新时期的创新拔尖人才人才培养工作大有裨益，主要体现在以下几个方面：

（一）"产学研"项目，为自主人才的发现和培养提供可能性

设立"产学研"项目能关注到那些对某一领域有好奇心、探索欲和求知欲的受教育者，可以给他们提供探索未知领域的平台，满足他们寻求新的知识体系并追求更深层次的理解和突破的愿望，使他们有条件、有能力提出新的观点

和见解。这为发现和培养自主人才提供了可能性。

（二）"产学研"项目，为自主人才的发现和培养注入了专业性

设立"产学研"项目，能根据受教育者的发展需求为其提供实践的场所，让他们能深入产业核心研创攻坚工作，从产业实际出发运用自身知识独立思考、推陈出新，发现问题、分析问题并勇于尝试新的方法和途径来解决问题。这为发现和培养自主人才注入了专业性。

（三）"产学研"项目，为自主人才的发现和培养形成梯队性

设立"产学研"项目，可以集中产业界、学术界和科研机构的资源和优势。在共同投入研发中，产学研三方可以同步提高技术创新的能力和效率。同时，这种合作还可以加速科技成果的转化和应用。这既为产业发现和培养自主人才打造了不同层面的梯队，也为产业形成了可接力的队伍。

（四）"产学研"项目，为自主人才的发现和培养锤炼社会性

产业项目为受教育者提供实践和研究机会，可以帮助他们更好地融入社会。这为培养自主人才预先锤炼了适应时代、适应社会的属性。

三、聚焦"产学研"模式，助推人才自主培养的突破

如何建立一套"产学研"模式推动人才自主培养呢？它的突破点在于"产学研"项目的具体开展与实施，主要有以下几个试行模式：

（一）共建研究中心与基地，人才培养更专业

教育领域存在着理论知识与实际应用脱节的问题，导致受教育者难以将所学知识与实际工作有效结合，而"产学研"融合的模式使学校和产业之间建立起紧密的联系，共同推动人才培养和技术创新。"产学研"模式可以有效推动学术界和产业界共建实验室和研究中心，这些机构不仅拥有先进的设备和资源，还能够为学生提供接触前沿科技和研究项目的机会。学生在这样的环境中，可以亲身参与科研项目的研发、技术创新等活动，这种实践导向的教育模式有助于将理论知识与实际应用相结合，使培养的人才更专业。

（二）共同开发课程与教材，方向调整更及时

使用传统课程与教材的学生，学到的知识和技能是固定的，甚至可能是滞后的。一方面，"产学研"模式可以根据产业的需求和趋势，调整和优化教学内容，确保学生学到的知识和技能与实际工作紧密相关、实用前沿。另一方面，实时引入产业界的最新案例和实践经验，本身就是一种创新和发展。所以说共

同开发课程和教材能促进人才的自主培养。

（三）共同挖掘资源与信息、导师指导更多元

"产学研"模式可以实现资源共享，学校、企业和科研机构各自拥有不同的优势资源，通过"产学研"合作，这些资源可以得到有效的整合和共享。"产学研"模式下，多元化的导师指导、多元化的教育资源汇聚，为创新人才培养实现了优势最大化。

（四）共同制订计划与方向，人才输出更定向

"产学研"模式作为一个实践教育平台，学校和产业实体可以根据受教育者学习任务实践的达成度和创新程度，联合制订专业方向的培养计划。"产学研"模式在某种程度上也实现了教育资源的优化配置，进一步提高了人才培养的效果和质量。

综上所述，"产学研"是结合现行教育体系、国家战略需求和社会实际孕育而生的。产业、教育、研究三者的深度结合，是国家人才培养和可持续发展的有效保障，"产学研"这种学习模式具有的前瞻性、专业性和深入性更是拔尖人才创新人才培养不可或缺的。

新质生产力背景下江苏乡村拔尖人才培养的路径研究

刘增涛*　张宏远**

摘　　要

新质生产力对乡村拔尖人才培养提出了新要求，也给予了新机会，带来了新希望。近年来，江苏在乡村拔尖人才培养方面取得了较大成绩，但还有一些不足，一定程度上存在着乡村人才素质不高、农村人口单向流失较多、农经农技队伍进一步弱化等问题。本报告在实地调研乡村拔尖人才培养的基础上，结合新质生产力带来的新要求，提出了 5 条建议：创新培育模式，打造乡村拔尖人才培养的"源动力"；发展特色产业，夯实乡村拔尖人才培养的"大舞台"；完善激励机制，激发乡村拔尖人才培养的"内生力"；提升公共服务，完善乡村拔尖人才培养的"软环境"；打造宜居宜业和美乡村，优化乡村拔尖人才培养的"硬基础"，以期进一步加强江苏省乡村拔尖人才培养，助力全面推进乡村振兴。

2024 年全国"两会"上，"新质生产力"作为一股清新的风潮，受到广泛关注。习近平总书记参加十四届全国人大二次会议江苏代表团审议时强调，要牢牢把握高质量发展这个首要任务，因地制宜发展新质生产力。习近平总书记在湖南考察时指出，推进乡村全面振兴是新时代新征程"三农"工作的总抓手。新质生产力的培育和发展已成为推动乡村全面振兴的关键力量。新质生产力能够带来新的理念、技术和模式，为乡村振兴注入新的活力，而乡村拔尖人

---

　* 刘增涛，中共党员，连云港市社会科学院正高级经济师。

　** 张宏远，连云港市政协委员，民盟盟员，江苏海洋大学海洋经济研究院主任、副教授。

才则是有力有效推进乡村全面振兴不可或缺的核心资源。党的二十届三中全会提出，加强拔尖人才培养。江苏作为农业大省，当前在乡村拔尖人才培养方面取得了一定的成绩，但与新质生产力的发展需求相比，与推进乡村全面振兴的要求相比，还存在一定的差距，比如：乡村人才素质有待提升、苏北地区乡村人口单向流失相对较多、乡村人才结构有待优化、乡村人才效能有待加强等问题，这就决定了江苏乡村拔尖人才培养工作，必须根据新形势、新变化、新特征，探索新路径，加快培养乡村拔尖人才，以新质生产力为乡村人才振兴凝聚"新"力量、作出"新"贡献。

一、新质生产力为乡村拔尖人才培养提出新要求

（一）新质生产力需要乡村拔尖人才具备创新意识

近年来，人工智能、大数据等新兴技术、颠覆性技术正深刻改变着人们的生产生活方式。这也迫切需要乡村人才勇于解放思想、主动求新求变，时刻关注和追踪科学技术最新发展动态，不仅要适应农业新劳动资料、新劳动对象的发展需要，更要善于运用创新思维破解农业农村发展中遇到的问题，在农业生产实践中找准创新方向、开拓创新领域。

（二）新质生产力需要乡村拔尖人才具备科技素养

只有具备科技素养，有丰富的科学技术知识和前沿科技知识结构，才能适应农业科技发展的新趋势，熟练掌握各种具备高科技特征的农业新质生产力工具。乡村拔尖人才要在激烈的市场竞争中抢占先机、赢得主动，不仅要会劳动、能吃苦，会技术、能钻研，还要对标推进乡村全面振兴的实际需求，善于用科技创新、市场规律、科学管理等知识体系来指导乡村工作。

（三）新质生产力需要乡村拔尖人才具备实践技能

新质生产力的"新"要求劳动者能够熟练运用各类劳动资料，能够有效开发原来开发不了的劳动对象，为"三农"工作的高质量发展提供更加优质的产品和服务。这就要求乡村拔尖人才能够结合科技发展新趋势，持续开展农业农村的创新实践，在不断试错与完善中创造出新成果，并及时将科技创新成果应用到农村的具体产业及其产业链中，为有力有效推进乡村全面振兴提供持久动力。

二、乡村拔尖人才培养的对策与建议

（一）创新培育模式，打造乡村拔尖人才培养的"源动力"

一是人才培养多元化。针对产业和区域发展需求，优化多元化投入机制，以提升农村人力资本水平为目标，坚持以市场为导向、以就业为目标，加快调整乡村拔尖人才培养结构，创新教育培训方式，支持农民专业合作社、专业技术协会、龙头企业等参与和承担培训任务。整合职业学校、党校、涉农高校等各类培训资源，构建乡村拔尖人才差别化、个性化、全方位的终身培训机制。

二是大力培育新型职业农民。根据实际需要和不同培育目标，培育发展一大批有志投身乡村创业的新型职业农民，重点强化生产经营型、专业技术型、社会服务型等不同类型农业人才的培育，进一步优化新型职业农民人才队伍。优秀乡村拔尖人才对当地的情况比较熟悉，既懂得一定的农业知识，也熟悉互联网技术，是新型职业农民的典型代表，其荣誉感和责任感较强，是助力农村产业转型升级、推进乡村全面振兴的关键力量。

三是重视基层干部队伍建设。基层干部对本地区的资源禀赋、发展优势以及短板不足较为清楚，对国家政策了解多、领悟透，对本地区发展规划的掌握比较精准、执行比较到位。因此，应当充分发挥基层干部把脉定向的作用。加强基层干部队伍建设，必须强化基层干部依法办事、贯彻党的方针、路线和政策的能力，加快培育更多"钟佰均式"村书记带头人。提升基层干部能力不仅是推进乡村全面振兴的要求，也是促进乡村社会和谐发展的重要保障。

（二）发展特色产业，夯实乡村拔尖人才培养的"大舞台"

一是打造区域品牌农业。通过区域农业产业的品牌化吸引人才、使用人才，重点扶持乡村特色产业发展，实施"一县一品""一区一产"等农业产业品牌创建工程。农村可以借助本地特色农产品品牌优势，打造产业"磁场"，建立农产品发展研究交流中心、专家工作站和示范基地等平台，发挥产业人才对行业相关政策、产业布局、科技发展的前瞻性与预见性作用，帮助其在发展乡村特色产业中找准价值定位，在此过程中也能推动特色产业的生产、加工、销售等各个环节，延伸做长产业链，形成特色产业品牌体系。

二是创新农业产业园区创建。乡村产业对于乡村拔尖人才创业选择有着重大影响。加快建设各类特色农业产业园区，依托家庭农场、农民合作社等新型农业经营主体，能够有效促进乡村拔尖人才落地创业。依托现有开发园区和农业产业园，支持和引导各地整合发展一批面向初创公司的返乡创业园区、小企业孵化基地和各类种植、养殖业基地等，使之成为乡村拔尖人才兴办各类企业的聚集地。

（三）完善激励机制，激发乡村拔尖人才培养的"内生力"

一是将物质激励、精神激励置于同等地位。一方面，必须保障物质激励，将物质激励作为激励乡村拔尖人才的基础。物质激励主要包括工资、津贴、福利、奖金等形式，对于考核优秀、群众评价良好的乡村拔尖人才，给予提薪和增加福利保障的奖励。另一方面，同时要注重精神激励，可以通过对于表现优良的乡村拔尖人才提供升迁机会，将其作为乡村人才的先进学习模范，突出其在实现乡村振兴中的价值，让其拥有更多的获得感、成就感，使其从心里真正产生投身乡村振兴的热情和动力。

二是完善绩效考评机制和目标激励机制。绩效考核是绩效管理的关键环节，完善绩效考评机制中的量化指标，使其更具有科学性、可操作性，从而更有效地评估乡村拔尖人才的工作绩效，实现科学合理的评估。同时，要完善目标激励机制来平衡乡村拔尖人才与其负责的任务之间的关系，不仅要设置地区总目标，还需要将地区总目标分步骤分阶段划分为若干个小目标，将若干小目标与特长不一的乡村拔尖人才进行实际性匹配，让专业人才做专业的事情，共同促进目标高质量完成。

三是突破激励形式固化。针对乡村拔尖人才不同的需要，提供不同的激励形式，避免激励形式固化，在采取物质激励和精神激励的基础上，采取短期激励和长期激励相结合、正向激励和负向激励相结合的方式，将激励形式组合或者根据乡村拔尖人才的不同特点，选取不同的激励形式以实现最大化的激励效应，同时可以有效地避免采用同样的激励形式造成的资源浪费。再者，根据亚当斯的"公平理论"，乡村拔尖人才的薪酬待遇不仅要满足自己对于工作投入产出比的估量，也要满足同其他人员薪酬待遇的差距对比的要求。突破固化的激励形式，使其具有灵活性的特点，可以激发乡村拔尖人才的工作积极性以及长久投入乡村振兴战略中的恒心。

（四）提升公共服务，完善乡村拔尖人才培养的"软环境"

一是落实政策保障机制。推进城乡基本公共服务制度的有效衔接和协调发展，确保城乡居民权利的合理实现、资源的合理分配和要素的顺畅流转，为城乡人才双向流动提供制度支撑。农村要加强人才引进相关保障制度建设，包括参与自治、住房使用、土地流转经营及相关公共服务权益的制度安排，作好服务保障，为外招人才快速适应和投入农村发展建设作好充足的准备工作。

二是完善公共服务需求表达机制。要创新乡村拔尖人才在公共资源配置中的利益表达渠道，建立以需求为导向的公共资源配置方式，打破在公共资源配置过程中出现的供需矛盾，避免出现公共服务供给与需求的"信息孤岛"现象，并建立相应的需求回应机制，以基本满足乡村拔尖人才的合理需求。

三是优化人才自由流动机制。建立让专业技术人员可以在城乡之间自由流动的体制，为乡村拔尖人才流动提供更为便利的条件，吸引更多大学毕业生、本地在城镇务工与经商的农村居民返乡就业和创业。

（五）打造宜居宜业和美乡村，优化乡村拔尖人才培养的"硬基础"

一是继续加快"新基建"建设。支持鼓励移动、联通、电信加大对农村地区的互联网建设投入力度。向乡村地区延伸布局5G、大数据等新基建，为促进乡村人才振兴提供基础条件。

二是不断强化公共基础设施建设。将乡村供水、供电、供气、道路、通信、广播电视、物流等更新为协同互补的民生"大网络"，既满足乡村拔尖人才的实际需求，又契合全面推进乡村振兴、加快农业农村现代化的长远需要。

三是着力开展农村人居环境整治行动。继续深入开展农村人居环境整治提升工作，为乡村拔尖人才打造生态宜居环境。对标浙江"千万工程"先进做法和成功实践，树牢乡村建设为农民而建的鲜明导向，以改善农村住房条件为切入点，以建设特色田园乡村为目标，着力打造新时代鱼米之乡。结合"万企联万村　共走振兴路"行动，推动适宜产业与农房改善项目融合发展。继续推进农村环境连片整治，分类推进农村厕所革命，全面推进农村生活垃圾治理，梯次推进生活污水治理。加强畜禽废弃物资源化利用，探索建立农业绿色投入品补贴制度。

地方创业型工科高校国际化拔尖创新人才培养模式探索

刘　琇[*]　徐兴明^{**}

摘　要

地方创业型高校需重视对在校留学生的拔尖创新培养，为我国发展及时输送国际化人才。地方创业型工科高校面向来华留学生需调整当前培养方案，围绕"创新创业"能力培养，从专业知识储备、思维培训、实践操作和保驾护航四个板块进行课程设置，抓住国际人才市场的热点和痛点，将"课程思政"环节自然融入每门课程。这样的课程设置有助于培养出知华友华爱华、知礼懂礼守礼且具备创新创业能力的综合型国际人才。

党的二十届三中全会指出，教育、科技、人才是中国式现代化的基础性、战略性支撑，要深化教育综合改革、深化科技体制改革、深化人才发展机制改革。江苏省处于长三角一体化和南京都市圈双重发展战略部署地区，应力争在中国式现代化中走在前列，发挥先行探路、引领示范、辐射带动的作用，因此经济的稳定发展和持续增长至关重要。创新是推动经济发展的重要力量，而人才是创新的源泉。通过培养具有创新思维和实践能力的人才，可以打破传统发展模式的束缚，推动科技、产业和管理创新。

江苏省国际化拔尖创新人才的自主培养刻不容缓。数据显示，2023 年至

---

　　* 刘琇，江苏省重点智库"南京工业大学应急治理与政策研究院"研究员。
　　** 徐兴明，南京市玄武区政协委员，民盟江苏省委会经济委员会副主任，南京市律师协会劳动和社会保障法律委员会主任。

2024 年，有 392 家世界 500 强企业投资江苏。与此同时，随着"一带一路"倡议的深入，以及我国科学技术的创新发展，越来越多的中国企业也在"走出去"。无论是"走出去"还是"走进来"，行业都需要高校培养的适应当今国内外市场需求的国际化拔尖创新人才。江苏省地方创业型高校，特别是创业型工科高校，在我国及江苏省当前的科学技术发展中肩负着培养科技人才的重要职责。该类高校自主培养的国际化拔尖创新人才用"智力"和"创造力"助力江苏省推进高层次协同开放和高水平对外开放。

江苏省高校来华留学生是国际化拔尖创新人才的重要来源，不可忽视。高校来华留学生具备"母语＋汉语＋英语/法语/西班牙语/葡萄牙语等外语""本土文化＋目标国文化"的多元优势，高校可充分利用这一优势，以创新创业能力培养为中心，根据市场需求有效调整来华留学生培养方案，通过"课程思政"的实施，培养出知华爱华友华、知礼懂礼守礼的国际化双创人才，助力江苏省经济发展和国家长远发展。

一、"创新创业"为中心

地方创业型工科高校来华留学生的培养目标应以"创新创业"为中心，培养具有国际视野、创新精神和创业能力的工程技术人才。为此，课程设置应注重培养学生的创新思维、创业意识和实践能力，通过课程设计、项目实践、校企合作等方式，使学生掌握创新创业的基本理论和方法，提高他们的创业技能和综合素质。

地方创业型工科高校对来华留学生的培养应以"创新创业"为核心，强调对其创新能力的培养和创业精神的培养。创新能力培养包括培养学生的科研能力、实践能力和解决问题的能力，通过科研项目和实践活动，提高学生的实际操作和实际解决问题的能力。创业精神培养则包括培养学生的创业意识、创业思维和创业能力，通过创业比赛和实践活动，引导学生关注市场需求，解决社会问题。

地方创业型工科高校来华留学生课程体系包括教学课程和实践课程两大部分，其中实践课程贯穿整个教学过程，是整个课程体系的鲜明特征。教学课程细分为基础共同课、学科共同课、专业核心课、专业选修课、通识选修课和个性化课程六个部分。实践课程包括创新实践学习、毕业实习和毕业设计三个部分。整个课程设置以指导学生实践创新创业为主，理论课程为辅。教学方式上应以实践教学为主。"课程思政"环节应完全融入教学和实践两个部分，成为课程体系的灵魂和主导，图示如下：

课程性质	课堂教学课程类别		
必修课	A 基础共同课	B 学科共同课	C 专业核心课
选修课	D 专业选修课	E 通识选修课	F 个性化课程
课程思政：引领学生了解中国国情和社会主义核心价值观，探寻中国历史文化和精神，传播中国科学家们谱写在工科领域的故事及优秀传统文化			
实践教学类别	实践教学内容		
创新创业实践学习	G①高校与地方大型企业共建人才培养基地，为课堂教学提供展示场所，将课堂内容快速转化为实际操作 ②社会实践、情景模拟演练、"感知中国"活动		
毕业实习/设计	H 毕业实习，毕业论文，就业指导		

"创新创业"教育是工科高校实践教学体系的重要组成部分。以上课程设置围绕"创新创业"能力培养，从专业知识储备课程、创新思维训练课程、实践操作课程，以及创新创业实践保障课程等四个板块配置具体课程。

第一，专业知识储备课程在 A、B、C 和 G 课程中完成。留学生首先通过 A、B、C 三类课程夯实专业课基础知识，为接下来的创新创业活动储备必需的职业技术能力。在学习理论知识的同时以大量的实际操作为案例来缩短理论知识和实际操作之间的距离，这在 G 课程中完成。

第二，创新思维训练课程在 E、F 和 G 课程中完成。思维是行动的指南。创新意识和创新思维的培养对留学生来说尤为重要。E 课程为留学生开设"创新思维能力培养""如何具备创业品质""电子营销课程"等理论课程。接着，F 课程分别对不同国家的留学生展开个性化指导，提前解决他们创新创业可能会面临的实际困难。G 课程展示创新创业成功和失败的案例，引导学生找到原因，总结经验。

第三，实践操作课主要在 G 和 H 课程中进行。G 课程为学生提供模拟工作场景，让学生体验实际工作场景，提前发现创新难点，鼓励学生自主学习，自觉培养创新能力。H 课程通过实习和毕业设计，激发学生创新的动力和创业的想法。

第四，创新创业实践保障课程在 D、E、G 和 F 课程中完成。来华留学生的培养不能脱离中国国情及实时国际经济贸易形势，这是来华留学生合理合法创新创业的保障。在 D 课程中开设《中国经济法律》《国际商法》《国际经济贸易壁垒务实》等课程，确保留学生合法创新创业。在 E 课程中开设《中国概况》《当代中国》《世界概况》等课程，确保学生对中国以及其他国家有充分的了解和认知。在 G 课程中开展"感知中国"实践活动，让学生深入了解中国人的真实生活和文化习俗。F 课程中，模拟联合国，请学生介绍各自国家的工科技术、创新创业环境、法律体系、风土人情等，增进学生对异国文化的了解，开阔眼界。

二、市场需求为导向

地方创业型工科高校的来华留学生培养目标和课程设置应以市场需求为导向，市场需求的变化是社会经济发展的驱动力，高校应紧密关注市场需求的变化，及时调整课程的设置和培养目标。对于来华留学生来说，他们将来要在中国的市场中工作和创业，因此应针对中国市场的需求，培养他们的专业技能，提高他们的市场敏锐度，提高他们适应市场变化的能力。

市场需求是创业的基础，地方创业型工科高校要适应市场的需求，通过了解市场的动态和趋势，培养出具备市场敏感性和市场营销能力的留学生。在课程设置上，可以开设市场营销课程、市场调研和分析课程等，让学生了解市场的需求和变化，培养学生的市场分析和营销策划能力。此外，还应该注重培养学生的跨文化交流能力和项目管理能力，以适应全球化的市场需求。通过市场导向的课程设置，可以使留学生更好地适应市场需求和创业创新的环境。

地方创业型工科高校在制定来华留学生培养目标及设置课程时，应充分考虑市场需求。第一，应关注中国及周边地区的经济发展对创新创业人才的需求，了解相关行业的发展趋势和人才缺口。第二，应关注国际市场对工科留学生的需求，了解国际合作项目、海外实习等机会，为留学生提供更多发展机遇。以市场需求为导向的培养目标及课程设置，有助于提高留学生的就业竞争力。

地方工科高校对来华留学生的培养，可以说一半是专业，一半是商业。一方面，高校提供工科专业的强大师资力量和优质的课程资源来培养留学生。另一方面，留学生的培养不能脱离国际社会对人才种类的需求，也不能脱离大部分来华留学生最根本的求学目的，即获得更好的就业机会。这关系到留学生的招生规模和高校的教育国际化进程。因此，课程设置要能反映出市场的热点和痛点。

第一，找到市场的热点。商务汉语、旅游汉语是当前来华留学生比较热衷的专业，主要是因为这两门课程对留学生将来的就业有帮助。为此，地方工科高校可以在 A 课程中提供汉语听说读写以及 HSK 专项训练课程；在 C 课程中提供个性化汉语辅导，帮助留学生高效率地提高基础汉语水平；在 D 课程中提供"国际商务概论""商务谈判""国际贸易实务"等课程；在 E 课程中提供"初级商务汉语""中级商务汉语""中华商务文化"等课程；在 F 课程中提供"旅游汉语""走遍中国""国际市场营销"等课程；在 G 课程中提供模拟商务谈判、模拟汉语导游、营销挑战大赛等活动。

第二，找到国际人才市场的痛点。社会化大生产下的工程技术创新往往是机械、电气、材料、信息、通信、管理等多学科知识的综合应用，因此，高素质的工程人才除了具备突出的专业技术创新能力，还要知识层次广博，且多学科综合应用能力突出。然而，受限于传统课程设置中课程种类单一的特征，综合型国际化人才是紧缺的。为此，地方工科高校可以在 B 和 D 课程中提供跨学科基础课程。学科不受限，旨在拓展留学生思维的广度，全方位提升留学生的素养。在 F 课程中提供个性化小班课程，为学生的个性化发展提供课程辅导；在 H 中提供实习岗位，通过实际工作让学生了解当前国际社会对人才的要求。

第三，升级细化就业指导课程。就业率是评估高校培养留学生质量高低的重要指标。留学生毕业之际都会面临就业问题，因此"就业指导""场合与着装""国际商务礼仪"等课程不但要升级为 B 类专业共同课，而且要在 F 和 G 课程中进行国别个性化就业辅导、就业心理辅导、国际礼仪实践指导，要提供实际面试演练、商务会谈演练、计划书或工作成果展示演练。

三、"课程思政"为灵魂

地方创业型工科高校的来华留学生培养目标和课程设置应注重"课程思政"，将思想政治教育贯穿于整个课程体系中。思想政治教育是培养具有社会责任感和良好道德品质的工程技术人才的基础，也是培养学生创新创业能力的重要组成部分。高校应引导留学生树立正确的世界观、人生观和价值观，培养他们的道德情操和社会责任感。

从中国历史到中国故事再到中国精神，只有当来华留学生全面了解中国、深入理解社会主义核心价值观以后，才能成为知华友华爱华的交流使者。因此，"课程思政"是地方工科高校来华留学生课程设置过程中的主导和灵魂，也是最鲜明的特色。

首先，高校要在讲授工科专业先进技术和专业知识的同时，引入相关领域功绩卓越的中国科学家的故事，用他们的精神和事迹感染学生，激励学生不畏险阻，勇于创新。其次，要在课程中提供《简明中国历史》《汉语言魅力》《中国古琴文化》等历史文化课程，向留学生展现中国优秀传统，与留学生探讨中外文化的差异，思考如何求同存异。最后，在所有汉语言文化系列课程中引领来华留学生深入了解中国国情和社会主义核心价值观，了解中国共产党的伟大，探寻中国历史，了解中国文化，理解中国革命精神。

四、总结

地方创业型工科高校在来华留学生培养方面，应以创新创业教育为中心，注重实践性和实用性。以市场需求为导向，根据不同专业的实际情况制定不同的培养目标和课程设置；同时注重"课程思政"的作用，将思想政治教育融入课程教学。在课程设置方面，要注重工科与商科的结合，培养留学生的跨学科能力和全球化视野；要增加创新创业类课程和实践性课程，提高留学生的实践能力和创新意识；要加强人文社科类课程的设置，帮助留学生更好地了解中国社会和文化。此外，高校还应加强与企业的合作，为留学生提供实习和就业机会，帮助他们更好地适应中国的就业环境。

总之，地方创业型工科高校对来华留学生的培养方案和课程设置，不但要紧扣高校自身的办学特色和优势学科，突出创新创业能力和实践能力的培养，也要紧抓市场对国际人才种类的需求，还要结合中国国情，将"课程思政"环节融入课程设置。这样才能培养出走进中国社会主义核心价值体系的复合型卓越国际人才，助力江苏省经济发展，为祖国建设添砖加瓦。

体教融合背景下自主培养精英创新人才

——以三大球类运动为例

杜坤宇*

摘　要

为不断完善体教融合的培养模式，促进我国体育教育事业发展。本文通过探究自主培养精英创新人才模式，分析当前体系中的差距、体教融合的结构和后勤挑战、文化和社会的广泛接受障碍及资源和基础设施限制，以三大球为例提出加强基础设施和资源建设、制订专业培训计划、促进双职业道路、促进合作、提高认识和改变观念等政策建议，并给出了相应的实施计划。

一、背景

随着全球化进程的加速和国际竞争的加剧，培养具有创新精神和竞争力的精英人才成为各国教育改革的重要目标。我国也在这一背景下，积极倡导"拔尖创新人才自主培养"，并在全会中提出深化教育综合与人才发展体制机制改革，增强拔尖人才培养，着力加强创新能力培养。近年来，我国实施了更加积极、开放、有效的人才政策，完善人才自主培养机制，希望通过教育体制改革和创新实践，培养出能够引领科技和社会发展的高端人才。1978 年，中国科学技术大学率先开办了少年班，这是我国在拔尖创新人才自主培养方面的首次探索。本文以我国三大球类运动为切入点，希望通过不断完善体教融合的模式，探索培养相应专业的精英创新人才，推动我国体育教育事业的全面发展。

---

　* 杜坤宇，中共党员，宿迁学院专任教师。

二、当前培养模式

（一）重点大学的创新班和实验班

少年班的成功开创了我国自主培养拔尖创新人才的先河，随之而来的英才班、创新班和实验班模式在全国各大重点大学迅速兴起。例如，上海交通大学的致远学院、北京航空航天大学的"拔尖创新人才培养实验班"等，都在各自领域内做出了积极的探索和有益的尝试。

（二）拔尖计划1.0版本

为回应钱学森之问，解决我国创新人才培养中的关键问题，教育部在2009年出台了"基础学科拔尖学生培养试验计划"，被称为拔尖计划1.0版本。该计划的实施取得了显著成效，为我国基础学科领域培养了一批具有国际竞争力的拔尖人才。这些人才在各自领域内取得了众多科研成果，为国家科技创新和经济发展做出了积极贡献。

（三）强基计划

强基计划的实施涵盖全国36所重点高校，包括清华大学、北京大学、复旦大学、浙江大学等。这些高校根据自身优势和特色，围绕数学、物理、化学、生物、历史、哲学等基础学科，制定了个性化的培养方案。通过强基计划培养的学生在国际学术竞赛和科研项目中表现优异，展现了我国基础学科教育的强大实力。

（四）新型研究型大学

近年来，为了应对全球科技竞争的挑战和国家发展的需求，我国陆续成立了一批新型研究型大学。这些大学包括南方科技大学、上海科技大学、西湖大学，以及正在筹办的雄安大学、大湾区大学、中山科技大学、宁波东方理工大学等。这些新型研究型大学在办学思路、人才选拔方式和培养机制上的创新，为体教融合背景下的体育人才培养提供了宝贵的经验和启示。在三大球类人才的培养中，可以借鉴这些大学的做法，探索建立符合体育人才特点的培养体系。

三、主要挑战

（一）当前体系中的差距

体教融合在自主培养精英创新人才方面仍面临诸多挑战。这些问题需从理念、机制、资源、路径和评价等多个方面进行系统的改革和优化。

（二）体教融合的结构和后勤挑战

体教融合的结构和后勤挑战是影响其实施及效果的重要因素。要解决这些问题，需从管理体制、资源配置、专业团队建设和后勤服务保障等多个方面进行系统的改革和优化。

（三）文化和社会的广泛接受障碍

文化和社会的广泛接受障碍是一个不可忽视的挑战。这些障碍不仅体现在社会对体教融合理念的认同上，也反映在文化传统和价值观对体育教育的态度和支持程度上。需加强宣传和教育，提高社会认可度。同时，政府与教育部门应加大对经济欠发达地区和普通学校的支持力度，确保所有学生都能平等地享受体育教育资源。

（四）资源和基础设施限制

在自主培养精英创新人才的过程中，往往会受资源和基础设施的限制而影响培养成效。体教融合需要大量的资金投入，以保证体育设施的建设和维护。政府应加大对教育和体育的投入，确保学校（特别是经济欠发达地区的学校）能够获得足够的资金和资源支持。

四、政策建议

（一）加强基础设施和资源建设

1. 在学校建设和升级体育设施

许多学校在体育设施建设和维护方面面临着严重的资源不足问题。这种资源和基础设施的限制直接影响了体教融合的质量和效果，制约了体育人才的培养和发展。通过政府加大投入、社会积极参与和学校科学规划，可有效提升学校的体育设施和资源配置，推动体教融合的顺利实施。

2. 确保获得优质体育设备和师资团队

优质的设备与师资团队不仅关系到学生的训练效果和竞技水平，更影响着他们的身体健康和安全。确保学校获得优质体育设备和师资团队是实现体教融合的重要保障。

（二）制订专业培训计划

1. 为学生运动员实施综合培训计划

综合培训计划不仅包括体育技能的提升，还涵盖了学术教育、心理辅导和职业规划等方面，旨在培养全面发展的高素质体育人才。

2. 与专业体育俱乐部和学校建立合作伙伴关系

学校和俱乐部应签订合作协议，明确合作的目标、内容和责任，共同制定学生运动员的培养计划和实施方案，以确保合作的顺利进行和实际效果。

（三）促进双职业道路发展

1. 创建支持学术和运动发展的计划

创建支持学术和运动发展的计划，是体教融合背景下实现自主培养精英创新人才的重要举措。可通过建立灵活的教育体系、整合多方资源、提供职业发展支持、建立科学评估机制以及与学生和家长进行有效沟通，来创建和完善支持计划，促进学生的全面成长和职业发展。

2. 为学生运动员提供奖学金和经济奖励

许多学生运动员在兼顾学业和训练的过程中，面临着巨大的时间和精力压力。提供奖学金和经济奖励能有效激励学生运动员在学术和体育上的双重追求，缓解其经济压力，吸引更多优秀学生参与体教融合项目，是促进双职业发展的重要措施。

（四）促进合作

1. 鼓励教育机构、体育组织和政府机构之间的合作

教育机构与体育组织之间的合作可为学生运动员提供更为专业全面的培训环境，政府的政策引导及资金支持亦能促进教育机构和体育组织之间的合作。三者之间协调配合可有效整合各方资源，优化培养模式，提升学生运动员的整体素质和竞争力。

2. 促进利益相关者之间的定期沟通和反馈

沟通和反馈不仅有助于各方了解项目的进展和存在的问题，还能及时调整和优化培养方案，提高整体的实施效果。通过定期的沟通和反馈，各方可实现信息共享和协调合作，及时发现并解决问题，增强责任感和参与感，以促进研究和创新。

（五）提高认识和转变观念

1. 强调体育与教育融合的好处

政府应发起一系列活动，强调体育和教育融合的好处，以便有效提高社会各界对体教融合的认识，改变传统观念，营造良好的社会氛围，并通过相关政策的引导和支持，为体教融合提供更为坚实的制度保障，推动其在更大范围内

的推广和实践。

2. 组织活动和研讨会以提高体育在整体发展中的作用

组织活动和研讨会以提高体育在整体发展中的重要性，是提高社会认识和改变传统观念的有效策略。通过体育文化活动、研讨会、体育赛事、社区参与和媒体宣传等多种形式，可全面展示体育教育的价值，增强家长、教师和社会各界对体育教育的重视和支持。

（六）实施计划

1. 短期行动

（1）在选定地区开展试点计划

通过选择合适的试点地区，制定详细的实施方案和目标，提供政策和资源支持，建立科学的评估和反馈机制，总结推广试点经验，可为大规模推进体教融合奠定基础。

（2）在高需求地区立即改善基础设施

高需求地区通常包括体育资源相对匮乏、学生对体育训练有强烈需求且学校体育设施落后的地区。通过详细的调研及数据分析，这些地区往往因为经济条件和政策支持不足，难以自行改善体育基础设施。因此，政府和相关机构需要集中力量，优先对这些地区进行基础设施的升级和改善。

2. 中期战略

（1）扩大成功的试点项目

运用多种渠道广泛宣传体教融合的成功经验和实际效果，提升社会对这一教育模式的认识和支持，加强基础设施建设、增加资金投入、强化监管指导，全面提升体教融合的效果，进一步扩大成功的试点项目。

（2）制定体育与教育融合的江苏省框架

江苏省作为中国经济和教育发展较为领先的地区，具有丰富的资源和坚实的基础，通过系统性规划和政策引导，制定江苏省体育与教育融合框架，可为全国其他地区提供示范和借鉴。

3. 长期目标

（1）建立持续改进的可持续模式

建立持续改进的可持续模式，是实现体教融合长期目标的重要举措。通过系统化的评估和反馈机制、人才培养、多方协同合作、信息化和智能化手段的应用，以及广泛的宣传与推广，可确保体教融合项目的有效实施和持续优化。

（2）确保长期资金和资源分配

政府的持续投入、社会资本的广泛参与、合理的资源分配、严格的监督和评估机制，以及资源的整合和共享，可为体教融合项目提供坚实的物质基础和保障，确保长期资金和资源的分配，从而推动我国体育与教育事业的协调发展，为国家培养出更多具有创新精神和竞争力的体育精英人才。

五、预期成果和影响

（一）改善学生的身心健康

要通过系统的体育训练和合理的运动安排，提高学生的身体素质和心理健康水平。三大球类运动（篮球、足球、排球）作为主要训练项目，具有较高的运动强度和全面的体能要求，因其强调团队协作和策略配合，所以能有效提升学生身体机能，帮助学生释放学习压力，调节情绪，增强自信心及团队合作精神等，在改善学生身心健康方面具有显著的积极影响。

（二）提高学业成绩和创新能力

通过科学的时间管理和合理的运动安排，能有效提高学生的学业成绩。在这种全面发展的教育模式下，学生不仅能在体育和学术上取得优异成绩，还能在未来的职业和生活中展现出更强的创新能力和竞争力。

（三）增加在学业上取得成就的精英运动员数量

通过科学的时间管理、个性化的学术支持和综合素质的培养，一些具备突出运动能力的学生在学术和体育上都能取得卓越的成就。

（四）对个人和职业发展的长期益处

学校要通过培养学生的综合素质、跨学科知识、创新能力、人脉资源和社会责任感，为学生的个人成长和职业发展提供强大的支持和广阔的前景。

六、结论

（一）体教融合的重要性

体教融合的重要性在于它不仅是一种教育创新，更是一种面向未来的人才培养战略。学校要通过将体育与教育有机结合，全面提升学生的综合素质、创新能力和心理健康水平，培养具有国际竞争力和社会责任感的优秀人才。

（二）主要政策建议摘要

自主培养精英创新人才，需要科学合理的政策引导和支持。建议通过制定科学合理的政策框架、加大资金投入和资源配置、加强师资队伍建设、建立科学的评估和反馈机制以及广泛宣传和推广，推动我国体育与教育事业的协调发展。

（三）呼吁政策制定者、教育工作者和体育组织采取行动

体教融合背景下推动自主人才培养是一个系统工程，涉及政策、教育和体育等多个领域。政策制定者、教育工作者和体育组织的共同努力，是实现这一目标的关键。通过制定和实施科学合理的政策，提供充分的资源保障，以及教育工作者的专业引导和体育组织的积极参与，可培养出更多具有创新精神和国际竞争力的体育精英创新人才。

发展科学教育　培养创新人才

戚筱伊*

摘　　要

　　千秋基业，人才为本。习近平总书记指出："当今世界的竞争说到底是人才竞争、教育竞争。"本文探讨了如何通过发展科学教育来培养创新人才。强调了激发学生学习兴趣和动力的重要性，提出通过强化问题意识和探究能力来促进学生的主动学习。同时，建议开阔学生视野，激发他们的研究兴趣，以及营造一个鼓励创新的文化氛围；要丰富教学资源和提供创新平台，以支持学生的创新实践；要转变传统的教学方式，以适应培养创新人才的需求。旨在通过科学教育的改革和创新，培养能够适应未来挑战的创新人才。

　　党的二十大报告提出要"全面提高人才自主培养质量，着力造就拔尖创新人才"。在全国科技大会、国家科学技术奖励大会、两院院士大会上，习近平总书记指出："要坚持以科技创新需求为牵引，优化高等学校学科设置，创新人才培养模式，切实提高人才自主培养水平和质量。"提升国家创新体系整体效能，必须加强自主培养，造就一支规模宏大、结构合理、素质优良的创新型人才队伍。在国家战略需求的指引下，我们致力于在科技前沿和关键领域中培育出杰出的创新人才，这不仅是当代人才培养的迫切需求，更是教育系统乃至全社会必须直面并解答的重要课题。

　　在拔尖创新人才的培养过程中，首要任务在于立心铸魂。那么，这"心"和"魂"究竟为何物？它既是深厚的爱国之心，又是坚定的报国之魂。唯有明

＊　戚筱伊，江苏省徐州财经高等职业技术学校讲师。

确并坚守这一方向，方能确保拔尖创新人才真正服务于国家的发展所需。因此，学校应坚定秉持"铸魂育人"的教育理念，深化对人才培养的使命感和责任感，并在人才选拔与培养的全过程中，将理想信念教育和家国情怀的培育置于核心地位。

但是拔尖创新人才有着几个共同的特质：首先，他们特别独立自主，拥有极强的行动力，不依赖他人的指示或推动，能够自我驱动，主动寻找并抓住机遇。其次，他们对某一特定领域展现出浓厚的兴趣，并对此投入极大的热情和专注力，从而积累出超越常人的深厚知识和独特能力，形成自己在该领域的专长。最后，他们特别具备韧性，无论面对多大的困难或挑战，都能坚持不懈，不轻易放弃，这种坚韧不拔的精神是他们走向成功的关键因素。

对于科学兴趣的激发和培养，应当从学生幼年时期就开始着力，要让他们更广泛地接触和理解科学知识，掌握科学探索的方法，从而培养出众多具备科学家潜质的青少年。经过多年的实践和研究，许多地方和学校积极响应国家重大发展战略，主动探索并实践了多样化的拔尖创新人才培养路径。

一、激发学生的学习志趣和动力

拔尖创新人才的培养首先要从激发学生的内在兴趣和学习动力开始。这要求教育者关注学生的兴趣和需求，通过个性化教学、项目式学习等方式，让学生找到学习的乐趣和价值。同时，学校要建立激励机制，如设立奖学金、举办创新竞赛等，让学生在学习和创新过程中获得成就感和自信心，从而持续激发他们的学习动力。拔尖创新人才的培养要超越分数的衡量，通过志趣引领的方式，让学生达到心中有理想、胸中有志向，明晰自己要什么，同时为之持之以恒地奋斗。

二、强化学生的问题意识和探究能力

强烈的问题意识不仅是研究的开端，同时也是创新的前提。教育者应鼓励学生敢于质疑、勇于探索，培养他们的好奇心和求知欲。爱因斯坦说过，"我没有特殊的天赋，我只是极度好奇""想象力比知识更重要"。学校要通过设置开放性问题、组织探究性学习等方式，引导学生自主发现问题、分析问题、解决问题，从而培养他们的问题意识、研究思维、创新思维以及探究和解决问题的能力。

三、开阔学生视野，激发研究兴趣

为了培养拔尖创新人才，需要开阔学生的视野，让他们了解不同领域的知识和动态。目前大多数院校过度重视基础课程的教学，拓展类课程和研究类课程的设置往往不完善。但恰是这些课程，更能够培养学生的学术研究能力、创新能力以及实践能力。课堂授课可以以项目或者任务的形式开展，打破学科间的壁垒，提高学生综合运用知识的能力，培养学生通过知识与技能解决问题的能力，推动学生质疑批判、证据推理等创造性思维的形成。学校应通过拓展类课程，带领学生走出教室、走向自然与社会，在真实的环境中开展探索与实践，开阔学生的视野，从而激发学生的创造力，引导学生在实践中发现问题、解决问题，并在这个过程中养成其良好的学习习惯。除此之外，学校还可以通过组织各类讲座、研讨会、展览等活动，邀请专家学者、企业家等分享他们的经验和见解，让学生接触到前沿知识和创新思维。同时，学校应鼓励学生参与科研项目、学术竞赛等活动，培养他们的研究兴趣和创新能力。

四、营造创新文化氛围

创新文化氛围对培养拔尖创新人才至关重要。学校应营造一种鼓励创新、包容失败的文化氛围，让学生敢于尝试、敢于创新。学校应通过举办创新主题文化节、社团展览等活动，展示学生的创新成果和创意想法，激发学生的创新热情和自信心，让学生在沟通执行、交流合作、组织协调以及个性表达等方面得到充分的历练和提升。同时，学校还应加强对学生创新成果的表彰和奖励，树立创新榜样，引导学生积极参与创新活动。

五、丰富教学资源，提供创新平台

为培养拔尖创新人才，学校要多方挖掘教学资源，为学生提供创新科研的有机土壤。这些教学资源包括两大部分，分别是硬件设施和软性资源。硬件设施包括实验室、创新中心和创业园。一个集现代教育理念、多功能、跨学科的创新中心，为学生开展内容丰富、组合灵活的研究项目提供了物质基础。同时，创业园也为学生的创新实践提供了机会。

六、转变传统教学方式

传统的灌输式教学已经无法满足拔尖创新人才培养的需求。一是教育者应采用启发式教学、讨论式教学等新型教学方式，让学生经历问题挑战、生成方案、行动准备以及任务落实四个阶段，应注重学生发散思维和聚敛思维的结合，让其自主地进行知识的吸收与掌握。在问题解决的过程中，学校应引导学生先通过发散思维产生多种想法和方案，从多个角度、不同层面去思考问题，打破思维定式，从而激发创新潜能；再引导学生运用聚敛思维进行方案的筛选和优化，通过对比分析、归纳总结等方法，找出最佳方案或解决方案。在这个过程中，学生需要保持客观理性的态度，通过反复思考和实践，不断完善方案，提高其可行性和实用性。二是学校应坚持教学手段的多样化，着力改变以往灌输式的教学模式，积极尝试问题导向式的教学方法，采用互动式、启发式、体验式等教学方法帮助学生在学习的过程中养成批判性思维和探究能力。为了保障学生的创新思维不受到损害，并维护他们的好奇心和求知欲，学校应降低考试和应试性练习的频次。同时，学校需要避免过度依赖机械性、重复性的练习方式，以及碎片化、孤立的知识性学习模式。这样的改变旨在为学生提供一个更加开放、富有创新性的学习环境，从而激发他们的创造力和探索欲望。三是拔尖创新人才的培养是一项系统性的长期工程，若待高等教育阶段才开始，则为时已晚。当前，拔尖创新人才在基础教育阶段的早期发现和培养上仍显不足。这些问题亟须通过科学的顶层设计来加以弥补和突破。为此，应全力推进科学教育的普及与深化，在基础教育阶段就播下科学的种子，点燃青少年对知识的渴望和对未知世界的好奇心，为拔尖创新人才培养奠定坚实的基础。拔尖创新人才的培养，必须摒弃学段间的壁垒以及校际间的界限，构建一个覆盖大中小学的贯通衔接培养体系。更为关键的是，实现校内外的紧密协同。在这个过程中，政府、科研院所、行业企业等各方都是不可或缺的参与者和重要主体。我们需要不断整合和汇聚各种资源，构建一个由政府、高校、企业和社会共同参与、协同共育的高水平培养体系。只有这样，拔尖创新人才培养的根基才能更加稳固，从而确保人才培养的质量和效率。

拔尖创新人才培养的技术路径和政策支撑

华　佳*

摘　要

我国拔尖创新人才的自主培养还存在很多短板和制约因素，要着眼国家和民族长远发展，在技术层面重视拔尖创新人才的早期发掘，融通各学段培养机制，制定超越常规的培养标准，并借力数智赋能提升培养成效。要在政策层面优化顶层设计，调动多元培养主体积极性，坚持国际化视野引智引才，健全法制保障，强化政策协同，构建符合国情的自主培养体系和培养路径，为新质生产力发展和中国式现代化提供技术和人才支撑。

当前，新一轮科技革命和产业变革正在重塑全球经济结构和创新版图，实现拔尖创新人才的自主培养，是我国从大国迈向强国，实现中华民族伟大复兴的关键。党的二十大报告中指出，要"全面提高人才自主培养质量，着力造就拔尖创新人才"。党的二十届三中全会提出，要实施更加积极、更加开放、更加有效的人才政策，完善人才自主培养机制。二者都为我国拔尖创新人才的自主培养指明了方向。

一、拔尖创新人才的自主培养现状

（一）现实短板

著名科学家施一公认为，我国高等教育虽然培养了一大批杰出人才，但整体呈现出"均值高""方差小"的特点，即学生知识和技能掌握的平均水平较高（优势），但拔尖人才相对较少（短板），在创新驱动发展领域，这一短板更

---

* 华佳，民盟盟员，无锡城市职业技术学院教授。

是暴露无遗。当触及从"0 到 1"的关键性问题突破时，当代中国科学家对世界科技的贡献屈指可数，在关键核心技术领域被别人"卡脖子"，其根本症结就在于源头创新的拔尖人才培养不足。2022 年 10 月发布的全球前 2% 顶尖科学家榜单中，美国入围 78014 人，中国（大陆）仅有 7795 人，全球占比分别为40% 和 4%，差距较大，这也从一个侧面反映了我国拔尖创新人才培养的短板。

（二）制约因素

我国在拔尖人才培养方面，先后推出了"珠峰计划""拔尖计划 2.0""强基计划"等培养举措，也形成了"少年班""书院制"等培养模式，然而在培养实践中仍然受到多方因素的制约。一是高校对拔尖学生的早期识别与选拔有强烈诉求，但教育行政部门在统一高考制度与高校自主招生问题上，面临效率与公平的两难选择。二是培养理论陈旧、评价方式滞后、培养成效不高，造成早期选拔愿景和实际培养困难的二元对立。三是培养计划缺乏统筹、培养主体责任叠加、资源与政策保障不力等一系列问题，也是制约拔尖创新人才培养的障碍。因此，如何形成有利于拔尖创新人才成长的机制和环境，如何构建适合国情的多元化、多层次的拔尖创新人才培养体系，是新时代中国高质量教育必须回答的重大现实问题。

二、拔尖创新人才自主培养的技术路径

（一）重视早期培育

与欧美国家的超常儿童教育相比，我国拔尖创新人才的早期培育起步较晚、认识不深、动力不足、方向不明。强烈呼吁把我国拔尖创新人才的早期培养提升到战略高度，将早期培养与未来国家发展所需的"卡脖子"技术、关键领域的基础性与战略性人才需求联系起来，从基础教育阶段就开始关注有超常天赋和潜能苗子的发掘培育，考察其"志、趣、能"合一的潜质。早期培养不是提前选拔，也不是掐尖招生，而是系统育人理念指导下的一个培养环节。学校、科研院所等培养机构要有意识地促进那些有天赋、强潜能的学生形成个性化知识结构，让他们在科学的海洋中找到自己的发展"泳道"。随着培养层次的升级，要打破学科、学段和部门界限，创设各类创新空间和学术平台，让学生在感兴趣的学科和跨学科领域，不断提升自己的学术素养和创新能力。

（二）贯通一体培养

看似低水平的美国基础教育为什么能够培养出一大批高端创新科技人才？

原因之一就是美国从小学就开始实施"上不封顶"的"一体化"教育模式,这种模式能激发有能力、有特长学生的学习兴趣,促使其迸发出体验和探索新知识的内在动力。这种模式不仅有利于提前发现潜在的"天才",也有助于学生缩短从中学到大学的过渡期和对大学校园生态的适应期。这种有效融通基础教育和高等教育于一体的培养模式,值得借鉴。

(三)超越常规标准

拔尖创新人才培养需要突破普通教学质量标准,追求超越常规标准的"挑战性学习"。目前高校对学生学习成果的评价多属于标准参照评价,教师根据质量标准确定教学内容深度,制定相应的教学目标并进行考核。在百分制的考核中,达到 60 分就认为合格,可以获得课程学分、授予学位。用这样的标准对普通学生进行评价是合理的、公平的,适于判断学校的平均办学绩效和教学质量,但对于那些成绩优异的学生来说,60 分的标准已经没有激励价值,甚至会产生负面影响。适当的挑战对拔尖学生的成长非常重要,有利于激发他们的学习动力,从而获得学习和成长的满足感和成就感。因此,拔尖创新人才更适合挑战性学习,应"因材施教",制定超越常规的学习标准和评价标准。

(四)借力数智赋能

随着数字技术的进步和人工智能的快速发展,人才的数字素养与技能已成为衡量国家竞争力和软实力的关键指标。拔尖创新人才的培养要面向未来,其培养体系必须具备前瞻性和引领性。数智赋能教育,是拔尖创新人才培养的时代抓手。比如,利用大数据和人工智能构建课程体系、创新教学模式,开发课程资源库、教学案例库、拔尖创新人才数据库;建立数智化拔尖人才成长档案,从选拔、培养、评估、晋级等方面进行全程跟踪,让不同学段的培养机构、不同性质的培养主体共享培养信息,共研培养方案,定制个性化培养需求,以提高拔尖创新人才的培养效能。

三、拔尖创新人才自主培养的政策支撑

(一)做好顶层设计,改变底线思维

拔尖创新人才自主培养服务于国家重大战略需求,必须立足国情、全局规划,做好顶层设计。我国人才培养的传统理念是守底线、补短板。拔尖创新人才的自主培养必须改变这种底线思维,将更多的时间、精力和教育资源向拔尖人才倾斜,并保证这些资源的使用效率和效益。要创设环境,使有潜质的学生能保持对未知事物的好奇心，稳定科学探究的兴趣，激发学生的主动性、积极性，去自由探索未知奥秘。人才评价制度也要与时俱进，在薪资、考核、职称等方面设立绿色通道，提高指导教师和拔尖人才的满意度和幸福感，激发其内生动力，加快潜在人力资本向现实人力资本转化的速度，提高育人成效。

（二）集聚多元主体，消除培养短板

拔尖创新人才的自主培养是全社会共同支撑的教育活动，既需要教育体系内各级各类学校参与，也需要教育体系外的社会机构、产业行业、科创平台等相关主体的融入和配合。大学特别是研究型大学居于人才培养金字塔顶端，其师资、平台、资源等条件优越，是我国拔尖创新人才自主培养的核心主体，其他培养主体的参与意识、参与范围、参与程度和参与规模都明显不足，急需加强多元主体之间的协同合作。在人才培养的层级链条上，硕博阶段最能展现拔尖人才培养的质量和高度，但当前我国硕博士研究生的培养机制仍屡遭诟病，仅就人才选拔而言，虽然也有材料初审和面试考核等环节，但"一考定终身"的招生模式还占据相当比重，试题的随机性、临场发挥的好坏都会影响专家组对考生的评判，这些培养短板需要着力解决。

（三）坚持全球视野，提升竞争能力

在人类命运共同体视野下，拔尖创新人才应当是适应未来变局的国际化人才，国际化是人才培养的特征和趋势，不同文化背景的国际师生汇聚在一起，从不同的视角考察同一个问题，不同的思维方式碰撞易于产生创新火花，从而造就能够适应经济全球化、文化多元化的拔尖人才。具有杰出原创性成就的世界级科学家，对年轻一代具有很强的吸引力和感召力，加速集聚全球顶尖师资既是我国拔尖创新人才培养的当务之急，也是长远之道。国家要抓紧出台更具国际竞争力的全球招才引智政策，构建顶尖人才资助体系，提高资助力度，在各类人才计划（项目）的申请中不设或弱化国籍限制，增加竞争筹码。完善高层次人才配套保障体系，构建近悦远来的良好人才生态。

（四）健全法制保障，强化政策协同

要消除统一高考与自主招生之间的分歧，维持选拔效率和社会公平之间的平衡。首先，要采取有力措施填补我国超常儿童教育、拔尖创新人才培养的法律与政策空白，确立拔尖创新人才培养的合法性，为人才的自主培养提供制度保障。其次，要给予高校更大的招生自主权、培养自主权，让高校在选才和育才上具备更高灵活度的裁量权。最后，单独考察某一项教育政策，它可能非常有效，但如果将其置于一个复杂的政策体系中，常发现其作用不够理想，甚至出现"系统失灵"。因此，必须用系统的观点看问题，消除政策"干涉"，强化政策协同。基础教育、高等教育、行政管理等部门应统筹拔尖创新人才识别、选拔、培养的一体化制度安排，推进教科研机构、社会团体、行业企业等多元主体合作，形成跨学段、跨学校、跨培养主体、跨政策领域的信息共享和联动机制，提高拔尖创新人才自主培养的高效性和协同性。

四、结语

拔尖创新人才的自主培养是实现科技强国战略的关键一环，但目前还面临很多发展短板和制约因素。在技术层面要重视拔尖创新人才的早期发掘，融通各学段培养机制，制定超越常规的培养标准，并借力数智赋能提升培养成效。在政策层面要优化顶层设计，调动多元培养主体的积极性，坚持国际化视野引智引才，健全法制保障，强化政策协同，把握拔尖创新人才成长的客观规律，构建符合国情的自主培养体系和培养路径，为中国式现代化提供战略人才支撑。

塑造"人才红利"推进高水平人才高地建设

沈建中*　俞文杰**

摘　要

创新型人才已成为推动创新发展的核心要素，江苏要实现从"人口红利"到"人才红利"转变，需要做好以下几个方面的工作。一是要完善体制机制，强化法治保障。发布顶尖人才计划实施办法，加强人才立法工作。二是要深化成果转化激励，推动产教融合。充分释放人才创造活力，完善科技成果转化激励机制，支持企业培养技能人才。三是要完善"揭榜挂帅"，营造最舒心的服务。四是要优化人才创新生态，汇聚兴业热潮。搭建平台、优化政策，在吸引人才方面下更大功夫；强化服务、优化环境，为人才干事创业保驾护航。

习近平总书记强调："发展是第一要务，人才是第一资源，创新是第一动力，强起来要靠创新，创新要靠人才。"二十届三中全会要求"实施更加积极、更加开放、更加有效的人才政策，完善人才自主培养机制，加快建设国家高水平人才高地和吸引集聚人才平台"。创新型人才已成为推动创新发展的核心要素，江苏需要进一步完善有利于干事创业的载体和平台，围绕重大国家战略实施、产业转型升级、推动经济社会高质量发展的重大任务充分激发各类人才的创新创造活力，实现从"人口红利"到"人才红利"的转变。

一、完善体制机制，强化法治保障

2024 年全国两会期间，习近平总书记在参加江苏代表团审议时强调："要

---

*　沈建中，苏州市吴江区政协委员，民盟苏州市吴江区委会副主委兼秘书长，苏州市吴江区人民检察院特约检察员。

**　俞文杰，中共党员，苏州市吴江区政府办公室政务公开科科长。

牢牢把握高质量发展这个首要任务，因地制宜发展新质生产力。"二十届三中全会通过了一系列加强人才队伍建设的政策措施，为我国的科技创新和高质量发展提供了有力的人才保障。要在实现高水平科技自立自强的道路上迈出更坚实的步伐，需要有创新的强有力支撑，打通束缚新质生产力发展的堵点卡点，一体推进教育发展、科技创新、人才培养，一体部署创新链、产业链、人才链，形成良性循环。例如：为进一步加快培养数字经济发展急需的高素质数字技能人才，苏州贯通"政策链""载体链""成长链"，实施数字工匠培育行动，于2023年8月率先出台提升数字技能十条举措，前瞻布局建设20家数字技能实训基地、12家数字技能首席技师工作室，在信息通信网络运行管理员等25个职业工种试点打通高技能人才与专业技术人才贯通渠道，积极开展数字技能类国（境）外职业技能比照认定，打通数字技能人才培训、评价、使用、激励等工作。

（一）围绕长三角一体化、长江经济带等国家重大战略实施

深刻领会习近平总书记对江苏"四个新"（在科技创新上取得新突破，在强链补链延链上展现新作为，在建设中华民族现代文明上探索新经验，在推进社会治理现代化上实现新提升）的重要理论意义和实践要求，全面把握着力点，聚焦高端制造、生物医药、生态环保、人工智能等重点领域，发布顶尖人才计划实施办法，做到谋深谋实、落细落地，为人才创新创业提供全周期、全要素、全方位支持，推动实现创新驱动发展。

（二）完善制度建设

及时清理影响人才创新创造的政策和规定，加强人才立法工作，吸收借鉴其他省份出台的《人才发展促进条例》等经验做法，把经过实践检验、实施效果较好的人才政策上升为全省地方性法规，适时出台专门的人才条例，确保各项人才政策红利充分释放，最大限度激发各类人才的创新创造活力。

二、深化成果转化激励，推动产教融合

就高层次人才分布情况来看，江苏高校和科研院所密集，可谓人才济济。苏州的人才总量就超387万，2024年上半年审核通过人才落户12388人。但高质量的人才集聚，不是简单的人才数量比拼，人才发展只有与江苏的产业现状、重点项目、资源禀赋相互链接，才能显现其真正的价值和意义，才能为人才发挥作用提供机会和平台。江苏制造业规模占到全国的13.7%、全球的4%，更

是肩负国家科技创新格局"第一方阵"的使命，当前正以基础研究为根基，以重大科技平台为支撑，以企业为科技创新主体，努力突破关键核心技术、攻克"卡脖子"难题，以期在更多重点领域、关键环节实现自主可控，推动高质量发展。

（一）聚焦加快发展新质生产力

着眼人才培养、引进、使用、合理流动等各方面各环节，持续优化人才培养模式，整合完善各类引才计划，构建人才梯次招引体系，用好职务科技成果权属制度改革成果，打通科研单位和科研人员成果转化"最后一公里"，充分释放人才创造活力，让各类人才向发展新质生产力流动集聚。

（二）完善科技成果转化激励机制

加大对科技人员科技成果股权、期权激励的力度，完善绩效工资激励制度，绩效分配向作出突出贡献的科研人员和创新团队倾斜。对作出重大贡献的科研人员应敢于重奖，提高国家最高科学技术奖奖金额度，特别优秀的甚至可给予上不封顶的特殊奖励。

（三）支持企业培养技能人才

充分利用江苏民营经济发达的优势，鼓励龙头企业结合生产需要提高人才自主培养的水平和质量，开展自主职业技能等级认定，认定证书与薪酬待遇挂钩，有效稳定技术岗位中坚力量。支持龙头企业开发行业评价规范，推动成熟的行业评价规范上升为国家职业技能标准。

三、完善"揭榜挂帅"，营造最舒心的服务

要实现习近平总书记"四个新"的要求，就必须做好转型升级、调整能源结构，实现低碳绿色发展，尤其是广大中小企业的"智改数转"能不能较好解决，直接关系企业的生死存亡和全省的高质量发展。由于当前高校及科研院所的相关科研成果转化率普遍不高。因此，要进一步依靠深化改革激发科技创新活力。

（一）深入探索开展"揭榜挂帅""赛马制"

在部分产业基础优势突出的地方，企业、政府、科研院所均可因地制宜发布"揭榜挂帅"榜单，孵化培育一批迭代创新型未来产业。苏州作为制造业门类齐全、产值规模最大的地级市，可探索建立随时查看企业需求并推动揭榜的机制，打通龙头企业、高校科研院所、政府机关和各创新主体之间的信息壁垒，推进产业体系向高形态、高能级、高价值攀升。

（二）为科研人员提供更加舒心的服务

完善配套、便利生活，聚力打造高品质人才生态，不断提升人才的认同感、归属感。一方面，大力建设人才公寓、规划国际人才社区，持续提升城市软硬件水平，对来苏求职面试的青年人才发放一次性交通补贴和青年人才驿站免费住宿，推动高效率人才对接。另一方面，围绕优化公共服务供给，持续深化合作，大力优化配套各级各类学校、医院、文体娱乐，持续完善交通、通信等现代化基础设施，为引进的人才提供全方位的保障和专属优惠。总之，要通过更加精细化、个性化的服务，为人才提供更多生活便利，免除其后顾之忧。

四、优化人才创新生态，掀起汇聚兴业热潮

习近平总书记在参加江苏代表团审议时要求"深化科技体制、教育体制、人才体制等改革"。人才是科技创新活动中最活跃、最积极的因素，是发展新质生产力的重要资源，特别是高层次创新型人才在促进经济高质量发展、社会事业进步、科学技术研究、产业转型升级中发挥着重要作用。目前，我国人才资源总量达 2.2 亿，较 2012 年增加了近 1 亿。2022 年研发人员全时当量达 635.4 万人年，较 2012 年接近翻了一番，稳居世界第一。得益于科技创新投入和人才资源的大幅增加，我国科技创新能力显著增强，进入创新型国家行列，2023 年在全球创新指数排名中居第十二位。江苏要实现高质量发展，离不开创新人才的大力引育，这方面江苏省有不少实践经验，如苏州全面推进打造现代化教育名区跨越提升三年行动计划，2023 年度面向全国"双一流"建设高校和海外名校全日制应届毕业生选聘教师 150 名，面向全球发布 395 家单位的 1603 个博士后岗位，累计引进博士后 805 人，企业博士后的入选数居全省首位，新增 16 家国家级博士后科研工作站，获批数量全省第一。2023 年苏州籍高校毕业生数量为 42005 人，就业率达 98.18%。

（一）搭建平台、优化政策，在吸引人才方面下更大功夫

一是立足人才和产业发展需要，实施多层次、多领域人才引进专项计划，提高政策红利覆盖面。二是建立专业化、多元化的人才评价体系，重塑人才项目审批流程，充分向用人主体授权，引导用人单位为人才松绑。三是深化收入分配机制改革，使人才收入与其创造的经济价值、社会价值相匹配。

（二）强化服务、优化环境，为人才干事创业保驾护航

在更高层级统筹区域资源，不断做优做细人才服务保障工作。一是"一站式"提供政务、招商、人力资源、投融资等服务，为人才提供贯穿创业全周期的综合服务。二是聚焦国家战略目标、产业发展需要、企业人才需求，充分发挥党建引领作用，组建电子信息、生物医药、高端装备制造等人才联盟，广泛汇聚智慧和力量。三是配套各类创投基金，建立健全跟投机制，精准对接人才和企业发展需求，积极为人才成长培育丰厚沃土，提供最优环境。

聚焦"新质人才"培养
激活新质生产力发展动能

聂　涛*

摘　要

　　发展新质生产力，离不开适应并引领未来产业发展的高素质人才支撑，既需要能够创造新质生产力的战略人才，又需要能够熟练掌握新质生产资料的高技能人才。对标"四个走在前""四个新"重大任务，江苏仍存在顶尖科学家较少、高水平团队不足、重大原创成果缺乏等问题，必须以高水平人才构筑未来竞争力，点燃创新"强引擎"。要在人才培养模式创新、产学研融合、科技成果转化等方面进行探索实践，推动教育、科技、人才有效贯通、融合发展，培育与新质生产力发展相匹配的新型劳动者，打造"新质人才"队伍，激活发展新质生产力的新动能。

　　发展新质生产力，离不开适应并引领未来产业发展的高素质人才支撑。习近平总书记在中共中央政治局第十一次集体学习时强调，要按照发展新质生产力的要求，畅通教育、科技、人才的良性循环，完善人才培养、引进、使用、合理流动的工作机制；要根据科技发展新趋势，优化高等学校学科设置、人才培养模式，为发展新质生产力、推动高质量发展培养急需人才。

　　一、因新而立，发展新质生产力的起点要"新"

　　新质生产力是以信息技术、生物技术、新材料技术、新能源技术等为代表的新兴产业和技术领域所蕴含的生产力。这些领域的发展速度快、创新性强，

---

　　* 聂涛，民盟盟员，民盟泰州市委员会办公室四级主任科员。

对人才的需求呈现出多样化、高层次化的特点。发展新质生产力既需要能够创造新质生产力的战略人才，又需要能够熟练掌握新质生产资料的高技能人才。但目前来看，新质人才发现、培养、使用、激励机制还未做到向"新"而行。

（一）新质人才供给规模和质量明显滞后于产业需求

人才培育进程严重落后于实践应用发展，未来产业发展初期的人才缺口巨大。高等教育系统的人才培养体系主要按照学科纵深设置，使人才的知识结构单一，难以满足未来产业发展所需的多学科交叉融合知识结构、多技能复合型能力结构的要求，企业往往需要通过现有技能人才转型、国外人才引进等方式进一步补充。

（二）新质人才供需协同的通道不畅

由于未来企业处于初期发展阶段，与人才供给端的沟通渠道不畅，人才链上表现出"供→需"的单向路径，缺乏"需→供"的反馈路径，这就使新型人才需求很难触达人才供给端，造成新质人才供需错位矛盾突出。

（三）新质人才培养氛围欠缺

新一轮科技革命和产业变革背景下，高端技术、前沿技术等被更多地运用于现代化企业，使现有技能人才转型成为一项突出问题。由于缺乏社会层面的培训体系，工具和资源库平台也滞后于未来产业发展水平，技能人才转型大多通过企业内部培养体系实现，致使人才转型成本居高不下，不利于未来产业人才梯队建设和快速发展。

二、循质而进，培育新质人才关键在"质"

发展未来产业、培育新质生产力，江苏有着良好的创新环境和丰富的人才资源。近年来，江苏每年国家自然科学基金项目数量、国拨经费数额，均居全国省份第一；国家杰出青年科学基金入选者人次、全球"高被引科学家"入选人次，均占全国10%。全省有4万家高新技术企业、1504家专精特新"小巨人"企业、近100万科技人才，形成了高水平实验室矩阵。但对标"四个走在前""四个新"重大任务，江苏仍存在顶尖科学家和高水平团队较少、重大原创成果缺乏等问题。江苏要扛起在国家科技创新格局中勇担第一方阵的使命，更加扎实地推动科技自立自强，必须以高水平人才构筑未来竞争力，点燃创新"强引擎"。

（一）吸引集聚顶尖人才

2024 年省政府工作报告指出，实施高水平创新人才引进培育行动，建好用好产业人才地图，加快培养一批拔尖创新人才，大力培育聚集一批战略科技人才、科技领军人才、高技能人才和创新团队，让更多"千里马"竞相涌现、各尽其才。培育战略性新兴产业和未来产业，开辟新领域新赛道，需要有一大批能够突破关键核心技术的高层次科技创新人才。构筑高端人才强磁场，依托创新平台，拓宽人才引进渠道、改革创新人才机制，集聚具有国际国内影响力的未来产业领域战略科学家和顶尖创新团队，为未来产业开路。

（二）自主培养创新人才

加快发展新质生产力，要打造能够创造新质生产力的战略人才和能够熟练掌握新质生产资料的应用型人才。因此，我们的教育不仅要培养当前经济发展急需的人才，还要培养能够引领未来发展的科技领军人才和高素质创新创业人才，为未来产业发展筑牢创新根基，促进教育链、人才链、创新链与产业链的深度融合。

（三）留住用好高端人才

支撑未来产业发展的关键核心要素不仅包含传统的土地、劳动、资本等生产要素，更重要的是数据、人才、科技、金融等创新要素。要为未来产业和高端人才提供良好的政策环境支持，让人才能干事、干成事，充分激发创新创业活力。通过优政策、搭平台、拓渠道、强队伍，引进并留住未来产业发展急需的高水平人才，促进创新链、产业链、资金链、人才链深度融合，为未来产业的发展奠定坚实根基。

三、向高而攀，激活新质生产力目标要"高"

新时期、新阶段，人才需求也逐渐趋向多元化、多样化，培养新质人才的工作也显得尤为重要。新质生产力发展的落脚点是培养更多创新型高素质技术技能人才，要在人才培养模式创新、产学研融合、科技成果转化等方面进行探索实践，推动教育、科技、人才有效贯通、融合发展，培育与新质生产力发展相匹配的新型劳动者，打造"新质人才"队伍，激活发展新质生产力的新动能。

（一）因需选才，广开门路"引"，提升新质人才吸引力

抓机遇抢先机，坚持"筑巢引凤"与"引凤筑巢"并举，深入分析新质生

产力对人才的需求特点，面向紧缺人才，及时发布求贤令、打造招才榜，持续扩大人才增量。拓宽引才聚才渠道，探索项目合作、挂职兼职相结合的"柔性"方式，让人才更加直接地提供智力支持、技术指导，让人才和地区双向奔赴、相互成就。加大招才引智力度，充分发挥龙头企业、高等院校等平台功能，既注重招引科技领军人才、高技能人才等"领头羊"，也注重招引青年科技人才、高校毕业生等"生力军"，真正把人才的数量优势转化为质量优势。

（二）因材施教，精心谋划"育"，下足新质人才培养功夫

培育新质人才需秉持"因材施教、精准滴灌"的理念，围绕人才所学所长制订长期培育计划，不断发掘人才的知识、见识、胆识，持续提升人才专业技能、政治素养、综合能力。一要发挥基础教育培养"新质人才"的基础作用。激发学生的求知欲、好奇心、想象力，培养学生的科学态度、创新精神和动手能力，全面提高学生的各项素质，为其进一步发展奠定基础。二要发挥高等教育培养"新质人才"的孵化作用。紧紧围绕新质生产力发展需求，优化调整学科专业布局，主动对接国家对高层次紧缺人才的迫切需求，探索拔尖创新人才培养模式，对有潜质的学生早发现、早培育，推动教育链与创新链、人才链深度融合。三要发挥职业教育培养"新质人才"的骨干作用。大力提升职业教育质量，面向产业核心技术发展，加强面向现代产业体系的工程教育和面向基础研究的科学教育，加强科教融汇、产教融合，打造问题导向、能力导向的实践创新教育体系，培养具有工匠精神的专业技术人才，造就新时代的"未来工匠"。

（二）因地制宜，凝聚合力"用"，激发新质人才创造力

一要开展人才培养平台建设。人社部门要梳理、建立"新质人才库"，明确相关政策具体内容、资格条件、办理程序等，深入作好相关政策宣传、辅导、落实工作。二要加大技能人才开发投入力度。统筹整合人社、科经、税务等职能部门的政策、项目资源，结合企业生产发展需要，合理确定新质人才建设规模，同步做好技术创新、技术转化、技能传承等工作。三要优化人才使用环境。在企业、职业院校、技工院校开展职业技能等级自主认定工作，建立合理的人才流动机制，促进人才在不同领域和地区之间的合理流动和优化配置。四要激发技能人才创新创造热情。积极推荐新质人才进入各级人大代表、政协委员等组织，提升新质人才话语权，凸显参政议政、参与决策咨询的作用，促进人才为新质生产力发展以"智"提"质"。

其他优秀论文摘要

初中化学创新实验中"新技术"的分析

宋　伟*

摘　要

　　实验是化学的基础，创新实验是化学教学活力的源泉。设计创新实验一直是广大化学教师重视和追求的目标，随着新技术的开发和普及，融入新技术的创新实验比例呈现上升趋势。新技术的类型很是丰富，不仅有医疗技术（针头、输液器、注射器）、流体技术（单向阀、三通阀、抽气泵）、传感技术（传感器）、还有电工技术（遥控点火器、电热丝）、摄影技术（微距摄影、视频分析）等，令人耳目一新。这些新技术的融入，推动着化学实验设计不断创新、不断超越。

---

* 宋伟，民盟盟员，江阴市教师发展中心初中化学教研员，中学高级教师。

高中书院制育人模式的思考与建议

张奇男[*]

摘　要

书院人才培养模式是一种传统的教育模式，起源于中国古代的书院制度。它旨在培养品德高尚、学习踏实、具有创新精神和实践能力的拔尖人才。近年来，书院人才培养模式此起彼伏，部分重点高中已经建立了相当完善的体系。本文立足当下高中书院制育人模式现状，结合实践案例，分析了当下书院育人模式的优点与不足。就不足部分，笔者通过一学期的调研，从书院的管理制度、学生自我管理、品牌书院活动、新媒体传播等角度提出了一些可行性建议，以期为学校书院部的发展添砖加瓦。

---

[*] 张奇男，民盟盟员，江苏省南菁高级中学教师，中小学一级教师。

关于初中阶段自主培养拔尖创新人才的思考与建议

徐　芳*

摘　　要

　　创新是国家发展的驱动器，习近平总书记强调要加强基础学科拔尖学生培养。拔尖创新人才对国家发展起着关键性引领作用，因此，教育要确立成人成才的培养目标，努力培养习惯良好、体格强健、心态健康，具有社会责任感和家国情怀的拔尖创新人才。南菁高级中学一直在努力建立一套创新教育体系，并组织同学前往上海开展科学探究活动，参观中科院国家蛋白质科学中心及中科院上海免疫与感染研究所，聆听讲座并开展科学实践探究活动，学生收获满满。

---

　　* 徐芳，民盟盟员，江苏省南菁高级中学实验学校教师，中学一级教师。

基础教育阶段拔尖创新人才培养的
若干思考与建议

谢广喜*

摘　要

拔尖创新人才的选拔与培养关乎国家命脉，基础教育阶段是选拔与培养拔尖创新人才的黄金时间，除了传统的具体学科的加速培养模式，开展跨学科学习也是培养拔尖创新人才的重要形式。拔尖创新人才培养急需解决教材与师资培养等问题，本文对这些问题进行了详细的阐述并提出了一些具体的建议。

---

* 谢广喜，民盟盟员，江南大学理学院教师。

立足教育基础　发展新质生产力

——浅析拔尖创新人才自主培养的有效路径

赵轲菊*

摘　要

　　在教育教学改革发展的实践中，拔尖创新人才的自主培养是一项长期而复杂的系统工程。本文从注重"三位一体"，强化思想引领；立足教育基础，夯实专业驱动；夯实教育改革，深化数字赋能；发展新质生产力，落实协同育人等几方面进行深入探究，旨在探究拔尖创新人才自主培养的有效路径。建议政府、学校、社会和家庭等多方面共同努力，通过优化教育资源配置、改革培养模式、完善评价体系以优化学科建设、创新人才培养、提升人才质量，全力培养出更多高水平的拔尖创新人才。

＊ 赵轲菊，民盟盟员，江阴市第一中学一级教师。

培育女科技工作者，赋能创新"她"力量

李　获*

摘　要

随着全球科技创新的加速发展，女性在科技领域的贡献日益凸显。然而，尽管我国女科技工作者在科研队伍中人数占据重要比例，但她们在职业发展的道路上仍面临着诸多挑战与困境。本文聚焦我国女科技工作者在科技创新中的重要作用及其面临的"瓶颈"，深入剖析了女科技工作者在科研项目比例、成果转化效率、家庭与职业平衡等方面的现状问题，提出了一系列建议，包括示范引领激发女性智慧、搭建桥梁助推成果转化、服务关爱营造良好科创环境等，以期为女科技工作者的职业发展提供有力支持，为女科技工作者构筑更加广阔的发展平台，进一步激发"她"力量在科技创新中的潜能。

---

* 李获，民盟盟员，无锡市妇联发展部四级主任科员。

青春智慧的火花：高中生创新意识的培养与绽放

曹　婷*

摘　要

　　强化高中生的创造能力，对我国科学技术的自立自强具有先导意义，其核心价值更在于将社会的价值导向与个人的发展需求紧密结合，以实现人才培养与社会发展的和谐共生。针对当前高中教育在培养学生创造能力的过程中所面临的传统应试教育的束缚、教育资源不均及教育制度不完善等问题，可通过在高中教育中推进创新活动课程、探索跨学科融合教育及构建多元性评价体系等举措，完善学生的知识体系，培养卓越的创新能力，并根植深厚的家国情怀。

---

* 曹婷，民盟盟员，江阴市山观高级中学教务处副主任、高级教师。

新课标背景下学校教科研拔尖人才的培养

张小波*

摘　　要

随着新课标的实施，学校对教科研拔尖人才的需求日益迫切。本研究聚焦于构建多元化培养体系，通过强化教师专业发展规划，提供丰富的培训资源及实践机会，提升教师教科研能力。通过建立导师制，为青年教师配备经验丰富的科研导师，进行一对一指导。以项目驱动为引领，鼓励教师团队合作开展课题研究，促进教学与科研深度融合。同时，建立健全评价激励机制，激发教师创新活力，为学校培育出一批具有先进教育理念、扎实科研功底和卓越教学能力的教科研拔尖人才，推动学校教育高质量发展。

---

* 张小波，民盟盟员，江阴市礼延实验学校高级教师。

新质生产力发展战略导向下
拔尖创新人才的自主培养

卢一飞*

摘　　要

　　拔尖创新人才的自主培养与新质生产力发展存在互促共进的内在逻辑关系。前者为后者提供人才支撑和科技跃迁，后者为前者提供科技推力和产业托举。新质生产力发展战略导向下拔尖创新人才自主培养的实现策略建议：一是聚力国家利益主导下的超前培养、超前布局；二是加快关键领域上下游全产业链的本土化；三是打造幼小中大拔尖创新人才自主培养综合体；四是推动产教融合、科教融汇的双向共进；五是实现课程、教材、教法全过程新质化。

　　* 卢一飞，民盟无锡学院支部主委，无锡学院副教授。

营造自主培养土壤，夯实顶尖创新 人才培养机制基础

吴 玥[*]

摘 要

党的十九大以来，习近平总书记多次指出，"当今世界正经历百年未有之大变局"。自新世纪以来，大量新兴市场国家和发展中国家迅速崛起，全球多极化进程加速推进，国际格局日益趋于平衡。伴随着国内外形势深刻而复杂的变化，各方面风险挑战明显增加。保护主义和单边主义上升，全球经济低迷，非经济因素冲击着全球产业链供应链，国际经济、科技、文化、安全和政治等领域都在进行深刻调整。为解决作为华东经济强市的无锡所面临的考验，本文基于本地实践提出了一些建议，旨在建立自主培养体系并夯实顶尖创新人才培养机制，以实现经济强市的目标。

---

* 吴玥，民盟盟员，江南大学助理研究员、社会科学处副科长。

优化长三角产教融合平台
打造核心产业协同育人机制

张莹玮*

摘　要

长三角地区是产教融合的重要地区之一，江苏作为教育大省，全力推进产业学院建设，实现高校发展与产业建设同频共振，建设了一批产教融合型品牌专业和产教融合型一流课程。而长三角地区现有的产教融合平台依然存在一些不足，主要包括课程不够丰富，大多为变相的企业招聘平台，核心产业研发教育类协同育人平台缺少，无法有效联通企业和学校等问题。建议从丰富现有长三角产教融合平台教学内容，打造长三角地区核心产业研发教育类的协同育人机制，出台相关政策以提高平台使用率，加强平台权威性认证等几个方面对平台进行优化改进。

* 张莹玮，民盟盟员，江苏君金律师事务所律师。

学科竞赛导向的高中拔尖创新人才自主培养的思考

从建华[*]

摘　　要

　　针对国家对拔尖创新人才的总要求，结合竞赛培训的获得感及影响高中学科竞赛培养的各种因素，本文从调整班制、强化时间、优化课程、教练体制四个方面分析高中拔尖创新人才自主培养，以期完善高中拔尖创新人才自主培养的机制，为新时代新征程基础学科拔尖创新人才自主培养奠定坚实的基础。

---

　　[*] 从建华，宜兴市政协委员，民盟盟员，江苏省宜兴中学高级教师。

高校外语专业提高
创新人才自主培养质量的思考

杨　柳*

摘　要

本文针对高校外语专业有效提升创新人才自主培养质量，提出了一系列策略与路径。一是强调创新教育理念的重要性，倡导以学生为中心，培养其批判性思维与创新能力。二是通过课程体系优化，培养学生的跨学科知识与国际视野，增强其学习的广度与深度。三是注重教师国际化背景与创新能力的培养，以高水平师资引领教学创新。四是加强创新创业教育，培养学生的创业意识与实践能力，为社会输送具有创新精神的外语人才。

---

* 杨柳，民盟盟员，民盟江苏师范大学委员会青委会委员，江苏师范大学外国语学院副教授。

拔尖创新人才自主培养的思考

万　林[*]

摘　要

在教育实践过程中，自主培养拔尖创新人才面临着长周期培养成果难外显、接力培养易"掉棒"、长线培养易"断链"等问题。这些问题不仅影响了人才的成长和发展，也制约了国家的创新能力和竞争力。因此，本文提出加强制度、机制、环境等方面的建设，注重个性化和差异性培养，加强国际交流与合作，同时注重家庭、社区的作用和人才培养的可持续性，以应对这些挑战。

[*] 万林，民盟盟员，民盟徐州高级中学支部主委，徐州高级中学课程管理处处长。

创新人才的自主培养

吴园园*

摘　　要

拔尖创新人才是科技创新的关键力量，他们能在各个领域进行前沿科研和创新，推动科技和经济的发展；他们能够为国家赢得更多的创新竞争优势，提升国家的整体竞争力。培养拔尖创新人才已经成为各国高等教育领域的重要使命。拔尖创新人才不仅是国家科技创新的重要支撑力量，也是推动社会进步和经济发展的中坚力量。个人、政府和互联网企业应协同合作，形成合力，共同促进拔尖创新人才的培养和成长，推动科技创新事业的持续发展。

---

*　吴园园，民盟盟员，江苏省贾汪中学高级教师。

高职院校拔尖创新人才自主培养的
策略与实施路径

王　静*

摘　要

　　党的二十大报告指出，教育、科技、人才是全面建设社会主义现代化国家的基础性、战略性支撑。高职院校作为高层次职业教育、中高端应用科技、高素质技术人才的交汇点，必须深入贯彻科教兴国战略、人才强国战略、创新驱动发展战略，积极推进教育、科技、人才"三位一体"协同融合发展。高职院校需要优化专业人才培养方案和课程体系，为产业升级发展培养一批拔尖创新技术人才。本文建议通过完善顶层设计，制定创新型人才培养特色方案；建立卓越工匠学院，组建创人才培养特色班；保障师资水平，打造专业化创新型教师队伍；打造高标准产教研创融合技术平台等措施，为拔尖创新技术人才培养的运行提供全方位保障。

---

　　* 王静，民盟盟员，江苏建筑职业技术学院国际合作交流处副处长、国际交流学院副院长、副教授。

我国拔尖创新人才 自主培养的制约因素与实践路径

刘翠英[*]

摘　要

　　拔尖创新人才自主培养是新时代教育强国、科技强国和人才强国战略的重要着力点。目前，我国拔尖创新人才自主培养的制约因素主要有：相关法律法规制度不完善；政策目标的协同与整合不足；拔尖创新人才自主培养衔接机制不顺畅；高等院校顶尖人才相对缺乏；拔尖创新人才培养存在同质化现象。做好我国拔尖创新人才自主培养，一要完善政策法律法规，健全制度保障；二要强化政策协同策略，激发培养活力；三要健全贯通衔接机制，完善培养体系；四要加强师资队伍建设，提供动力支撑；五要契合人才培养定位，构建分类体系。

---

　　* 刘翠英，徐州市政协委员，民盟江苏省委会多党合作理论研究会副会长，民盟徐州经济技术开发区支部主委，江苏省徐州经贸高等职业学校三级教授。

依托江苏教育资源打造拔尖人才培养高地

刘　恺[*]

摘　要

　　随着全球竞争的加剧，国家和企业对拔尖创新人才的需求日益增长。自主培养拔尖创新人才是提高国家核心竞争力的关键手段之一。本文探讨了江苏省自主培养拔尖创新人才的必要性、存在的问题以及优化策略，旨在为教育工作者和政策制定者提供参考。江苏自主培养拔尖创新人才机制存在人才发现机制滞后、资源分配不均、激励机制不足、产学研结合不紧密等问题。建议优化人才发现机制、优化资源分配、优化激励机制、优化产学研结合度等。

---

　　[*] 刘恺，民盟江苏师大委员会秘书长，江苏师范大学法学院教授兼国际法教研室主任。

职业教育背景下拔尖创新人才的自主培养

程晓鹤*

摘　　要

在职业教育领域，拔尖创新人才是指那些具备高度创新思维和实践能力，能够在技术、工艺、管理等方面提出新颖见解和解决方案的人才。这类人才不仅有深厚的专业素养和扎实的基本功，还有良好的团队协作精神和沟通能力。目前，职业教育领域拔尖创新人才培养存在的师资队伍建设与创新能力不足、行业企业参与度低、缺乏完善的创新教育体系等实际问题，可通过提高师资队伍综合素质、培养创新思维、深化产教融合、加强师资建设等举措，为职业教育改革和创新人才培养提供理论支持和实践指导。

＊　程晓鹤，民盟盟员，江苏省徐州财经高等职业技术学校副教授。

中学拔尖创新人才早期自主培养的建议

苏　婷*　范莉莉**　邰立媛***

摘　要

中学拔尖创新人才的早期自主培养非常重要。2020 年教育部出台了《关于在部分高校开展基础学科招生改革试点工作的意见》，并开始实施"强基计划"。地方的一些中学也开展了一些拔尖创新人才自主培养的探索，开始试点招收特长生。但总体来看，各地中学拔尖创新人才的自主培养尚处于各自为战的自发状态，存在缺乏统一指导和有力的保障，缺乏科学评价机制，缺乏初高中衔接等问题。建议各地教育主管部门统筹指导和保障，鼓励有条件的中学探索拔尖创新人才识别和选拔办法，丰富培养创新人才方式，加强中学拔尖创新人才自主培养的师资队伍建设。

---

　*　苏婷，民盟盟员，徐州市树人初级中学教师、语文教研组组长。
　**　范莉莉，民盟盟员，徐州市第三中学教师。
***　邰立媛，民盟盟员，徐州市第三十三中学教师、教师发展中心主任、生物教研组组长。

论完善拔尖创新人才发现和培养机制

甘桂旺*

摘　要

　　拔尖创新人才作为在学术、科研、教育等领域具有卓越才能和创新思维的杰出人才，是推动教育改革和创新的核心力量。目前，我国拔尖创新人才的发现机制虽在不断完善中，但仍存在缺乏统一评判体系、发现渠道有限、资源分配不均和信息不透明等问题。为此，可通过探索教育模式的创新实践、完善科研平台搭建与资源整合、强化政府在机制完善中的作用、推进国际交流与合作等措施，完善拔尖创新人才发现和培养机制，推动教育事业的持续发展和进步。

---

　*　甘桂旺，民盟盟员，张家港市梁丰高级中学高级讲师。

拔尖创新人才的选拔培养
关键在于学校社会的多重合作

谢　岚[*]

摘　要

　　大学教育完善拔尖创新人才发现和培养机制作为一个系统工程，涉及教育理念的更新、教学方法的改革、实践平台的建设以及国际化视野的拓展等多个方面。当前，我国正处于人口红利向人才红利转变的关键时期，亟须建立一套完善的拔尖创新人才自主培养体系。高校作为人才培养主阵地，应营造创新氛围，充分发挥创新人才的自主性，做好与中学教育和社会的双向衔接，坚持为党育人、为国育才，聚焦关键环节，创新人才培养机制，为打造人才培养的新格局做出应有的贡献。

---

　　* 谢岚，民盟盟员，苏州科技大学讲师。

每一个孩子都有创新的潜能

——基础教育拔尖创新人才培养的环境建设

丁　洋[*]

摘　　要

当前，我国经济结构正在优化和升级，对顶尖人才的需求日益增长。基础教育阶段是培养创新人才的关键，其环境建设对创新人才的培养至关重要。为了更好地适应新时代人才培养的需求，需以新的视角审视基础教育，系统推进教育方式的改革，构建区域内学校的协同育人机制，深化课堂教学改革，加强学生学习生涯规划的指导，建设支持创新人才培养的优势课程载体和学生活动平台，不断完善创新人才早期培养体系。

　　* 丁洋，张家港市政协委员，民盟苏州市张家港沙中支部主委，张家港市教师发展中心教科研训室负责人。

基于初中教学的拔尖创新人才培养
课程体系与政策建议

宗　华*

摘　要

初中教育作为基础教育的重要组成部分，对于培养拔尖创新人才具有重要意义。一方面，要构建科学的课程体系策略，提升学生综合素质，激发学生兴趣和创造力，鼓励学生发挥特长，挖掘潜力；另一方面，要围绕拔尖创新人才培育形成有效政策支撑，用好政策引导人才聚集，优化教育资源分配，构建新型人才培育激励机制。初中教育要充分发挥其重要作用，为培养拔尖创新人才奠定基础，为国家的繁荣昌盛贡献力量。

＊宗华，民盟盟员，张家港市第二中学高级教师。

完善拔尖创新人才发现和培养机制

孟险峰*

摘　要

　　拔尖创新人才是提升国家核心竞争能力的重要战略资源，是实现高水平科技自立自强的重要支撑。拔尖创新人才培养，要做到提前规划、贯通培养，高中是培养的重要阶段。学校应从提高测验频率、优化面批面改、关注学生心理、搭建资源平台等多方面入手，对学生的思想、知识、体能等方面进行严格把控，努力发掘拔尖创新人才，为把我国建成教育强国、世界重要的人才中心和创新高地，满足国家发展新质生产力、实现中国式现代化对人才的需求持续发力。

　　* 孟险峰，张家港市政协委员，民盟张家港市委员会委员、梁丰支部主委，江苏省梁丰高级中学高级教师。

高中拔尖创新人才信息素养的培养

陈　静*

摘　　要

信息素养不仅是评价高中拔尖创新人才综合素质的一项重要指标，而且已成为信息时代每个人必须具备的基本素质。为落实立德树人根本任务，实施创新教育，培养具有创新精神和创新能力的创新人才，要重视培养高中拔尖创新人才的信息素养。学校应通过培养学生信息处理创新能力、网络探究能力和合作学习能力，提升高中拔尖创新人才的信息素养。

---

* 陈静，民盟盟员，江苏省梁丰高级中学高级讲师。

基础教育阶段拔尖创新人才培养的思考

李慧娴*

摘　要

伴随着新时代的进步，科技教育的种子在基础教育领域逐步萌发、成长并展现出勃勃生机。这既是国家的现实需求和政策导向，也是人才培养模式的创新实践，其关键在于培养拔尖创新人才成长的"土壤"，为学生适应社会发展、接受高等教育和规划职业生涯奠定坚实的基础。通过在基础教育阶段注重文化引领、优化教学方式和促进教师发展，实现文化育人、提质赋能，对贯彻落实创新人才观、服务国家教育改革发展的战略大局和增强科技创新人才的后备力量起着积极作用。

* 李慧娴，民盟盟员，张家港市第一中学校办主任、高级教师。

拓展衔接学前教育广域科学课程
为未来拔尖创新人才点亮启航信标

张 达* 庄 梅**

摘 要

拔尖创新人才培养需贯穿大、中、小、幼教育全过程。其中幼儿教育方式的核心在于充分适应幼儿身心成长的自然规律，课程要融合呈现更多趣味性、探索性、启发性和创造性的理念，为幼儿未来在基础教育、高等教育等方面奠定基础。立足于学前教育幼儿身心健康成长萌芽特点，为广大幼儿奠定对自然科学的兴趣，拓展学前教育广域科学课程，有助于释放广大学生的潜能，为未来拔尖创新人才点亮起航信标，为未来经济社会发展注入源源不断的力量。

* 张达，苏州市政协委员、吴中区政协委员，民盟江苏省社会工作委员会委员、民盟苏州市信息工作委员会副主任、民盟苏州市吴中区基层委员会委员，苏州市吴中区木渎社会事业局科长。

** 庄梅，苏州市人大代表，民进苏州市教育工作委员会副主任、民进苏州市吴中区基层委员会副主委，江苏省木渎高级中学副校长、苏州市吴中区天平中学校长。

贤能为师多元赋能办好公益夏令营
为发现培养更多拔尖人才实现教育强国
做出更大贡献

——以吴江区开心义工夏令营办学实践为例

吴志祥*

摘　　要

社区教育拥有灵活性和特色性，可以更好地弥补义务教育的不足，发现和培养更多拔尖人才。吴江开心义工夏令营以弘扬中华优秀传统文化、培养发明创造人才为使命，以明志厚德、为国育才为导向，以贤能为师、兼收并蓄为特色，着力推进发明创造、创新创业的启蒙教育，是社区教育的成功范例。通过加大对社区教育特色化发展的支持力度，鼓励开展更多科技发明或创意比赛，可以更好地完善拔尖人才的发现和培养机制，为实施"壮苗计划"奠定坚实基础，为教育强国做出更大贡献。

---

* 吴志祥，民盟苏州市信息工作委员会主任、民盟吴江区委会科技一支部副主委，苏州市吴江区发改委副主任。

民办大学生的科研创新之路

蔡　旻*

摘　要

　　民办教育的顶端是民办高等教育，为国家培养德智体美劳全面发展的社会主义建设者和接班人，是民办高等教育的应有之义。苏州科技大学天平学院的张国扬同学，虽入学时偏科严重，但在校期间专注实验，获得"创青春"全国大学生创业大赛金奖，毕业后任职迎元网络及乐游旅拓公司总经理，实现了从科研到创业的华丽转身。回顾其创新创业路程，正是学校秉承因材施教的教学方法、甘为人梯的教学精神和鼓励团结协作的教学理念，帮助他成功找到了人生的方向。

---

　　* 蔡旻，民盟苏州科技大学江枫支部盟员，苏州科技大学天平学院副教授、电子信息工程系主任。

AI 智慧化视角下培养拔尖创新人才

李梅芳*

摘　要

　　为紧跟社会快速发展的步伐，拔尖创新人才的培养显得尤为重要和刻不容缓。大学是拔尖创新人才的重要培育基地，要努力提升学生的综合能力和创新能力；同时应注重对学生优秀品格的培养，从思想意识、学术研究、社会实践、个人成就四方面去教育和鼓励学生，使其成为有理想、有担当、有智慧的社会主义新青年。AI 的迅猛发展正在深刻地改变着我们的生活，借助 AIGC 技术弥补现存教育的不足，满足学生的个性化学习需求，增加教育的多样性和包容性，更有利于拔尖创新人才的培养。

---

* 李梅芳，民盟盟员，苏州大学图书馆馆员。

拔尖创新人才早期发现和选拔培养机制探索

高　为[*]

摘　要

拔尖创新人才是我国长期发展的战略力量，是实现社会主义现代化、科技自立自强和建设教育强国的关键力量。只有长期稳定地拥有大量的拔尖创新人才，我国才能尽早成为世界主要科学中心和创新高地。拔尖创新人才需具备智力水平、创新性、综合素质和家国情怀四个维度的特质，以及社会、生理、心理三个方面的素质。建议从构建一体化体系、加强青年人才平台建设、提升后备军队伍素质、完善人才培养链条四个方面入手，着重把握培养创造性思维这一关键点，有效培养拔尖创新人才。

---

[*] 高为，民盟盟员，苏州科技大学关工委副秘书长。

浅谈完善拔尖创新人才发现和培养机制

曹玉梅*

摘　要

当前，我国正处于经济转型和产业升级的关键时期，对拔尖创新人才的需求日益迫切。然而，现行的人才发现和培养机制还存在人才识别机制不健全、培养体系不完善、创新环境不够优化等问题，制约了拔尖创新人才的涌现和成长。因此，通过建立科学的人才识别体系，拓宽人才发现渠道；制定个性化培养方案，加强跨学科培养，优化培养机制；建设创新平台，营造创新环境等措施，为拔尖创新人才的涌现和成长提供良好的土壤和条件，对于提升国家创新能力、实现高质量发展具有重要意义。

---

* 曹玉梅，民盟盟员，苏州科技大学副教授。

拔尖创新人才的自主培养

杨国春[*]

摘　　要

　　本文是关于拔尖创新人才自主培养的论述。在竞争激烈、发展迅速的时代，培养拔尖创新人才对国家发展和民族复兴极为关键。拔尖人才需具备扎实的专业知识、坚定的理想信念和全面的素质能力。本文提出九大培养拔尖创新人才的关键：一是坚持思想政治学习；二是保持身心健康；三是节俭清廉；四是立大志；五是不断学习；六是时间管理；七是组织协调；八是培养接班人；九是多干实事。拔尖人才培养是系统工程，需要多方面努力，以促进个人成长和社会进步。

　　* 杨国春，民盟盟员，江苏医药职业学院药学院教师。

地方高校电子信息类
拔尖创新人才培养的建议

徐　华*

摘　要

习近平总书记指出，"数字技术正以新理念、新业态、新模式全面融入人类经济、政治、文化、社会、生态文明建设各领域和全过程，给人类生产生活带来广泛而深刻的影响"。在全面加快新质生产力发展的当下，亟需大量的电子信息类拔尖创新人才充实现代化产业体系，推进传统产业转型升级。拔尖创新人才唯有具备电子信息全栈能力，才能更好地适应电子信息产业技术种类多、能力要求高、技术更新快等特点，数量众多的地方高校在具备全栈能力的电子信息类拔尖创新人才培养中大有可为。

---

* 徐华，盐城市政协委员、民盟盐城市委会委员、民盟盐城师范学院基层委员会主委，盐城师范学院副校长、教授。

提高学生自主培养质量
着力造就拔尖创新人才

徐东荣*

摘　要

《中国教育现代化 2035》提出加强创新人才培养，加大应用型、复合型、技术技能型人才培养比重，明确了我国创新人才的培养方向。江苏省盐城中学在高品质示范高中建设的过程中，成立了机甲大师 Robo master 社团，围绕机甲大师空地协同对抗赛、机甲大师越障迷宫赛展开全员培训，旨在丰富学生课余生活，培养其对航空技术的热爱、对科学知识学习的兴趣，全面提升思维能力、动手能力和专注力等综合素质，从而树立青少年航空报国的远大志向。

---

* 徐东荣，民盟盟员，江苏省盐城中学教师。

卓越预备人才培养视角下
高中语文学科的改革与重构

史成明*

摘　　要

　　卓越人才是提升国家竞争力的重要因素，正因如此，卓越预备人才的培养显得十分重要，它关系着国家的强大和发展。语文作为卓越预备人才培养的关键学科应该进行如下的改革与重构：一是课程理念上，兼顾育人与育才；二是课程组织形式上，采取"基础性课程＋拓展性课程"的形式；三是学习方式上，采用自主性学习、研究性学习等多样化的学习方式；四是学习评价上，构建全新的评价机制。唯有如此，高中语文才能在卓越预备人才培养方面找到应有的路径，发挥应有的价值。

　＊　史成明，民盟盟员，盐城师范学院文学院教授。

"姜萍现象"对拔尖创新人才培养的几点启示

王　剑* 张　丽**

摘　要

习近平总书记在党的二十大报告中指出，教育、科技、人才是全面建设社会主义现代化国家的基础性、战略性支撑，强调"着力造就拔尖创新人才"。拔尖创新人才是推动科技创新、引领产业革新的核心要素，是人才资源中最关键、最稀缺的部分。江苏省涟水中等专业学校的 17 岁女生姜萍，在 2024 年的阿里巴巴全球数学竞赛中取得排名第 12 名的佳绩，打破了人们对中专生的传统认知。"姜萍现象"启示我们，培养拔尖创新人才和教育改革应该更加注重学生的兴趣和能力，为他们提供多样化的教育资源和发展机会，并建立科学的评价体系。

＊ 王剑，扬州市政协委员、高邮市政协常委，民盟江苏省委科技委员会副主任、民盟扬州市直属高邮支部主委，扬州健坤科技发展有限责任公司总经理。

＊＊ 张丽，江苏省扬州旅游商贸学校高级教师。

创新体制树品牌　打造体系强实力

——以高邮为例对拔尖人才培养的一些思考

胡长兴*

摘　要

深入实施科教兴国战略、人才强国战略、创新驱动发展战略，是国家高质量发展的前提和保障。党的二十大报告中明确指出，要全面提高人才自主培养质量，着力造就拔尖创新人才。高中教育在拔尖人才培养中扮演着至关重要的角色。近年来，高邮市注重加强优质高中建设和拔尖创新人才培养，但在实际操作中存在诸多问题，需要通过强化初高中学段衔接、完善高中培养制度、创新体制机制来全面提升拔尖人才培养的质量和效果，为学生的全面发展创造有利条件。

---

* 胡长兴，民盟盟员，高邮市政协委员，高邮市邮储银行客户经理。

新质生产力赋能：拔尖创新人才自主培养政策创新探析

郭琪瑶* 朱金顺** 辛 欣***

摘　要

随着信息技术的飞速发展和数字经济的崛起，新质生产力正成为推动经济转型升级的重要引擎。在这一背景下，党的二十大报告强调全面提高人才自主培养质量，着力造就拔尖创新人才，2024 年政府工作报告也提出要完善拔尖创新人才发现和培养机制。本文将就"拔尖创新人才的自主培养"这一主题，结合新质生产力的理念，探讨政策创新的路径与策略。

* 郭琪瑶，民盟扬州市邗江区基层委员会副主委，江苏联合职业技术学院扬州分院副教授。
** 朱金顺，民盟盟员，扬州科然斯暖通工程有限公司总经理。
*** 辛欣，民盟扬州市邗江区基层委员会三支部副主委，江苏联合职业技术学院扬州分院讲师。

职业教育自主拔尖创新人才培养策略

辛　欣* 　陈玲玲** 　郭琪瑶***

摘　　要

　　拔尖创新人才是提升国家自主创新能力的动力源，坚定走好拔尖创新人才自主培养之路是我国现代化强国建设的必然选择。随着科技创新的不断推进和经济发展的需求，职业教育自主培养拔尖创新人才成为当前教育领域的关键议题。本文从理论与实践的角度出发，探析了职业教育自主培养拔尖创新人才的策略，旨在为职业教育领域的发展提供借鉴与参考，促进职业教育自主培养拔尖创新人才工作质量的全面提升，为经济社会发展提供坚实的人才支撑，推动江苏职业教育与科技创新发展，加速人才培养，为经济转型升级提供有力支撑。

---

　　* 辛欣，民盟扬州市邗江区基层委员会三支部副主委，江苏联合职业技术学院扬州分院讲师。
　　** 陈玲玲，民盟扬州市邗江区基层委员会三支部副主委，江苏联合职业技术学院扬州分院讲师、教研室主任。
　　*** 郭琪瑶，民盟扬州市邗江区基层委员会副主委，江苏联合职业技术学院扬州分院副教授。

构建拔尖创新人才培养体系的政策建议

曹照鹏*

摘　　要

随着科技和经济全球化的发展，拔尖创新人才的培养成为各国教育发展的关键。本文针对当前我国拔尖创新人才培养的现状，分析了存在的问题与不足，提出了构建拔尖创新人才培养体系的政策建议。本文从选拔机制、培养模式、课程体系、实践平台、评价体系等方面提出相应建议，旨在为我国拔尖创新人才的选拔、培养和评价提供有益的参考。

* 曹照鹏，民盟盟员，民盟镇江市理论研究会副会长，江苏镇江世界先锋教育咨询有限公司总经理。

中小学拔尖创新人才培养的思考与建议

焦　卉*

摘　要

要在中小学阶段加强拔尖创新人才的培养，就要把握教育的战略属性，遵循教育的本质规律，推进教育的创新实践。在实施路径上，要处理好系统谋划与分段实施的关系，处理好面向全体与关注个体的关系。在具体措施上，要系统开发课程资源，搭建资源共享平台，优化课程设置，强化科技工程教育。通过组织学生开展学科融入式、场景体验式、互动探究式、创新伙伴式等学科实践与跨学科实践的学习，引导学生质疑探究、互助学习，激发学生好奇心和求知欲，激活知识，应用知识，发展核心素养。注重大中小学技术与工程教育的一体化设计，为科技创新人才自主培养体系建设奠定坚实基础。

---

* 焦卉，泰州市政协委员，民盟泰州医药高新区（高港区）基层委员会副主委，泰州医药城实验小学校长，江苏省特级教师。

创新自主培养　成就拔尖人才

杨牛扣[*]

摘　要

　　中小学阶段是教育强国建设的基点，也是拔尖创新人才培养金字塔体系必须夯实的"塔基"。要坚持正确的培养导向，以科学家精神为引领，体系化推进，全过程跟踪，系统谋划人才培养体系，探索融会贯通、有机协同的长效机制。要打破学科界限，构建基础普适型课程和兴趣个性化课程相融合的拔尖创新人才培养课程体系，形成"金字塔"式的自主培养模式是成就拔尖人才的关键。根据拔尖创新人才的成长规律，结合"新课程、新教材、新高考、新中考"的新形势，持续推进中小学教学改革，逐步构建满足个性需求的拔尖创新人才培养模式，优化拔尖创新人才培养生态。

---

　　* 杨牛扣，泰州市姜堰区政协委员，民盟泰州市姜堰区总支委员会教育支部主委，泰州市姜堰区第四中学教育集团校长、高级教师。

构建有效的家校合作机制以培养创新人才

季程宇*

摘　　要

家校合作作为教育的重要组成部分，对于早期识别和培养创新人才具有不可替代的作用。当前，家校合作在实践中存在沟通不畅、资源分配不均和合作机制不明确等问题。为构建有效的家校合作机制，教育行政部门应制定一系列家校合作指导政策，明确家校合作的目标、原则和实施框架。一是通过提供清晰的指导和支持，学校能够更好地理解和执行家校合作的策略，确保合作机制的有效性和连贯性。二是通过培训增强教师在沟通技巧、冲突解决和家庭教育指导方面的能力。三是通过专业培训，建立信任和尊重的家校关系，共同促进学生的全面发展。四是通过建立评估和反馈机制，收集学生、家长和教师的反馈，及时调整和优化合作策略，确保家校合作机制的持续改进，更好地满足学生个性化发展的需求，并确保教育活动与培养创新人才的目标保持一致。

---

* 季程宇，民盟盟员，泰州实验学校小学美术二级教师。

关于加快推进人才自主培养的建议

杨　靖*

摘　要

2024 年政府工作报告提出"完善拔尖创新人才发现和培养机制"。这为人才培养提供了更多的发展机遇和更强大的发展动力。当前，我国创新人才自主培养的初期选拔机制不完善，标准较为固化、单一，评价标准不统一；创新型教师队伍仍无法满足创新人才培养的需求；"官本位思想"仍旧根深蒂固。建议补齐选拔短板，调整教育思路，整合岗位资源，高举爱国旗帜。

---

　* 杨靖，泰州市政协委员，民盟泰州市监委委员，民盟海陵区基层委员会经济支部主委，泰州市宝德汽车销售服务有限公司总经理。

"家校社协同"班级德育建设刍议

单俊业*

摘　要

　　新时代育人模式创新与实践离不开学生德育教育，学生德育教育的效果直接影响新时代教育的成效。当前，中小学生参与德育实践活动的兴趣不高，参与德育教育的热情比较低。不少学生参与德育教育的意志不够坚定。部分学生德育认知与德育行为不一致。究其原因，主要是学校德育教学内容单一、教学方式落后、德育实践活动有限。建议以学校为主体构建多元德育评价体系，以班级为载体沟通家校协同育人，以社会为依托开展德育实践活动。

＊ 单俊业，民盟盟员，泰州市城东中心小学二级教师。

拔尖人才培养制度的探索与思考

卢功林*　卢　谨**

摘　　要

　　人才是促进国家发展的最基本力量，也是最可靠的力量。当下的社会面临着诸多新常态和新挑战。为此，我们需要对教育进行持续性革新来培养更加丰富和多样化的人才。高等教育应从人才培养的多元化路径出发，一是建立特色鲜明的人才培养目标；二是不断挖掘学生的创新潜能；三是对开展科研活动的学生进行奖励和支持。此外，在全球化日益加深的今天，高校和科研机构应积极开拓国际合作，开展双向人才流动，吸引国际一流人才来华工作，同时鼓励国内优秀人才走出去，提升自身的国际竞争力。

---

　*　卢功林，民盟盟员，宿迁学院经济管理学院讲师、博士。
　**　卢谨，中共党员，山东华宇工学院经济管理学院讲师、博士。